W0061816

Gerhard Schmidt

# Zentrumsformen

## Strategie für die Schachpraxis

JOACHIM BEYER VERLAG – HOLLFELD

ISBN 3-88805-070-7
© 1987 by Joachim Beyer Verlag, 8607 Hollfeld
Alle Rechte vorbehalten!
Satz: Schachsatz Feustel/Röder, Bamberg/Hersbruck
Druck: Beyer Druck, Eiergasse 13, Hollfeld

# Inhaltsverzeichnis

Einleitung . . . . . . . . . . . . . . . . . . . . . . . . . . . . . . . 7

1. Kontrolle des Zentrums . . . . . . . . . . . . . . . . . . . . . 9

2. Bauernketten im Zentrum . . . . . . . . . . . . . . . . . . . . 11

   2.1. Allgemeine Gesichtspunkte . . . . . . . . . . . . . . . . . 11

   2.2. Der Angriff auf die Bauernkette . . . . . . . . . . . . . . . 13

   2.3. Die Nutzung starker Felder in der Bauernkette . . . . . . . . 39

   2.4. Das Spiel auf den Flügeln . . . . . . . . . . . . . . . . . 55

3. Bewegliche Zentrumsbauern . . . . . . . . . . . . . . . . . . 71

   3.1. Allgemeine Gesichtspunkte . . . . . . . . . . . . . . . . . 71

   3.2. Die Dynamik des beweglichen Zentrumsbauern . . . . . . . . 73

   3.3. Der Angriff auf die beweglichen Zentrumsbauern . . . . . . . 93

4. Offenes Zentrum . . . . . . . . . . . . . . . . . . . . . . . . 108

5. Der Minoritätsangriff . . . . . . . . . . . . . . . . . . . . . . 134

   5.1. Allgemeine Gesichtspunkte . . . . . . . . . . . . . . . . . 134

   5.2. Die Bauernschwäche c6 . . . . . . . . . . . . . . . . . . 136

   5.3. Die Bauernschwächen b7 und d5 . . . . . . . . . . . . . . 147

   5.4. Die Verteidigung gegen den Minoritätsangriff . . . . . . . . 155

6. Partien mit Punktbewertung . . . . . . . . . . . . . . . . . . 163

# Einleitung

Beim Betrachten des Schachbrettes scheinen alle Felder gleich zu sein, gleiche Bedeutung zu besitzen, seien sie nun hell oder dunkel gefärbt. Doch recht bald erkennt jeder Schachspielende, daß ein Bereich auf dem Schachbrett besondere Aufmerksamkeit braucht: das Zentrum. Keine andere Feldergruppe muß während einer Partie so sorgsam beachtet werden.

Wie wir wissen, lautet einer der beiden wichtigsten Merksätze zur Eröffnungsbehandlung: Kontrolliere das Zentrum. Ein Satz, der fast uneingeschränkt auch im Mittelspiel gilt. Die Bauernstruktur in diesem wichtigen Bereich bestimmt maßgeblich die Entwicklung strategischer Pläne.

Die Rolle des isolierten Bauern, des rückständigen Bauern und des Doppelbauern im Zentrum haben wir bereits in dem Buch „Bauernschwächen" untersucht. Hier nun betrachten wir weitere bedeutungsvolle Bauernstrukturen und lernen die folgenden strategischen Kategorien kennen:

– geschlossenes Zentrum,
– bewegliches Zentrum,
– offenes Zentrum,
– Bauernstrukturen im Minoritätsangriff.

Das Darstellen der Zentrumsformen beschränkt sich auf die genannten Bauernstrukturen, diese Systematik bedeutet eine Eingrenzung, eine Beschränkung auf Wesentliches.

Um die Zentrumsformen besser zu verstehen, muß der Schachspieler sich immer wieder bewußt machen, daß er diese nicht separat betrachten darf. In einer Partie treten im allgemeinen verschiedene Zentrumsformen nacheinander auf, sie wechseln einander ab, sie gehen ineinander über. Beispielsweise sind die Bauern eines festgelegten Zentrums in einem vorhergehenden Partieabschnitt beweglich gewesen.

Daher ist die Kenntnis aller Zentrumsformen notwendig, um sachgerecht entscheiden zu können, ob z.B. ein Zentrum mit beweglichen Bauern in ein offenes Zentrum oder in ein geschlossenes Zentrum umgewandelt werden soll.

# 1. Kontrolle des Zentrums

Als Zentrum bezeichnen wir die Felder d4, d5, e4, e5. Gelegentlich wird auch der Begriff des „erweiterten Zentrums" oder des „großen Zentrums" verwendet, darunter versteht man die Felder c3, c4, c5, c6, d3, d4, d5, d6, e3, e4, e5, e6, f3, f4, f5, f6.

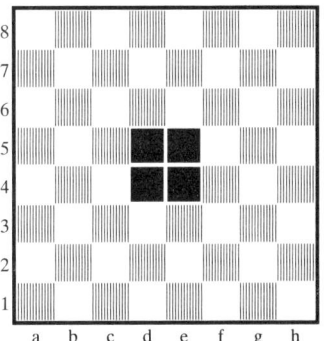

Woraus ergibt sich nun die besondere Bedeutung dieser Felder in der Mitte des Brettes?

Wir wissen, daß die Figuren einen bestimmten Wert besitzen. Der relative Wert der Figuren kann umso mehr erhöht werden, je mehr Felder eine Figur erreichen kann. Im allgemeinen sind von der Mitte des Brettes aus die meisten Felder erreichbar. Von der Mitte des Brettes beherrscht diese Figur großen Raum, das heißt, diese Figur ist wertvoll für uns. Diese Aussage gilt uneingeschränkt für die Leichtfiguren. Bei den Schwerfiguren sind zusätzlich andere Gesichtspunkte mit zu beachten. Die Schwerfiguren sind wertvoller und können daher von Bauern und Leichtfiguren in ihrer Beweglichkeit eingeschränkt werden.

Ein zweiter Gesichtspunkt bei der Bewertung der Zentrumsfelder ergibt sich aus der Behinderung gegnerischer Aktionen. Wenn Figuren von einem Flügel zum anderen gebracht werden sollen, und das Zentrum steht unter der Kontrolle des Gegners, so ist dies nur schwer möglich. Die Manöver müssen auf begrenztem Raum ausgeführt werden. Dafür ist ein höherer Zeitaufwand nötig. Bei Besitz der Zentrumsfelder können eigene Manöver viel günstiger durchgeführt werden.

Ein dritter Gesichtspunkt ergibt sich aus einer strategischen, brettumfassenden Einschätzung. Wer im Besitz des Zentrums ist, hat die Freiheit, auf einem Flügel die Initiative zu ergreifen. Er kann Bauernbewegungen auf einem Flügel furchtloser ausführen. Der Gegner ist dann nicht in der Lage, mit einem Gegenschlag im Zentrum zu antworten.

Welche Möglichkeiten bestehen nun, die Kontrolle auf das Zentrum auszuüben? Wir unterscheiden dabei zwei wesentliche Methoden:

– die Kontrolle des Zentrums durch Bauern;
– die Kontrolle des Zentrums durch Figurendruck.

Betrachten wir hierzu Stellungsbilder aus der Eröffnungsphase.

Falls der Nachziehende in der Eröffnung den Kampf um das Zentrum vernachlässigt und sich beispielsweise mit 1. e4 e6 2. d4 d6 entwickelt, ist der Vorteil des Anziehenden offensichtlich:

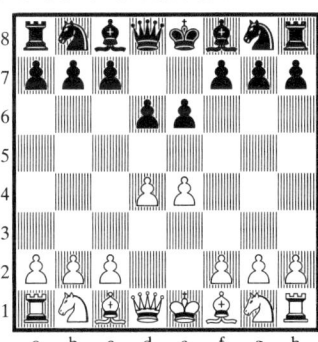

In dieser Stellung hat Weiß
- mehr Raum und
- den größeren Anteil am Zentrum (d4 und e4 besitzt Weiß, in die Felder d5 und e5 teilen sich beide Parteien).

Schwarz kann in dieser Stellung nun versuchen, mit einem späteren d6-d5 oder mit e6-e5 das weiße Bauernzentrum anzugreifen. Der Kampf um das Zentrum ist auch später noch möglich, doch Schwarz hat dann Zeit verloren. So ist diese Stellung vorteilhaft für den Anziehenden. Weiß erzielt entweder Raumgewinn oder Entwicklungsvorsprung, da Schwarz mit dem verzögerten Angriff auf das Zentrum Zeit einbüßt.

Sehen wir uns nun die unterschiedlichen Strategien im Kampf um das Zentrum an.

Diese Position aus der Grünfeld-Indischen Verteidigung verdeutlicht uns die beiden gegensätzlichen Strategien. Der Anziehende besitzt ein gesundes Bauernzentrum mit den Bauern d4 und e4. Dabei können die weißen Zentrumsbauern von ihren Nachbarn auf der c- und der f-Linie gestützt werden. Auf der anderen Seite hat der Nachziehende keinerlei Initiative ergriffen, um auf das weiße Bauernzentrum einzuwirken. Er hat keinen Bauern im Zentrum, und kein Bauer bedroht ein Zentrumsfeld.

Dennoch verfügt der Nachziehende über gute Möglichkeiten, das weiße Bauernzentrum anzugreifen. Dies kann beispielsweise geschehen mit c7-c5 und Sb8-c6. Schwarz übt damit Figurendruck auf das weiße Bauernzentrum aus, und er erhält so vollwertiges Gegenspiel.

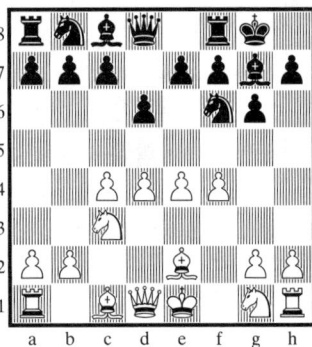

Auch dieses Beispiel aus der Königsindischen Verteidigung illustriert die gegensätzlichen Kampfesweisen. Weiß besitzt ein beeindruckendes Bauernzentrum, wie man es sich gewaltiger nicht vorstellen kann. Doch der Nachziehende verfügt auch hier über ein ausreichendes Gegenspiel.

Schwarz ist mit Bauernzügen sparsamer umgegangen, daher erreichte er einen gewissen Entwicklungsvorsprung. Der Entwicklungsvorsprung begünstigt einen Angriff auf das weiße Bauernzentrum. Schwarz ist am Zug, und mit 6. ... c5 attackiert er bereits den weißen Zentrumsbauern d4 und zwingt diesen zur Erklärung. Es gelingt dem Nachziehenden, die weiße Bauernfront auf der vierten Reihe zu schwächen.

Schwarz besitzt auch hier vollwertiges Gegenspiel.

# 2. Bauernketten im Zentrum

## 2.1. Allgemeine Gesichtspunkte

Bauernketten entstehen aus anderen (beweglichen) Bauernformationen. Bewegliche Bauern sind der Ausgangspunkt für Bauernketten. Die Bauern rücken vor, ohne die beidseitigen Tauschmöglichkeiten zu nutzen und stoßen frontal mit den Bauern des Gegners zusammen. Von nun an sind sie unbeweglich.

Die Bauernketten können unterschiedliche Länge besitzen, je nachdem ist der geschlossene Charakter der Stellung mehr oder weniger ausgeprägt.

Eine geschlossene Stellung, festgelegte Bauernketten im Zentrum, welche Folgerungen ergeben sich nun daraus für den Partieverlauf? Wie ist die Spielführung zu charakterisieren? Betrachten wir dazu die wesentlichen Gesichtspunkte:

1. Die Figuren werden in ihrer Beweglichkeit behindert, sie können die Bauernketten nicht überwinden. Die Besetzung des Zentrums mit Bauern schränkt die Reichweite der Figuren ein. Dies betrifft besonders die langschrittigen Figuren, während der Springer noch am besten mit dem Bauernwall auskommt. Man vergleiche die Reichweite der Türme und der Läufer in folgenden zwei Diagrammen mit bzw. ohne festgelegte Zentrumsbauern!

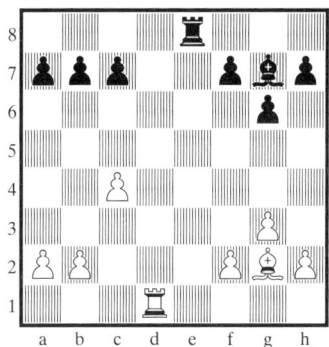

2. Für die Figuren gibt es im allgemeinen kein Durchkommen zur gegnerischen Bretthälfte (in diesem Brettabschnitt). So ist kaum eine Feindberührung vorhanden, der Bauernwall trennt die feindlichen Heere.

3. Mit der Einschränkung der Figurenbeweglichkeit verlangsamt sich das Spieltempo. Dies steht im völligen Gegensatz zur Dynamik offener Stellungen (ohne Zentrumsbauern).

4. Der Zeitfaktor spielt im allgemeinen keine wesentliche Rolle. Ein Tempo (-verlust) besitzt geringe Bedeutung. So kann man in geschlossenen Stellungen lange manövrieren (lavieren), um die Figuren auf günstige Positionen zu bringen.

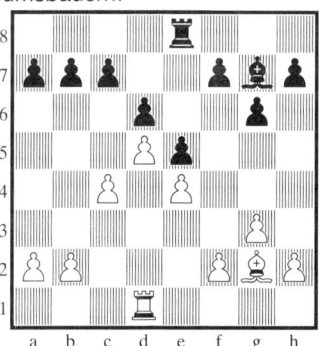

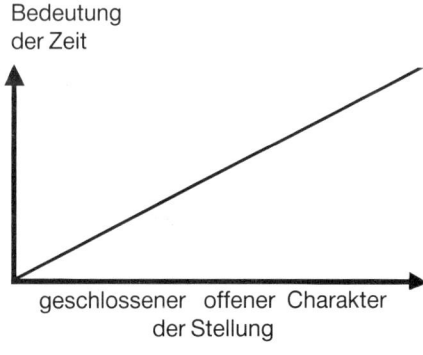

Bedeutung
der Zeit

geschlossener offener Charakter
der Stellung

Zur Erläuterung des im Bild dargestellten Sachverhaltes ist zu sagen: Langwierige Manöver sind zum einen bedingt durch die Begrenzung des zur Verfügung stehenden Raumes, zum anderen ist genügend Zeit vorhanden, um zeitaufwendige Manöver ohne Nachteil durchführen zu können. Wichtiger als die Zeit ist die aktive Stellung der Figuren.

5. Die das Zentrum abschließende Bauernkette läßt gelegentlich ein Spiel auf den Flügeln zu. Sind auf den Flügeln bewegliche Bauern vorhanden, so kann mit diesen ein Flügel geöffnet werden. Und es ist dann möglich, eine oder mehrere Linien zu öffnen. Das Spiel verlagert sich danach auf einen oder beide Flügel.

Hat jede der beiden Parteien sich einen Flügel gewählt und besitzt dort die Initiative, so gewinnt die Spielführung an Dynamik. Die Bedeutung des Zeitfaktors wächst. Bei heterogenen Rochaden bietet sich diese Rollenverteilung auf beiden Flügeln an. Dann hat derjenige die besseren Chancen, der schneller im Angriff zum Ziel kommt. Hierbei sind interessante Partieführungen zu beobachten im Wechselspiel Angriff – Einschätzung der gegnerischen Drohungen – Verteidigung.

Eine für diese Spielführung typische Bauernstruktur aus der königsindischen Verteidigung zeigt das nächste Diagramm.

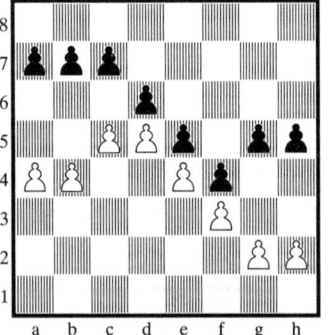

Das Zentrum ist mit einer Bauernkette geschlossen. Weiß hat Raumgewinn am Damenflügel und versucht dort, Linien zu öffnen, während der Nachziehende seine Chancen am Königsflügel sucht, im Angriff auf den weißen König.

6. Die Lage der Bauernkette entscheidet über die Raumverteilung. Der Besitz von Raum begünstigt die Manövrierfähigkeit der Figuren, die bessere Beweglichkeit im eigenen Raum.

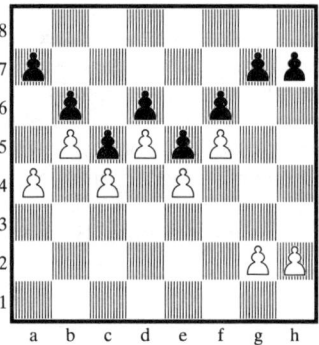

Dieses Diagramm zeigt eine Stellung mit deutlichem weißen Raumvorteil am Damenflügel und im Zentrum. Weiß hat auf drei Reihen Raum zum Manövrieren, während Schwarz nur zwei Reihen zur Verfügung hat.

7. Ein Öffnen des Spiels erfolgt durch Angriff auf die Bauernkette. Dabei besteht das Ziel des Angriffs in der Auflösung oder der Reduzierung der Bauernkette. Der Angriff kann auf die Basis oder auf die Spitze der Bauernkette erfolgen. Im allgemeinen sind die Bauernketten an der Basis anzugreifen. Beispiele zu Angriffen auf die Bauernkette zeigen die nächsten beiden Diagramme. Die weiße Bauernkette d4/e5 kann an der Basis (Bauer d4) mit dem Hebel c7-c5 angegriffen werden,

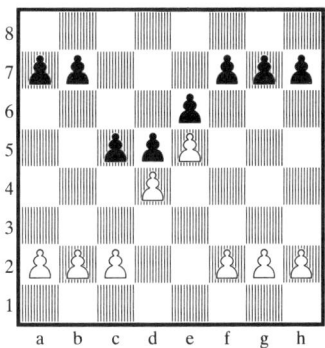

wie in obigem Diagramm dargestellt. Eine andere Möglichkeit besteht im Angriff auf die Spitze (Bauer e5) mit dem Hebel f7-f6, wie im folgenden Diagramm.

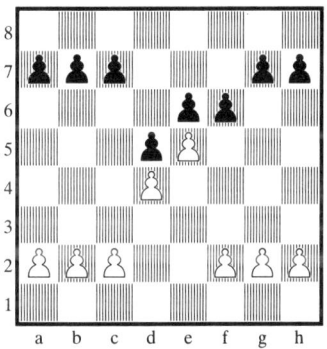

8. Der Angriff auf die Bauernkette erfolgt mit Hebeln. Die Bauern werden derart vorgezogen, daß sie gegnerische Bauern schlagen können. Im vorletzten Diagramm ist der Bauer c5 der Hebel, im letzten ist es der Bauer f6. Der Besitz derartiger Bauernhebel ist von Vorteil, wer Bauernhebel besitzt, kann den Zeitpunkt auswählen, wann der Hebel angesetzt

wird. Damit ist er in der Lage, den Zeitpunkt des Öffnens selbst zu bestimmen.
9. Das Öffnen kann auch durch Figurenopfer erfolgen. Meist wird eine Leichtfigur gegen zwei Bauern gegeben. Diese Figurenopfer sind nur unter besonderen Bedingungen möglich. Günstige Voraussetzungen liegen beispielsweise dann vor, wenn die gegnerische Königsstellung entscheidend geschwächt werden kann. Die Bauernkette bedeutet einen Schutz für den König, nach der Zerstörung des Schutzwalls schließt sich ein Königsangriff an.

Oder ein Opfer ist auch dann günstig möglich, wenn die eigenen Figuren so aktiv stehen, daß der Öffnung eine schnelle Entscheidung folgt. Die Überlegenheit der aktiven Figuren gegen die ungünstig stehenden gegnerischen Figuren wird ausgespielt.

10. Der Gesamtvorgang des Öffnens der Bauernkette ist nicht schnell zu verwirklichen. Neben der langfristigen Planung der Hebel bzw. der Opfermöglichkeit muß großer Wert auf die aktive Postierung der Figuren gelegt werden. Das richtige Aufstellen der Figuren ist ein langwieriger Vorgang, der sorgfältig zu planen ist.

## 2.2. Der Angriff auf die Bauernkette

Die ersten fünf Partien dieses Abschnittes zeigen den Angriff auf die Basis der Bauernkette.

### Partie Nr. 1

**Kupreitschik – Dolmatow**, Jerewan 1982
1. e4 e6 2. d4 d5 3. Sd2 a6 4. e5 c5 5. c3 Sc6 6. Sdf3 cd4 7. cd4 Sge7 8. Ld3 Sf5 9. Se2 Le7 10. a3 Db6 11. h4 Ld7 12. h5 Sa5 13. Tb1 Lb5 14. h6 Sxh6 15. Lxh6 gh6 16. Txh6 Lxd3 17. Dxd3 Db3

13

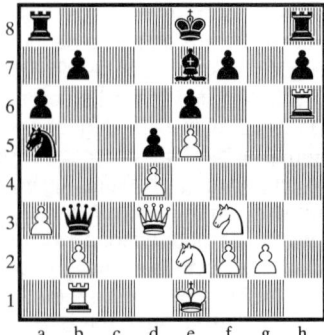

Einschätzung der Stellung:
Das Bauernzentrum ist festgelegt.
Schwarz hat mit dem frühzeitigen
Tausch auf d4 zu erkennen gegeben,
daß er die weiße Bauernkette an der
Basis angreifen will und daß er die offene
c-Linie zu nutzen versucht. Der Damentausch liegt im Interesse des Nachziehenden, da sein König im Mittelspiel
schwer einen sicheren Standort finden
kann. Im nun entstehenden Endspiel
sind die Bauern d4 und h7 die Schwächen. Schwarz steht geringfügig besser.

18. Se2-c1 ...

Nach 18. Dxb3 Sxb3 19. Sc1 Sa5 kommt
Schwarz schneller auf die c-Linie.

18. ... Db3xd3
19. Sc1xd3 Ta8-c8
20. Ke1-d2 ...

Im Ausgleichssinne war hier 20. Tc1 besser.

20. ... Sa5-b3+
21. Kd2-e3 Tc8-c2
22. Sd3-e1 ...

Weiß zieht es vor, den Turm zu vertreiben, statt mit 22. Tbh1 auf den Bauern h7
zu spielen. Es könnte folgen 22. Tbh1
Tg8 23. Txh7 Tg4 mit der Drohung
Te4 matt, Weiß ist an die Verteidigung
der schwachen Bauern auf b2, d4, f2 und
g2 gebunden.

22. ... Tc2-c4

Droht 23. ... Sxd4 24. Sxd4 Lg5+.

23. Tb1-d1 a6-a5

Nach Dolmatow war hier 23. ... Tg8 genauer mit der möglichen Variante
23. ... Tg8 24. Td3 (24. Txh7 Tg4 mit den
Drohungen 25. ... Sxd4 oder 25. ... Te4+
26. Kd3 Sc1+) 24. ... Sc1 25. Tc3 Txc3
26. bc3 Lxa3 27. Txh7 Lb2 28. Kd2 Sa2.

24. Ke3-d3 Th8-g8
25. Th6xh7 Tg8-g4

Schwarz verstärkt den Druck auf die Basis der Bauernkette. Erstaunlicherweise
beteiligen sich auch die Türme daran mit
Angriffen von der Seite.

26. Se1-c2 Tg4xg2
27. Sf3-d2 ...

Günstig für Schwarz ist auch die Fortsetzung 27. Se3 Txf2 28. Sxc4 dc4+ 29. Ke3
Txb2.

27. ... Sb3xd2
28. Td1xd2 Tg2-g4
29. f2-f3 Tg4-g3
30. Td2-f2 Tc4-c6

Schwarz steht nur geringfügig besser, da
seine Figuren etwas aktiver postiert sind.
Der Bauer d4 bleibt als (verdeckte)
Schwäche erhalten.

31. Th7-h8+ Ke8-d7
32. Th8-h7 Kd7-e8
33. Th7-h8+ Ke8-d7
34. Th8-h7 Tc6-b6
35. Th7xf7 ...

Besser war 35. b4.

35. ... Tb6xb2?

Hier mußte 35. ... Ke8 36. Th7 Txb2 geschehen.

36. Kd3-c3 Tb2-b1
37. Sc2-e3? ...

Weiß konnte nun aktiv spielen und mit
37. Th2 Tf1 38. Se1! Txe1 39. Thh7 Kc6
40. Txe7 Txf3+ 41. Kd2 Tef1 Ausgleich
erzielen. (Dolmatow)

37. ... Kd7-e8
38. Tf7-h7 a5-a4!
39. Tf2-b2 Tb1xb2
40. Kc3xb2 Tg3xf3
41. Se3-c2 Tf3-b3+
42. Kb2-a2 Le7-g5

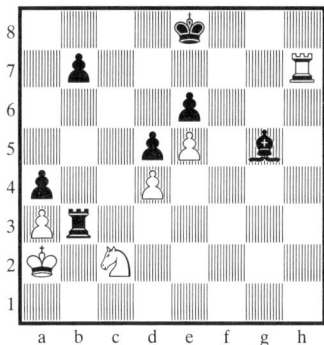

| 53. | Ta4-a8 | Kg5-f5 |
| 54. | Ta8-h8 | Kf5-e4 |
| 55. | Sd3-c5+ | Ke4-d4 |

53. Ta4-a8    Kg5-f5
54. Ta8-h8    Kf5-e4
55. Sd3-c5+   Ke4-d4
Es geht auch 55. ... Kxe5 56. Sd7+ Kd6.
Schwarz steht nun auf Gewinn. Es folgte
noch:
56. Sa4 Tc6 57. Tb8 Tc7 58. Sxc3 Kxc3
59. Te8 Tc6 60. Te7 Tb6 61. a4 Kd4
62. a5 Ta6 63. Kb3 Kxe5 64. Kb4 b6
Weiß gab auf.

---

Endlich kommt der schwarze Läufer zur
Geltung. Nun droht immer Ld2-c3 nebst
Tb2+ sowie der Angriff auf den Bauern
d4.

43. Sc2-a1    ...
Nach 43. Sb4 Le3 44. Th4 Ld2 wird die
genannte Drohung verwirklicht.

43. ...       Tb3-b6
44. Sa1-c2    Lg5-d2
45. Th7-h3    Ke8-f7
Der schwarze König droht, mit einzugreifen. Er möchte nach e4 wandern.

46. Th3-d3    Ld2-g5
47. Td3-f3+   Kf7-g6
48. Sc2-b4    Kg6-h5
49. Tf3-f8    ...
Nach 49. Tg3 Ld2 50. Sc2 Kh4 sind die
weißen Figuren überlastet. Der weiße
Turm kann nicht mehr gleichzeitig c3
decken und den schwarzen König fern-
halten.

49. ...       Lg5-e3
Nach dem Angriff auf die Basis der Bauernkette ist die weiße Stellung nicht mehr
zu halten. Da der Turm die 3. Reihe verlassen hat, geht nicht mehr 50. Sc2 wegen 50. ... Ld2 nebst 51. ... Lc3.

50. Sb4-d3    Le3xd4
51. Tf8-f4    Ld4-c3
52. Tf4xa4    Kh5-g5
Nun kommt der schwarze König zu seinem Recht, er ist nicht mehr fernzuhal-
ten.

## Partie Nr. 2

**Karpow – Portisch**, London 1982
1. e4 c5 2. Sf3 d6 3. d4 cd4 4. Sxd4 Sf6
5. Sc3 a6 6. Le2 e5 7. Sb3 Le7 8. 0–0
0–0 9. Le3 Le6 10. Dd2 Sbd7 11. a4 Tc8
12. a5 Dc7 13. Tfc1 Dc6 14. Lf3 Lc4
15. Ta4 Tfd8 16. Tb4 Dc7 17. Sd5 Sxd5
18. ed5 f5 19. Le2 Lxb3 20. Txb3 f4
21. Lb6 Sxb6 22. Txb6 Lg5 23. Lg4 Tb8
24. Te1 Dc5 25. Te4 Tf8 26. b4 Dc7
27. c4 Kh8

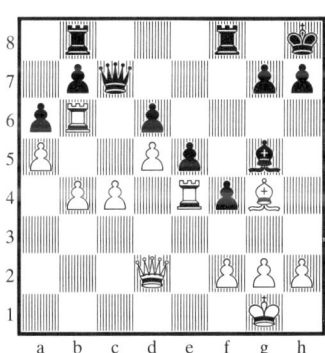

Einschätzung der Stellung:
Mit seinem 17. Zug hat sich Weiß ent-
schieden, das Zentrum abzuschließen.
Die nun entstandene Bauernstruktur
spricht für den Anziehenden. Er hat mehr
Raum, seine Bauern beherrschen den
Damenflügel. Andererseits sind die

schwarzen Zentrumsbauern unbeweglich, sie werden auf schwarzen Feldern
aufgehalten. Damit behindern sie den eigenen Läufer in der Beweglichkeit. Ein
dritter Gesichtspunkt hinsichtlich der
Bauernstruktur spricht für den Anziehenden, er ist im Besitz des Hebels c4-c5.
Mit diesem Hebel kann er im geeigneten
Moment durch einen Angriff auf die Basis der schwarzen Bauernkette (Bauer
d6) die Stellung öffnen. Die weißen Figuren stehen aktiver als die gegnerischen.
Auch bei den ungleichfarbigen Läufern
fällt deren unterschiedliche Wirkung auf.
Der schwarze Läufer wird durch seine eigenen Bauern behindert, während der
weiße Läufer wichtige Felder im gegnerischen Raum kontrolliert.
Insgesamt gesehen steht Weiß besser.

28. c4-c5! ...
Ohne Verzögerung beginnt Weiß mit
dem Öffnen der Stellung.

28. ... d6xc5
Nach 28. ... Le7 29. Tc4 verstärkt Weiß
den Druck weiter. Es droht dann 30. cd6
Dxc4 31. de7 Tfe8 32. d6.

29. d5-d6 Dc7-d8
30. b4xc5 ...
Die weißen Bauern öffneten die Front, sie
sind zur Vorwärtsbewegung gekommen
und engen das schwarze Spiel weiter
ein. Nun zeigt sich auch die günstige
Stellung des weißen Läufers, er kontrolliert das Feld vor dem Freibauern d6.

30. ... f4-f3
31. Dd2-d5 f3xg2
32. Te4xe5 Dd8-f6
Die schwarzen Gegendrohungen sind
leicht abzuwehren.

33. Te5-f5 Df6-a1+
34. Kg1xg2 Lg5-f6
35. d6-d7 ...
Dies unterstreicht die Stärke des Freibauern, Weiß droht 36. Td6 nebst
37. Tfxf6.

35. ... Da1xa5

36. Tb6xb7 ...
Weiß hätte auch zum Königsangriff über-
leiten können mit 36. Tfxf6 gf6 37. Dd4
Kg7 38. Lf5.

36. ... Tb8xb7
37. Dd5xb7 Da5-d8
38. c5-c6 a6-a5
39. c6-c7! Dd8xd7
40. Tf5-f4
Schwarz gab auf.

**Partie Nr. 3**

**Maroczy – Süchting**, Barmen 1905
1. d4 d5 2. c4 e6 3. Sc3 Sf6 4. Lg5 Sbd7
5. e3 Le7 6. Sf3 0–0 7. Dc2 c6 8. a3 Sh5
9. h4 f5 10. Le2 Sdf6 11. Se5 Ld7 12. Dd1
Le8 13. c5 Dc7 14. b4 a5 15. g3 ab4
16. ab4 Txa1 17. Dxa1 Se4 18. g4 Sxc3
19. Dxc3 Sf6 20. Lf4 Dc8 21. g5 Sd7
22. Sd3

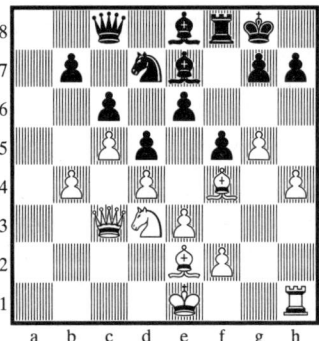

Einschätzung der Stellung:
Weiß besitzt deutlichen Raumvorteil. Im
Zentrum können keine Durchbruchsak-
tionen vorgenommen werden, so daß
sich der Kampf weitestgehend auf den
Flügeln abspielen wird. Hier bietet sich
für den Anziehenden in erster Linie der
Damenflügel an, er kann die offene a-Li-

nie besetzen und mit b4-b5 die Basis der Bauernkette angreifen. Der Damenflügel wird der Schauplatz der weiteren Handlungen sein. Weiß kann seinen König am besten in der Mitte lassen. Mit dem letzten Zug gab der Anziehende zu erkennen, daß er seinen Springer für den weiteren Kampf aufheben will. Er ist nur bereit, seinen schwarzfeldrigen Läufer zu tauschen. Diese Bewertungsgesichtspunkte sprechen für den Anziehenden, der klaren Vorteil besitzt. Die Verwertung des Vorteils wird angesichts der geschlossenen Stellung noch einige Zeit in Anspruch nehmen.

| | | |
|---|---|---|
| 22. | ... | Le8-f7 |
| 23. | Ke1-d2 | Le7-d8 |

Mit dem Tausch der schwarzfeldrigen Läufer versucht sich der Nachziehende zu entlasten. Allerdings bleibt dann sein schlechter weißfeldriger Läufer übrig.

| | | |
|---|---|---|
| 24. | Th1-a1 | Ld8-c7 |
| 25. | Ta1-a7 | Tf8-e8 |

Nach 25. ... Lxf4 26. gf4 ist der schwarze Springer ständig an die Verteidigung des Feldes e5 gebunden.

| | | |
|---|---|---|
| 26. | Lf4xc7 | Dc8xc7 |
| 27. | f2-f4 | ... |

Weiß riegelt das Zentrum ab, um freie Hand am Damenflügel zu haben.

| | | |
|---|---|---|
| 27. | ... | Te8-b8 |
| 28. | b4-b5 | ... |

Der Angriff auf die Bauernkette erfolgt, Schwarz kann nicht mit 28. ... cb5 antworten. Es folgt 29. Sb4, und die weißen Figuren dringen vernichtend ein.

| | | |
|---|---|---|
| 28. | ... | Dc7-c8 |
| 29. | b5-b6 | ... |

Weiß hat sich entschlossen, den Angriff auf die Bauernkette gegen den Bauern b7 zu richten. So bleiben die schwarzen Figuren in völliger Passivität.
Der Angriffsplan sieht folgende Manöver vor: Sd3 - c1 - b3 - a5 x b7 und La6. Solange Schwarz nicht den Springer oder den Läufer zur Deckung von b7 verwen-

den kann, ist dieser Plan erfolgversprechend. Schwarz kommt nicht rechtzeitig zur Deckung von b7 mit einer Leichtfigur, z.B. der Plan Sd7 - f8 - g6 - h8 - f7 - d8: 29. ... Sf8 30. Sc1 Sg6 31. Sb3 Sh8 32. Sa5 Le8 33. Sxb7 oder der Plan Lf7 - e8 - d7 - c8: 29. ... Sf8 30. Sc1 Le8 31. Sb3 Ld7 32. Sa5.

| | | |
|---|---|---|
| 29. | ... | Lf7-e8 |
| 30. | Sd3-c1 | Sd7-f8 |
| 31. | Sc1-b3 | e6-e5! |

Nur so kommt der schwarze Springer zurecht.

| | | |
|---|---|---|
| 32. | d4xe5 | Sf8-e6 |
| 33. | Le2-d3 | g7-g6 |
| 34. | h4-h5 | |

Das Spiel auf beiden Flügeln ist typisch für diese Stellungen mit geschlossenem Zentrum und großem Raumvorteil.

| | | |
|---|---|---|
| 34. | ... | Le8-f7 |
| 35. | Sb3-a5 | Se6-d8 |
| 36. | e5-e6! | ... |

Für die Fortsetzung des Angriffs besitzt die offene Diagonale eine größere Bedeutung als der Mehrbauer.

| | | |
|---|---|---|
| 36. | ... | Dc8xe6 |
| 37. | h5-h6 | d5-d4 |

Nur so kann das Matt auf g7 gedeckt werden.

| | | |
|---|---|---|
| 38. | Dc3xd4 | De6-a2+ |
| 39. | Kd2-e1 | Sd8-e6 |
| 40. | Dd4-e5 | Tb8-e8 |
| 41. | Sa5xb7 | ... |

Mit der Eroberung der Basis der Bauernkette ist das strategische Ziel erreicht. In der Partie folgte noch:
41. ... Db3 42. Le2 Db1+ 43. Kf2 Dh1 44. Sd6 Dh4+ 45. Kg2 Sxf4+ 46. Dxf4 Ld5+ 47. Lf3 Lxf3+ 48. Kxf3 Schwarz gab auf.


### Partie Nr. 4

**Awerkin – Kasparow**, UdSSR 1979
1. d4 Sf6 2. c4 g6 3. Sc3 Lg7 4. e4 d6
5. Sf3 0–0 6. Le2 e5 7. 0–0 Sc6 8. d5 Se7

9. Se1 Sd7 10. Sd3 f5 11. Ld2 Sf6 12. f3
f4 13. c5

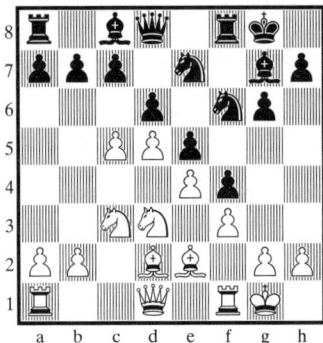

Einschätzung der Stellung:
Wir befinden uns hier noch mitten in der
Eröffnungstheorie. Das Stellungsbild
zeigt die Formierung der Bauernkette mit
dem Raumvorteil für Weiß am Damenflügel und für Schwarz am Königsflügel.
Damit sind die beidseitigen Pläne vorge-
geben, der Hebel c5/d6 markiert den Angriff auf die Basis der Bauernkette. Weitere Pläne des Anziehenden lernen wir im
Verlauf der Partie kennen. Der Nachziehende hat mit seinem 12. Zug f5-f4 die
Basis der weißen Bauernkette von e4
nach f3 verlagert. Nun erfolgt der Angriff
auf den Punkt f3 mit dem Vormarsch des
g-Bauern. Die nächsten Züge bringen
wir ohne Kommentar, sie gehören zur
Eröffnungstheorie.

| 13. | ... | g6-g5 |
| 14. | Ta1-c1 | Se7-g6 |
| 15. | c5xd6 | c7xd6 |
| 16. | Sc3-b5 | Tf8-f7 |
| 17. | Dd1-c2 | Sf6-e8 |
| 18. | a2-a4 | h7-h5 |
| 19. | Sd3-f2 | Lg7-f8 |
| 20. | h2-h3 | Tf7-g7 |

In dieser Zugfolge sehen wir eine Mischung von Zügen, die dem eigenen An-

griff dienen, und von solchen Zügen, die
den gegnerischen Angriff erschweren
sollen (19. Sf2 und 20. h3 von Weiß).
Die offene c-Linie kommt dem Anziehenden zugute.

| 21. | Sb5xa7 | ... |

Weiß nutzt die verteidigungsbedürftige
Stellung des Läufers c8 zum Bauerngewinn aus. Er mußte allerdings das folgende schwarze Entlastungsmanöver
durchgerechnet haben.

| 21. | ... | Tg7-c7 |

Möglich ist hier auch das schärfere
21. ... Ld7. Danach hat Weiß zwar einen
Bauern mehr, aber die Initiative geht auf
den Nachziehenden über, z.B. 22. Sb5
Sh4 23. Db3 g4. Der Textzug erzwingt einen weitgehenden Abtausch.

| 22. | Ld2-a5 | Tc7xc2 |
| 23. | La5xd8 | Tc2xe2 |

Auch 23. ... Txc1 24. Txc1 Ld7 25. Lb6
Lxa4 ist möglich, und die Chancen sind
etwa ausgeglichen.

| 24. | Sa7xc8 | Ta8xa4 |
| 25. | Sf2-d3 | g5-g4 |

Nun kommt der schwarze Angriff auf die
Basis der Bauernkette.

| 26. | Tf1-f2 | Te2-e3 |
| 27. | Sd3-e1 | g4-g3 |

Auf beiden Seiten können die Schwächen gut verteidigt werden, die Partie
überschreitet nicht die Remisbreite. Mit
dem letzten Zug gewinnt Schwarz etwas
Raum, aber ein erfolgversprechender
Angriff auf die Basis der Bauernkette,
den Bauern g2, ist nicht mehr möglich.

| 28. | Tf2-c2 | Te3-b3 |
| 29. | Kg1-f1 | Ta4-a2 |
| 30. | Tc1-b1 | Kg8-f7 |
| 31. | Kf1-e2 | Ta2-a8 |
| 32. | Se1-d3 | Lf8-e7 |

Damit wird der Läufertausch erzwungen,
denn auf 33. Lb6? folgt 33. ... Txc8.

| 33. | Ld8xe7 | Sg6xe7 |
| 34. | Sc8xe7 | ... |

Falls Weiß nicht auf e7 tauscht, folgt Se7

- g6 - h4 mit Angriff auf den Bauern g2.

| 34. | ... | Kf8xe7 |
| 35. | Tb1-c1 | Ke7-d7 |
| 36. | Tc2-c4 | Tb3-b6 |
| 37. | Ke2-d2 | Tb6-a6 |

Die Stellung ist etwa ausgeglichen. Schwarz hat mehr Raum und kann eventuell g2 angreifen. Weiß besitzt die offene c-Linie, deren Einbruchsfeld c7 der Nachziehende schützen muß.

| 38. | Tc4-b4 | Ta8-a7 |
| 39. | Sd3-e1 | Se8-c7 |
| 40. | Se1-c2 | Ta6-a4 |
| 41. | Tb4xa4 | Ta7xa4 |
| 42. | Tc1-a1 | Ta4xa1 |
| 43. | Sc2xa1 | Sc7-a6 |
| 44. | Sa1-c2 | |

Remis.

## Partie Nr. 5

**Portisch – Larsen**, Tilburg 1979
1. Sf3 Sf6 2. c4 d6 3. d4 Lg4 4. Db3 Dc8 5. h3 Lxf3 6. Dxf3 g6 7. Sc3 Lg7 8. g3 Sc6 9. e3 0–0 10. Lg2 Te8 11. Dd1 e6 12. 0–0 d5 13. b3 Dd7 14. Lb2 Tad8 15. Sa4 Se7 16. Sc5 Dc8 17. Dc2 Sf5 18. Tac1 c6 19. Sd3 Db8 20. Tfe1 Sd7 21. h4 h5 22. Tcd1 a6 23. a4 Tc8 24. De2 Sh6 25. Lh3 Tcd8 26. Tc1 Sf6 27. Se5 Se4 28. c5 a5

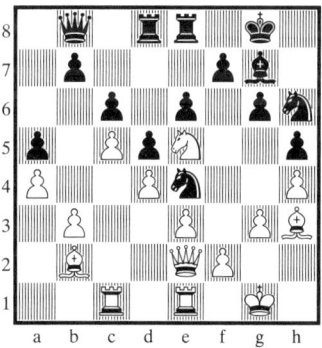

Einschätzung der Stellung:
In den 28 Zügen dieser Partie ist noch kein Bauer getauscht worden. Die Stellung besitzt einen geschlossenen Charakter. Mit dem letzten Zug wurden die Kampfabsichten erklärt. Der Zug 28. c5 offenbarte den Plan des Anziehenden, am Damenflügel zum Angriff zu kommen. Es sollte b3 - b4 - b5 folgen mit Druck auf die Basis der Bauernkette und mit der Drohung, die b-Linie zu öffnen. Schwarz entschloß sich, diesem Plan zuvorzukommen. Der weiße b-Bauer wird auf b4 getauscht, so daß es nicht zum Hebel b5/c6 kommt. Dafür wird die b-Linie halb geöffnet, und Weiß erhält Druck auf die Basis der schwarzen Bauernkette, den Bauern b7. Mit der fortschreitenden Öffnung des Spiels kommt das weiße Läuferpaar besser zur Geltung, Weiß steht etwas besser.

| 29. | De2-c2 | Db8-c7 |
| 30. | Lh3-g2 | Se4-f6 |
| 31. | Lb2-c3 | Td8-a8 |
| 32. | Tc1-b1 | ... |

Weiß bereitet sorgfältig den Vorstoß b3-b4 vor, Schwarz muß sich auf diesen Plan einstellen. Er entschließt sich, das Feld e5 zu erobern und den Vorstoß e6-e5 durchzusetzen, um im Zentrum Gegenchancen zu erhalten.

| 32. | ... | Sf6-g4 |
| 33. | Se5xg4 | Sh6xg4 |
| 34. | b3-b4 | a5xb4 |
| 35. | Tb1xb4 | e6-e5 |
| 36. | Te1-b1 | Ta8-a7 |
| 37. | Lg2-h3 | e5xd4 |

Schwarz war hier am Scheideweg. Er konnte mit 37. ... e4 nebst f7-f5 die Stellung geschlossen halten. Danach wäre das weiße Läuferpaar schwer zur Geltung gekommen, und Schwarz hätte in seiner Stellung nur eine Schwäche besessen, den Bauern b7. Larsen versucht statt dessen zum Gegenspiel auf den Bauern d4 zu kommen. Beide Seiten greifen die Basis der Bauernkette an, den Bauern b7 bzw. den Bauern d4.

| 38. | e3xd4 | Sg4-f6 |
|-----|-------|--------|
| 39. | Lc3-d2! | ... |

Das Läuferpaar sucht sich günstige Diagonalen, es kommt aus dem Bauernwall heraus.

| 39. | ... | Sf6-e4 |
|-----|-----|--------|
| 40. | Ld2-f4 | Dc7-d8 |
| 41. | Lh3-g2 | ... |

Wegen der Schwäche des Bauern d4 kann Weiß nicht auf b7 nehmen.

| 41. | ... | Dd8-a8 |
|-----|-----|--------|
| 42. | Lg2-f1! | ... |

Die weißen Figuren zeichnen sich durch größere Beweglichkeit aus, der weißfeldrige Läufer wirkt von d3 aus auf beiden Flügeln.

| 42. | ... | Te8-e7 |
|-----|-----|--------|
| 43. | Tb1-e1 | ... |

Der Anziehende strebt den Tausch des aktiv stehenden schwarzen e-Turmes an. Schwarz behält den passiv stehenden Turm a7.

| 43. | ... | Da8-d8 |
|-----|-----|--------|
| 44. | Kg1-g2 | Se4-f6 |

Da Schwarz nicht f7-f5 spielen will, muß der Springer zurückweichen bei dem Verstärken des weißen Drucks auf e4.

| 45. | Te1xe7 | Dd8xe7 |
|-----|--------|--------|
| 46. | Lf1-d3 | De7-e8 |
| 47. | Dc2-b1 | De8-c8 |
| 48. | Db1-e1 | ... |

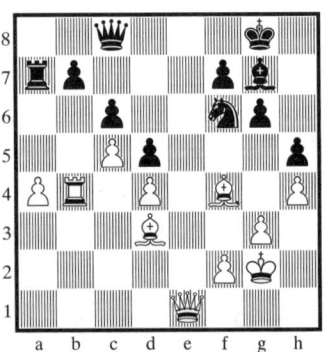

Unter Beibehalten des Druckes auf die Basis der Bauernkette konnte Weiß die Stellung seiner Figuren verbessern. Günstig stehen die Läufer, die auf beiden Flügeln wirken. Weiß besitzt deutlichen Positionsvorteil.

| 48. | ... | Dc8-d8 |
|-----|-----|--------|

Auch nach 48. ... De8 49. Dxe8+ Sxe8 50. Lc2 nebst Lb8 steht Weiß klar besser.

| 49. | Lf4-g5! | Dd8-d7 |
|-----|---------|--------|
| 50. | De1-e5 | ... |

Der Anziehende droht damit sowohl 51. Lxf6 als auch 51. Db8+, es gibt nur eine Verteidigung.

| 50. | ... | Dd7-d8 |
|-----|-----|--------|
| 51. | Tb4-b3 | ... |

Der Turm schwenkt mit zum Königsflügel, es droht Lc2 nebst Tf3. Auf 51. ... Txa4 entscheidet die Schwäche der 7. Reihe, 52. Txb7 Ta8 53. Lxg6 fg6 54. De6+ Kh8 55. Df7.

| 51. | ... | Kg8-h7 |
|-----|-----|--------|
| 52. | Ld3-c2 | Dd8-h8 |

In dieser Stellung sollte man die Wirksamkeit der Figuren vergleichen, die aktiv stehenden weißen Figuren, die auf beiden Flügeln wirken mit den abseits stehenden schwarzen Schwerfiguren.

| 53. | Tb3-f3 | Sf6-g4 |
|-----|--------|--------|
| 54. | De5-c7 | f7-f5 |
| 55. | Tf3xf5! | Ta7xa4 |

Nach 55. ... gf5 56. Lxf5+ Kg8 57. Dc8+ Kf7 58. De6+ Kf8 59. Le7+ wird Schwarz matt. Die andere Möglichkeit des Mattsetzens wird in der Partie vorgeführt.

| 56. | Lg5-f4 | g6xf5 |
|-----|--------|--------|

Sonst folgt 57. Txh5+.

| 57. | Lc2xf5+ | Kh7-g8 |
|-----|---------|--------|
| 58. | Dc7-c8+ | Lg7-f8 |
| 59. | Dc8-e6+ | Kg8-g7 |
| 60. | De6-g6 matt. | |

Die folgenden drei Partien (Nr. 6 - 8) zeigen die andere Form des Bauernangriffs auf die Bauernkette: den Angriff auf die Spitze.

## Partie Nr. 6

**Karpow – Gligorić**, Mailand 1975
1. e4 e5 2. Sf3 Sc6 3. Lb5 a6 4. La4 Sf6
5. 0–0 Le7 6. Te1 b5 7. Lb3 0–0 8. c3 d6
9. h3 Sb8 10. d4 Sbd7 11. Sbd2 Lb7
12. Lc2 Te8 13. Sf1 Lf8 14. Sg3 g6 15. a4
c5 16. d5 Sb6 17. De2 Sxa4 18. Lxa4 ba4
19. Txa4 Lg7 20. c4 Lc8 21. Ld2 Tb8
22. Tb1 Te7 23. Se1 Teb7 24. Sd3 Tb3

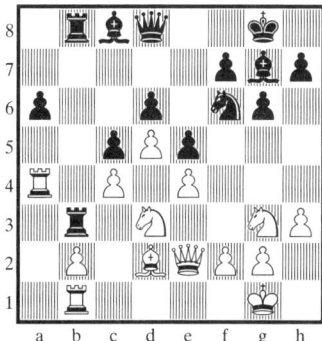

Einschätzung der Stellung:
Durch die Bauernstruktur sind die Pläne
beider Seiten vorgezeichnet. Weiß strebt
den Hebel b2-b4 an, der zur Zeit noch
durch den Druck der Türme auf der halboffenen b-Linie verhindert wird. Um den
Angriff auf die Spitze der Bauernkette,
den Bauern c5, beginnen zu können, ist
es notwendig, ein Turmpaar zu tauschen. Erst danach kann der Hebel b4/
c5 angesetzt werden. Dieses Vorhaben
benötigt Zeit, so kann der Nachziehende
f7-f5 durchsetzen mit dem Angriff auf die
Basis der weißen Bauernkette. Schwarz
kommt am Königsflügel zum Gegenspiel. Die Stellung ist vorteilhaft für den
Anziehenden.
25. Tb1-a1       Sf6-e8
26. Ld2-c3       ...
Droht 27. Sc1.

26.   ...          Dd8-h4
27. Ta4-a3         f7-f5
28. Lc3-e1!        ...
Der Rückzug des Läufers droht aufgrund
der   Dame-Läufer-Gegenüberstellung
den Vorstoß f2-f4.
28.   ...          Dh4-e7
Nach 28. ... f4 wäre der Königsflügel abgeschlossen, und das Spiel fände ausschließlich am Damenflügel statt.
29. Ta3xb3         Tb8xb3
30. Sd3-c1         Tb3-b8
31. Sc1-d3         Tb8-b3
32. f2-f3          ...
Weiß muß den Vorstoß noch vorbereiten;
nach 32. Dc2 Tb8 33. b4 cxb4 34. Lxb4
f4 35. Sf1 f3! kommt Schwarz zum Gegenspiel.
32.   ...          De7-g5
33. Kg1-h2         Se8-f6
34. De2-c2         Tb3-b8
35. b2-b4          ...
Endlich ist es soweit, die Attacke auf die
Spitze der Bauernkette beginnt.
35.   ...          f5xe4
Auch nach 35. ... cb4 36. Lxb4 wird die
Bauernkette gesprengt.
36. Sg3xe4         Sf6xe4
37. f3xe4          Dg5-e3
Mit der Auflösung der Bauernkette geht
die Partie von ruhiger positioneller Spielweise in taktisches Handgemenge über.
38. b4xc5          ...
Als eine solide Fortsetzung gibt Karpow hier 38. Lf2 Dxe4 39. Te1 Df5 40. g4
Df3 41. Te3 nebst 42. bc5 an.
38.   ...          De3xe4
39. c5xd6          ...
Der Anziehende hat sein Ziel erreicht, mit
dem Bauernhebel löste er die Bauernkette auf. Doch der ungenaue 38. Zug
gibt Schwarz Aussichten auf Initiative.
39.   ...          Lc8-f5
40. Ta1-a3         Tb8-c8
41. Ta3-c3         Lg7-f8
42. Le1-f2         ...

Nach 42. c5? Dxd5 sind die weißen Bauern blockiert.

| 42. | ... | Lf8xd6 |
| 43. | Dc2-a2? | ... |

Richtig war hier 43. c5!

| 43. | ... | a6-a5? |

Schwarz versäumt seine taktische Chance, nach Karpow war 43. ... Dd4! möglich, in der Folge 44. Lxd4 ed4+ 45. g3 dc3 46. Dxa6 c2 47. Dxd6 Lxd3 48. De6+ Kg7 49. De7+ Kg8, und Weiß muß das Remis forcieren.

| 44. | c4-c5 | Lf5-d7 |
| 45. | Tc3-a3 | Ld7-b5 |
| 46. | c5xd6 | Lb5xd3 |
| 47. | d6-d7 | Tc8-d8 |
| 48. | Ta3xd3 | De4xd3 |
| 49. | d5-d6+ | Kg8-h8 |
| 50. | Da2xa5 | |

Schwarz gab auf; er verliert den Turm nach 50. ... Txd7 51. Dxe5+ Kg8 52. De8+.

## Partie Nr. 7

**Smyslow – Letelier**, Venedig 1950
1. e4 e6 2. d4 d5 3. Sc3 Lb4 4. e5 c5 5. a3 Lxc3+ 6. bc3 Se7 7. a4 Da5 8. Dd2 Sbc6 9. Sf3 cd4 10. cd4 Dxd2+ 11. Lxd2 Sf5 12. Lc3 Ld7 13. Ld3 Tc8 14. Kd2 0–0 15. a5 Tc7 16. The1

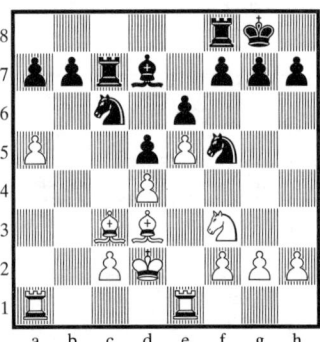

Einschätzung der Stellung:
Durch die festgelegte Bauernkette ist das Zentrum abgeschlossen. Mit dem letzten Zug stellte sich Weiß auf einen evtl. Befreiungsversuch durch f7-f6 ein. Der weiße König steht im Zentrum sicher. Schwarz sollte in dieser Stellung den Abtausch des schlechten Läufers mit a6, Sa7 und Lb5 anstreben. Weiß steht etwas besser.

| 16. | ... | f7-f6? |

Der Angriff auf die Spitze der Bauernkette kommt den Plänen des Anziehenden entgegen.

| 17. | Ld3xf5! | ... |

Weiß gibt – völlig unkonventionell – seinen guten Läufer. Damit verhindert er die Öffnung der f-Linie für den Gegner. Gleichzeitig wird die e-Linie geöffnet und der Bauer d5 geschwächt.

| 17. | ... | e6xf5 |
| 18. | e5xf6 | Tf8xf6 |
| 19. | Ta1-b1 | ... |

Der Anziehende beginnt mit dem Angriff auf die Bauernschwächen. Weiß konnte den Angriff auf die Spitze der Bauernkette zu seinem Vorteil verwerten. Die nun vorhandene Bauernstruktur ist günstig für den Anziehenden. Schwarz besitzt Bauernschwächen auf b7 und d5, es droht bereits 20. Tb5 Le6 21. Sg5.

| | | |
|---|---|---|
| 19. | ... | h7-h6 |
| 20. | Tb1-b5 | Ld7-e6 |
| 21. | Te1-b1 | Tf6-f7 |
| 22. | Sf3-e1 | ... |

Der Springer strebt auf das gute Feld d3. Von dort aus beherrscht er die Felder c5 und e5, außerdem droht Sf4.

| | | |
|---|---|---|
| 22. | ... | f5-f4 |
| 23. | f2-f3 | g7-g5 |
| 24. | Se1-d3 | Kg8-h7 |

Besser war 24. ... Kf8; nun ist der schwarze König zu weit vom Kampfgeschehen entfernt.

| | | |
|---|---|---|
| 25. | Tb1-e1 | Tf7-f6 |
| 26. | Tb5-c5 | ... |

Weiß droht 27. Sb4 mit Gewinn eines Bauern. Das folgende zwangsläufige Manöver stellt den Vorteil des Anziehenden sicher.

| | | |
|---|---|---|
| 26. | ... | Tc7-c8 |

26. ... b6 27. ab6 ab6 28. Tb5 gewinnt einen Bauern, da 28. ... Tb7 29. Sc5 nachteilig ist.

| | | |
|---|---|---|
| 27. | Sd3-b4! | Sc6xb4 |

Auch 27. ... Se7 ist nicht besser, es folgt 28. Sxd5! Sxd5 29. Txe6 Txc5 30. Txf6 Sxf6 (30. Txc3 31. Td6 Sc7 32. Td7+) 31. dc5 Sd7 32. Kd3! Sxc5+ 33. Kc4, und Weiß gewinnt angesichts der Entfernung des schwarzen Königs. Hier zeigt sich die Ungenauigkeit von 24. ... Kh7.

| | | |
|---|---|---|
| 28. | Te1xe6 | Tf6xe6 |
| 29. | Tc5xc8 | Sb4-c6 |

Oder 29. ... Sa6 30. Td8.

| | | |
|---|---|---|
| 30. | a5-a6! | b7xa6 |
| 31. | Tc8-c7+ | Kh7-g6 |
| 32. | Tc7-d7 | Sc6-e7 |
| 33. | Lc3-b4 | Se7-f5 |
| 34. | Td7xd5 | ... |

Damit wurde die von Weiß angestrebte Stellung erreicht. Die beiden verbundenen Freibauern sind stark. Schwarz versucht noch, am Königsflügel zum Gegenspiel zu kommen, aber Weiß ist schneller.

| | | |
|---|---|---|
| 34. | ... | Sf5-e3 |
| 35. | Td5-d8 | Se3xg2 |
| 36. | d4-d5 | Te6-b6 |
| 37. | Lb4-c5 | Tb6-b7 |
| 38. | Td8-c8! | Sg2-h4 |
| 39. | Kd2-e2 | Sh4-f5 |
| 40. | Tc8-c6+ | Kg6-h5 |
| 41. | d5-d6 | Tb7-d7 |
| 42. | Tc6-c7 | |

Schwarz gab auf.
Auf 42. ... Td8 folgt 43. d7 g4 44. fg4+ Kxg4 45. Txa7 nebst 46. Lb6.

Wassilij Smyslow

## Partie Nr. 8

**Tartakower – Lasker**, New York 1924
1. c4 e5 2. a3 Sf6 3. e3 Le7 4. Dc2 0–0
5. Sc3 d6 6. Sf3 Te8 7. Le2 Lf8 8. 0–0 Sc6
9. d4 Lg4 10. d5 Se7 11. h3 Ld7 12. Sh2
Dc8 13. e4 Sg6

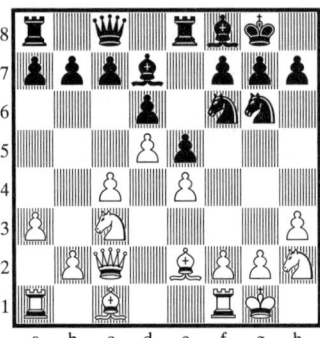

Einschätzung der Stellung:
Die festgelegte Bauernkette im Zentrum
muß an der Basis angegriffen werden.
Weiß sollte daher b4 und c5 anstreben
mit Raumvorteil am Damenflügel. Auf
den evtl. Angriff des Nachziehenden auf
das Läuferpaar mit 14. ... Sf4 kann Weiß
15. Lxf4 ef4 16. Sf3 spielen; danach hat
Weiß Aussichten, die Bauernvorstöße
c4-c5 oder e4-e5 anzustreben. Außerdem muß sich Schwarz um die Verteidigung des Bauern f4 kümmern. In der Diagrammstellung sind die Chancen etwa
ausgeglichen.
Statt des genannten Planes griff der
Nachziehende die Bauernkette von der
Spitze her an mit 14. f4?. Danach bleiben
im Lager des Anziehenden ernste
Schwächen zurück. Der Bauer e4 wird
schwach, und Schwarz erhält das ideale
Figurenfeld e5.

14. f2-f4?      e5xf4
15. Lc1xf4      Sg6xf4
16. Tf1xf4      Lf8-e7!

Schwarz beginnt eine interessante Umgruppierung auf engstem Raum. In de-

ren Ergebnis kommt der schwarzfeldrige
Läufer gut in das Spiel, und der Springer
findet den Weg zum Idealfeld e5.

17. Ta1-f1      Te8-f8
18. Dc2-d3      Ld7-e8
19. Dd3-g3      ...

Die beste praktische Chance bot sich
nun für den Anziehenden im Qualitätsopfer auf f6. Nach 19. Txf6 gf6 20. Sg4 hat
Weiß Kompensation für die Qualität.

19. ...      Dc8-d8
20. Sc3-d1      Sf6-d7

Der Nachziehende setzt seinen Plan erfolgreich durch. Die Schwäche der
schwarzen Felder ist offensichtlich,
Schwarz kann seinen Läufer nach f6, d4,
g5 oder (später) h4 bringen.

21. Sd1-e3      ...

Hiernach kommt Weiß in materiellen
Nachteil, aber auch nach 21. Sf3 Lf6 ist
der positionelle Vorteil des Nachziehenden offensichtlich.

21. ...      Le7-g5
22. Tf4-g4      ...

Auch 22. Tf3 Se5 oder 22. Tf5 Lh4
23. Dg4 Se5 24. Df4 g6 sind günstig für
Schwarz.

22. ...      f7-f6
23. Dg3-f2      h7-h5
24. Tg4-g3      h5-h4

Nicht 24. ... Lh4? 25. Txg7+ Kxg7
26. Dxh4 mit guten Angriffsaussichten
für Weiß.

25. Tg3-g4      Le8-h5
26. Se3-f5      Lh5xg4
27. Sh2xg4      Dd8-e8
28. Le2-f3      Sd7-e5
29. Sg4xe5      De8xe5
30. Sf5xh4      Lg5xh4
31. Df2xh4      f6-f5!

Schwarz öffnet die Linien für seine
Türme, so kann er sein Materialüberge-
wicht am besten realisieren. In der Partie
folgte noch:
32. ef5 Txf5 33. Te1 Dxb2 34. Lg4 Dd4+
35. Kh2 Taf8 36. De7 Df4+ 37. Kh1 Te5

38. Txe5 de5 39. Dxc7 e4 40. De7 Df6!
41. Dxb7 Da1+ 42. Kh2 De5+ 43. Kg1
Tb8 44. Dd7 Tb1+ 45. Kf2 e3+ 46. Ke2
Tb2+ 47. Ke1 Dc3+ 48. Kf1 Dc1+
Weiß gab auf.

In den folgenden Partien werden Bauernketten mit Opfern geöffnet. Figurenopfer öffnen die Stellung, dabei erkennen wir zwei Hauptmotive, wie Vorteil erreicht werden kann:
– Nach dem Entfernen der gegnerischen Bauern werden die eigenen Bauern aus der Kette beweglich, sie kommen zum Laufen. Diese Bauern sind
dann eine Macht, da der Gegner kaum
zum geordneten Gegenspiel kommt.
– Ein zweites Hauptmotiv ist der Königsangriff. In der Nähe des gegnerischen Königs wird der Bauernwall auf-
gebrochen, so daß der König schutzlos
dasteht.
Betrachten wir in den folgenden drei Partien das erste Motiv.

Dr. Emanuel Lasker

## Partie Nr. 9

**Tal – Ghitescu**, Miskolc 1963
1. e4 e5 2. Sf3 Sc6 3. Lb5 a6 4. La4 Sf6
5. 0–0 Le7 6. Te1 b5 7. Lb3 d6 8. c3 0–0
9. h3 h6 10. d4 Te8 11. Sbd2 Lf8 12. Sf1
Ld7 13. Sg3 Sa5 14. Lc2 c5 15. b3 g6
16. Le3 Sc6 17. d5 Se7 18. Dd2 Kh7

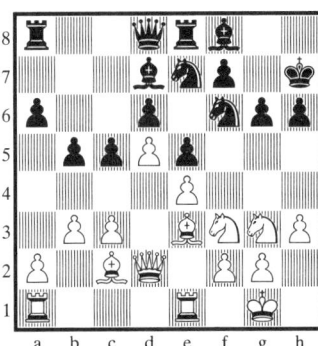

Einschätzung der Stellung:
Weiß besitzt mehr Raum. Seine Figuren
sind besser aufgestellt, daher sucht er
nach Möglichkeiten, die Stellung zu öffnen. Über Bauernhebel auf dem Flügel
ist dies schwer möglich. Der Anziehende
versucht daher, mit einem Figurenopfer
im Zentrum seinen Vorteil zu verwerten.
Für die Figur erhält er nur zwei Bauern.
Doch die beiden weißen Zentrumsbauern lähmen die schwarze Spielführung,
da ein Gegenspiel auf den Flügeln nicht
vorhanden ist. Der vorrückende Bauernwall beschränkt die schwarzen Figuren
in ihrer Beweglichkeit.

|     |         |        |
| --- | ------- | ------ |
| 19. | Le3xc5  | d6xc5  |
| 20. | Sf3xe5  | Se7-c8 |
| 21. | f2-f4   | Dd8-e7 |
| 22. | c3-c4   | ...    |

Das weiße Zentrum wird nun auch von
den beiden Nachbarbauern mit gestützt.
Weiß besitzt die vollständige Kontrolle
über das Zentrum. Wir erkennen hier,
welche Bedeutung die Herrschaft über
das Zentrum besitzt.

| 22. | ... | Lf8-g7 |
| 23. | Se5-f3 | ... |

Tal bemerkt hierzu, daß dies voreilig gespielt sei, vorzuziehen war hier 23. Tad1 Sd6 24. Ld3. Mit dem Zug 23. Sf3 bot Tal ein Qualitätsopfer mit 23. ... Sh5 24. Sxh5 Lxa1 25. e5! an. Der Rückzug des Springers ermöglicht dem Nachziehenden das Gegenspiel.

| 23. | ... | b5xc4 |
| 24. | b3xc4 | Sc8-d6 |
| 25. | e4-e5 | ... |

Weiß muß dies spielen, auf 25. Ld3 folgt 25. ... Sfxe4!

| 25. | ... | Sd6xc4 |
| 26. | Dd2-c3 | ... |

Oder 26. Dd3 Sb2.

| 26. | ... | Ld7-b5 |
| 27. | Ta1-d1 | Ta8-d8 |
| 28. | d5-d6 | ... |

Beide Seiten sind mit der Rückgabe der Figur einverstanden. Weiß droht außer e5xf6 auch a2-a4.

| 28. | ... | Sc4xd6 |
| 29. | e5xd6 | De7-b7 |

Im Ergebnis des Figurenopfers und des Figurenrückopfers ist wieder Materialgleichgewicht eingetreten. Jetzt verfügt Weiß über einen starken Trumpf, den Freibauern d6. Außerdem stehen die weißen Figuren aktiver.

| 30. | Sf3-e5 | Sf6-d7 |
| 31. | Sg3-h5! | Lg7-h8 |
| 32. | Dc3-g3 | ... |

Schwarz ist nun gezwungen, auf e5 zu tauschen. Danach besitzt Weiß zwei gewaltige Zentrumsbauern.

| 32. | ... | Sd7xe5 |
| 33. | f4xe5 | Db7-d7 |
| 34. | Sh5-f4! | |

Tal läßt sich nicht die Chance entgehen, die Partie kombinatorisch zu entscheiden. Die eingeleitete Abwicklung bringt ihm Materialgewinn.

| 34. | ... | Lg7xe5 |
| 35. | Lc2xg6+ | Kh7-h8 |

Oder 35. ... fg6 36. Dxg6+ Kh8 37. Txe5 Txe5 38. Df6+ Dg7 39. Dxe5.

| 36. | Lg6xf7 | ... |

Nun droht das gewaltige Springerschach auf g6.

| 36. | ... | Le5-d4+ |
| 37. | Td1xd4 | Te8xe1+ |
| 38. | Dg3xe1 | Dd7xf7 |

Auf 38. ... cd4 gewinnt 39. De5+ Kh7 40. Df6 Dxd6 41. Se6.

| 39. | De1-e5+ | Df7-g7 |
| 40. | De5xc5 | Lb5-c6 |
| 41. | Td4-d2 | |

Schwarz gab auf.

### Partie Nr. 10

**Mestel – Ljubojević**, London 1982
1. e4 c5 2. Sf3 d6 3. Sc3 a6 4. d4 cd4
5. Sxd4 e6 6. Le2 b5 7. f4 b4 8. Sb1 Lb7
9. Lf3 Sd7 10. 0-0 Sgf6 11. De2 e5
12. Sb3 a5 13. Tf2 Le7 14. a4 0-0 15. c4
Lc6 16. Dc2 Db6 17. f5 Ld8 18. Dd3 Db7
19. Te2 Lb6+ 20. Kh1 Tad8 21. S1d2 Sc5
22. Sxc5 dc5 23. Dc2 Dd7 24. Te3 Dd6
25. Sf1 h6 26. b3 Td7 27. Lb2 Tfd8
28. Kg1 Lc7 29. Tae1 Lb8 30. g3 Dc7
31. De2 Db7 32. Dc2 Lc7 33. De2 Te8
34. Dc2 Da8 35. T3e2 Dd8 36. Lg2 Da8
37. h3 Ted8 38. Te3 Td4

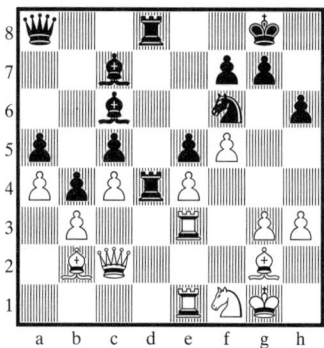

Einschätzung der Stellung:
Nach der langen Phase des Lavierens entschloß sich Schwarz, ein Opferange-

bot zu machen. Schwarz steht etwas besser, er hat die offene d-Linie unter Kontrolle, und auf den Bauern e4 übt er Druck aus. Das Zentrumsfeld d4 beherrscht der Nachziehende.

Weiß hat eine feste Verteidigungsstellung aufgebaut, die gefährdeten Einbruchsfelder auf der d-Linie sind gedeckt, und der Bauer e4 kann auch ausreichend geschützt werden. Weiß hat kein Gegenspiel, die Initiative liegt ausschließlich beim Nachziehenden.

Mit dem interessanten Qualitätsopfer wird das Spiel verschärft. Weiß könnte das Opferangebot ablehnen, er entschließt sich aber, das Opfer anzunehmen.

39. Lb2xd4    c5xd4
40. Te3-d3    ...

Der Turm muß auf dieses ungünstige Feld, der Nachziehende kann daher den Bauern e4 gewinnen und so die Bauernkette öffnen.

40. ...    Sf6xe4
41. Sf1-d2!    ...

Weiß muß unbedingt die Kontrolle über das Feld e4 wieder erobern.

41. ...    Se4-g5
42. Lg2xc6    Da8xc6
43. Sd2-e4!    ...

Durch die ungedeckte Stellung der schwarzen Dame wird dieses Manöver ermöglicht.

43. ...    Dc6xe4!

Die schwarze Antwort läßt nichts an Schärfe zu wünschen übrig. Auf 43. ... Sxe4 folgt 44. Dg2. Nun ergibt sich eine eigenartige Konstellation. Schwarz erhält für die Dame zwei Leichtfiguren und einen Bauern. Allerdings sind die beiden beweglichen Zentrumsbauern eine Macht.

44. Te1xe4    Sg5xe4
45. Dc2-g2    Se4-c3

Besser war hier 45. ... Sc5 46. Dc6 Ld6 47. Td1 Le7 mit unklarer Stellung, die

schwarzen Zentrumsbauern drohen zu laufen.

46. Dg2-c6    e5-e4!!
47. Td3xd4!    ...

Dies ist der einzige Zug, der das Gleichgewicht aufrechterhält. Die Kraft der verbundenen Freibauern ist in den Nebenvarianten zu erkennen, z.B. 47. Dxc7 ed3 48. Dxd8+ Kh8 oder 47. Txc3 dc3 48. Dxc7 Td1+ 49. Kf2 c2.

47. ...    Td8xd4
48. Dc6-e8+    Kg8-h7
49. De8xf7    Td4-d1+

Angesichts der Drohung f5-f6 ist Schwarz gezwungen, Dauerschach zu geben. Auf 49. ... Le5 folgt 50. Dg6+ Kg8 51. De8+ Kh7 52. Dxe5.

50. Kg1-g2    Td1-d2+
51. Kg2-f1    Td2-d1+
52. Kf1-g2    

Remis.


**Partie Nr. 11**

**Petrosjan – Barcza**, Stockholm 1952
1. e4 c5 2. Sf3 Sc6 3. d3 e6 4. Sbd2 d5
5. g3 Sf6 6. Lg2 Le7 7. 0–0 0–0 8. Te1 b6
9. e5 Se8 10. Sf1 Kh8 11. Lf4 f5 12. h4
Sc7 13. S1d2 Lb7 14. c3 b5 15. Sb3 a5
16. Lg5 Sa6 17. d4 c4 18. Sc1 Sc7
19. Se2 Kg8 20. Sf4 De8 21. Lxe7 Dxe7
22. Sg5 g6

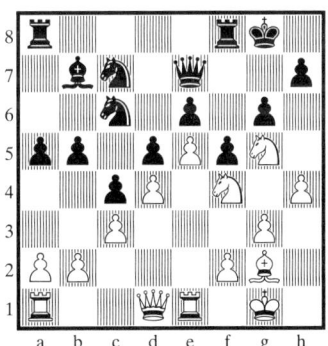

Einschätzung der Stellung:
Das Zentrum ist abgeschlossen, die Bauernstruktur im Zentrum sichert dem Anziehenden Raumvorteil. Für Weiß sprechen noch der gute Läufer und die aktiv stehenden Springer.
Die Bauernstruktur gibt auch die beidseitigen Pläne vor. Weiß versucht im Zentrum und am Königsflügel sein Spiel zu finden, vor allem durch aktives Figurenspiel. Schwarz strebt am Damenflügel mit dem Bauernhebel b5-b4 das Gegenspiel an.
Weiß steht besser.

23. a2-a4! ...
Eine Überraschung auf dem anderen Flügel. Weiß spielt plötzlich am Damenflügel, um den schwarzen Plänen zuvorzukommen. So wird die Anfälligkeit der Bauernkette nachgewiesen, auf 23. ... b4 folgt 24. b3!, und Weiß öffnet die Stellung. Die beste Verteidigung ist hier 23. ... b4 24. b3! cb3 25. Dxb3 Tad8, Schwarz besitzt etliche Stützpunkte, und die Stellung ist fest. Nicht gut wäre 23. ... b4 24. b3! bc3(?) 25. bc4 dc4 26. d5! c2 27. Dxc2 Sb4 28. d6 Sxc2 29. de7 Tfb8 30. Lxb7 Txb7 31. Ted1 (Kotow).

23. ... Lb7-a6?
Ein grober Fehler, nach dem die schwarze Stellung sofort zusammenbricht. Schwarz hält die Stellung für gesichert, er übersieht dabei vollständig die Opfermöglichkeit. Nach der Ablenkung des Läufers ist der Bauer d5 nicht mehr vom Läufer überdeckt.

24. Sf4xe6! Sc7xe6
25. Lg2xd5 Ta8-d8
Nun geht die Verteidigung Scd8 nicht mehr, da der Turm a8 hängt. Schwarz kann entscheidenden Materialverlust nicht vermeiden.

26. Ld5xe6+ Kg8-g7
27. a4xb5 La6xb5
28. d4-d5 f5-f4

29. Dd1-g4
Schwarz gab auf.

Die folgenden Partien zeigen Angriffe auf die Bauernkette, in deren Nähe sich der gegnerische König befindet. Mit dem Zerstören der Bauernkette öffnen sich Wege für die angreifenden Figuren.

Tigran Petrosjan

28

## Partie Nr. 12

**Heinicke – Geller**, Helsinki 1952

1. c4 Sf6 2. Sf3 g6 3. g3 Lg7 4. Lg2 0–0 5. 0–0 d6 6. d4 Sbd7 7. Dc2 e5 8. Td1 Te8 9. Sc3 c6 10. d5 cd5 11. cd5 Sc5 12. Se1 a5 13. e4 Tf8 14. Sd3 b6 15. f3 Sxd3 16. Dxd3 Sd7 17. Le3 Sc5 18. Dd2 Ld7 19. Tab1 Tc8 20. b4 ab4 21. Txb4 f5 22. Tdb1 f4 23. Lf2 Lh6 24. g4 Lg5 25. Lf1 h5 26. gh5 gh5 27. Txb6 Le7 28. Kh1 Kh8 29. T6b2 Tg8 30. Se2 De8 31. Sc1 Dg6 32. De2

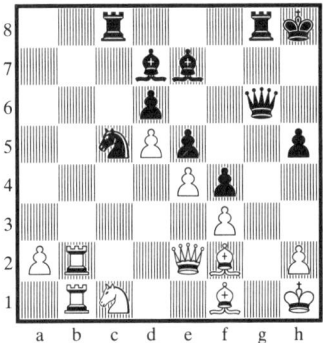

Einschätzung der Stellung:

Schwarz spielt zielstrebig auf den Königsangriff, dabei war der Bauernverlust auf b6 für ihn bedeutungslos. Weiß hat die Einbruchsfelder auf der g-Linie gedeckt, so daß auf der g-Linie allein die Entscheidung noch nicht herbeigeführt werden kann. Auch hier öffnet ein Figurenopfer die Bauernkette. Der Bauer e4 ist nur scheinbar ausreichend gedeckt. Die Motive für das Opfer liegen auf beiden Flügeln, der König, wie auch der Turm b1, sind im Visier. Der Nachziehende steht auf Gewinn.

| 32. | ... | Sc5xe4! |
| 33. | De2xe4 | ... |

Auf 33. fe4 folgt 33. ... Tc3! (nicht 33. ... Lg4 34. Dd3) 34. Tb3 Lg4 35. Txc3 Lxe2 36. Sxe2 Dxe4+. Nun büßt Weiß den Turm b1 ein.

| 33. | ... | Ld7-f5 |
| 34. | De4-b4 | Lf5xb1 |
| 35. | Tb2xb1 | Tc8-c2 |
| 36. | Db4-e1 | ... |

Der schwarze Angriff läuft nach der Öffnung des Spiels auf vollen Touren. Auf einen Wegzug des Läufers f2 folgt z.B. 36. La7 Txh2+ 37. Kxh2 Dg3+ nebst Matt.

| 36. | ... | Tc2xf2 |
| 37. | De1xf2 | Dg6xb1 |

Die Bilanz der Öffnung: Schwarz besitzt eine Qualität mehr, und der Sieg läßt nicht mehr lange auf sich warten.

| 38. | Sc1-d3 | Le7-d8 |
| 39. | Df2-e2 | Ld8-b6 |
| 40. | Sd3-f2 | Db1-g6 |

Weiß gab auf.

## Partie Nr. 13

**Castillo – Nestler**, Venedig 1950

1. d4 Sf6 2. c4 g6 3. Sc3 Lg7 4. e4 d6 5. f3 Sfd7 6. Le3 e5 7. d5 a5 8. h4 h5 9. Dd2 Sa6 10. Lg5 Lf6 11. Sh3 Sdc5 12. Le2 Ld7 13. Sf2 De7 14. Sb5 b6 15. b3 Kf8 16. Ld1 Kg7 17. a3 Sb7 18. Sc3 c5 19. a4 Lxg5 20. hg5 Taf8 21. Le2 Sd8 22. 0–0–0 f6 23. Sh3 Sf7 24. gf6+ Dxf6 25. Sb5 Lxb5 26. cb5 Sb8 27. Tdf1 g5 28. Kb1 Sd7 29. g3 Tfg8 30. Sf2 Kf8 31. Sd1 Ke7 32. Se3 Kd8 33. Sc4 Kc7?

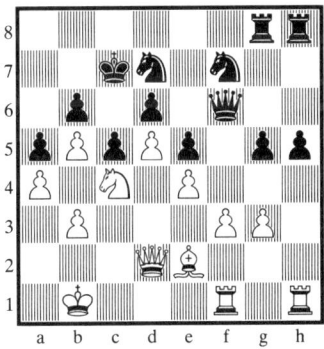

Einschätzung der Stellung:
Die Stellung ist geschlossen, festgelegte Bauernketten bestimmen das Bild. Charakterisierend für den letzten Partieabschnitt war die Wanderung des weißen Springers von h3 nach c4. Zugleich ist der schwarze König mit zum Damenflügel gelaufen, in der Annahme, daß der König nun dort sicher steht.
Doch damit wird die Spielführung des Anziehenden erleichtert. Angesichts dessen, daß ein Öffnungsversuch mit f3-f4 nach zweifachem Schlagen dem Nachziehenden die lange Diagonale a1-h8 und das Springerfeld e5 überläßt, hätte Weiß nach einem geeigneten Plan suchen müssen. Ein besserer Plan wäre für den Nachziehenden die Überdeckung der Einbruchsfelder gewesen.
Nun entscheidet ein naheliegendes Figurenopfer, nach dem der Anziehende einen unwiderstehlichen Angriff erhält.

    34.  Sc4xa5!    b6xa5

Falls Schwarz das Opfer ablehnt, folgt 35. Sc6, und nach entsprechender Vorbereitung mit Kb2, Ta1 der Vorstoß a4-a5.

    35.  Dd2xa5+    Kc7-c8

Oder 35. ... Kb8 36. b6.

    36.  Da5-a8+    Sd7-b8

Nach 36. ... Kc7 37. Da7+ Kd8 38. b6 Ke7 39. Lb5 Td8 40. a5 entscheiden die Freibauern.

    37.  b5-b6    Kc8-d7
    38.  Da8-a7+    Kd7-e8
    39.  Da7xb8+    Sf7-d8
    40.  Le2-b5+    Ke8-f8

Der König kehrt von seinem erfolglosen Ausflug zurück, dabei hat er einen großen Teil seiner Streitkräfte verloren. Nun ist die Partie für den Anziehenden leicht gewonnen.

    41.  a4-a5    Kf8-g7
    42.  Db8-c7+    Kg7-h6
    43.  Lb5-d7    h5-h4
    44.  a5-a6    Sd8-f7

    45.  a6-a7

Schwarz gab auf.

In der folgenden Partie wird ebenfalls eine Figur gegen zwei Bauern geopfert. Die Stellung ist geschlossen, sie besitzt Endspielcharakter. Nach der Öffnung der Kette kommen die weißen Bauern zum Laufen und zeigen die Kraft der beweglich gewordenen Bauern.

## Partie Nr. 14

**Szabo – Benkö**, Costa Brava 1975
1. c4 e5 2. Sc3 Sf6 3. Sf3 d6 4. g3 c6
5. Lg2 Sbd7 6. 0–0 Le7 7. d4 0–0 8. e4
Te8 9. h3 Lf8 10. Dc2 a6 11. Td1 b5
12. de5 de5 13. Le3 Lb7 14. c5 Dc7
15. b4 a5 16. a3 ab4 17. ab4 Txa1
18. Txa1 Ta8 19. Txa8 Lxa8 20. Da2 Lb7
21. Sg5 Sb8 22. f4 h6 23. Sf3 Sbd7 24. f5
Le7 25. g4 Dd8 26. Lf1 Sh7 27. Da7 Da8
28. Dxa8+ Lxa8 29. h4 Kf8 30. g5 hg5
31. hg5 Ke8 32. Se2 Shf8 33. Sc1 Ld8
34. Sd3 f6 35. g6 Sb8 36. Le2 Sfd7
37. Ld1 Le7 38. Lb3 Lf8 39. Lf7+ Kd8
40. Sd2 Lb7 41. Kf2 Sa6 42. Sb3 Sab8
43. Ke2 Sa6 44. Kd2 Sc7 45. Kc3 Sa6
46. Sd2 Sab8 47. Sf1 Sa6 48. Sg3 Sc7
49. Sh5 Ke7 50. Sf2 Lc8 51. Sg4 Lb7
52. Lf2 La8 53. Lh4 Sa6 54. Le6 Sab8

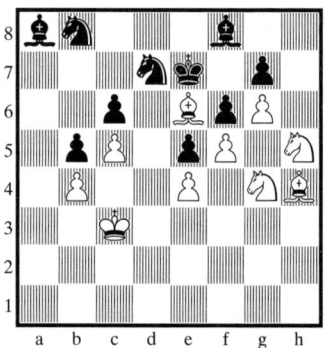

Einschätzung der Stellung:
Weiß besitzt deutliche Raumüberlegenheit. Doch dieser Vorteil läßt sich nur schwer verwerten, da die Stellung geschlossen ist. Alle Bauern sind festgelegt, keine Bauernhebel sind vorhanden, die Bauernfront ist absolut unbeweglich. Mit dem Fehlen der Schwerfiguren sind die Möglichkeiten verschwunden, die offenen Linien zu nutzen und über diese in das gegnerische Lager eindringen zu können.

Die beiden Schwächen im schwarzen Lager, die Basen der Bauernketten auf c6 und g7, können gut verteidigt werden, so daß eine Belagerung dieser Schwächen ausscheidet. Auch der weiße König kann bei dieser verschachtelten Bauernstruktur nicht in das gegnerische Lager eindringen.

So ergibt sich für den Anziehenden, will er seinen Vorteil in einen Sieg verwandeln, nur die Möglichkeit eines Figurenopfers zur Öffnung der Stellung. Weiß bereitet mit einer Verstärkung des Druckes auf e5 das Opfer auf e5 vor. Er beginnt mit der Überführung des Springers von h5 nach f3.

| | | |
|---|---|---|
| 55. | Sh5-g3 | La8-b7 |
| 56. | Sg3-f1 | Ke7-e8 |
| 57. | Sf1-d2 | Ke8-d8 |
| 58. | Sd2-f3 | Kd8-c7 |

Der König entweicht zum Damenflügel, auf 58. ... Ke8 wäre 59. Lf7+ nebst Sxe5 gefolgt. Das Figurenopfer auf e5 kann Schwarz nicht verhindern.

| | | |
|---|---|---|
| 59. | Lh4-g3 | Kc7-d8 |

Auf 59. ... Lc8 mit dem Versuch, den weißfeldrigen Läufer zu tauschen, wäre nach Szabo 60. Sgxe5! fe5 61. Sxe5 Sxe5 62. Lxe5+ Kb7 63. Ld6! Lxd6 64. Lxc8+ Kxc8 65. cd6 gefolgt. Diese Stellung ähnelt der Partiefortsetzung, allerdings behält Schwarz den Springer übrig, der auf dem beengten Raum noch etwas unbeholfener ist als der Läufer.

Nun ist die Zeit reif für das Opfer, Weiß kann den Druck nicht weiter verstärken.

| | | |
|---|---|---|
| 60. | Sf3xe5! | Sd7xe5 |
| 61. | Sg4xe5 | f6xe5 |
| 62. | Lg3xe5 | Sb8-d7 |
| 63. | Le5-d6! | ... |

Weiß erzwingt den für ihn günstigen Tausch auf d6, so erhält er noch einen weiteren beweglichen Freibauern.

| | | |
|---|---|---|
| 63. | ... | Lf8xd6 |
| 64. | c5xd6 | ... |

Schwarz muß nun ständig den Durchbruch f5-f6 beachten, wonach der d- und der g-Bauer frei sind, z.B. 64. ... c5 65. Lxd7 Kxd7 66. f6.

| | | |
|---|---|---|
| 64. | ... | Lb7-c8 |
| 65. | Le6xd7 | Lc8xd7 |

Oder 65. ... Kxd7 66. e5, und auf einen Königszug folgt e5-e6.

| | | |
|---|---|---|
| 66. | Kc3-d3! | ... |

Weiß nutzt den Zugzwang, er will mit seinem König auf b6 eindringen. Schwarz muß die relativ günstige Stellung seiner Figuren aufgeben.

| | | |
|---|---|---|
| 66. | ... | Kd8-e8 |

Falls der schwarze König zum Damenflügel geht, dann fällt die Entscheidung am Königsflügel, z.B. 66. ... Kc8 67. Kd4 Kb7 68. Ke5 Kc8 69. f6 gf6+ 70. Kxf6.

| | | |
|---|---|---|
| 67. | Kd3-d4 | Ke8-f8 |

Oder 67. ... Kd8 68. Kc5 Kc8 69. Kb6 Kb8 (69. ... Kd8 ergibt eine Stellung wie in der Partie.) 70. f6! gf6 71. g7 Le6 72. d7.

| | | |
|---|---|---|
| 68. | Kd4-c5 | Kf8-e8 |
| 69. | Kc5-b6 | Ke8-d8 |
| 70. | Kb6-b7! | ... |

Schwarz ist wieder im Zugzwang, auf 70. ... Le8 folgt 71. f5. Der Vorstoß des c-Bauern bringt auch keinen Erfolg, 70. ... c5 71. f6 gf6 72. g7 Le6 73. bc5 b4 74. c6 b3 75. c7+ Ke8 76. g8D+ Lxg8 77. c8D+.

| | | |
|---|---|---|
| 70. | ... | Ld7-c8+ |
| 71. | Kb7xc6 | Lc8-d7+ |
| 72. | Kc6-d5 | Kd8-e8 |
| 73. | Kd5-e5 | Ld7-c6 |

| | | |
|---|---|---|
| 74. | Ke5-f4 | Ke8-f8 |
| 75. | e4-e5 | Lc6-d5 |
| 76. | e5-e6 | Ld5-b3 |
| 77. | Kf4-e5 | |

Schwarz gab auf.


**Partie Nr. 15**

**Cebalo – Ivanović**, Vinkovci 1982
1. d4 d6 2. c4 e5 3. Sc3 Sc6 4. d5 Sce7
5. e4 g6 6. g4 Lg7 7. Ld3 Sf6 8. f3 h5 9. g5
Sd7 10. h4 f5 11. Le3 0–0 12. Dd2 Sc5
13. Le2 a5 14. 0–0–0 b6 15. Sh3 Ld7
16. Dc2 Db8 17. Sf2 c6 18. Sd3

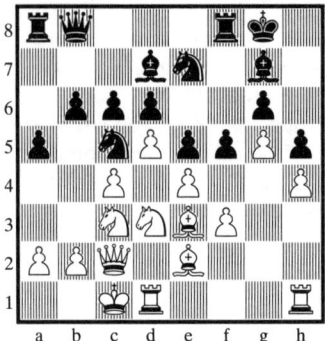

Einschätzung der Stellung:
Die Bauernkette ist noch geschlossen,
doch Schwarz beginnt, mit den Hebeln
c6 und f5 die Kette anzugreifen. Dabei ist
die Absicht des Nachziehenden zu erkennen, zum Angriff auf den gegnerischen König zu kommen. Weiß besitzt
mehr Raum, er steht etwas besser.

| | | |
|---|---|---|
| 18. | ... | c6xd5 |
| 19. | c4xd5 | ... |

Etwas besser ist 19. Sxc5 bc5 20. cd5,
und Weiß behält seinen geringen Vorteil.

| | | |
|---|---|---|
| 19. | ... | f5xe4 |
| 20. | f3xe4? | ... |

Nun war 20. Sxc5 bc5 21. fe4 bereits notwendig. Weiß übersieht den Gegenschlag des Nachziehenden, der die Stellung öffnet und einen Angriff auf den weißen König einleitet.

| | | |
|---|---|---|
| 20. | ... | Sc5xe4! |

Die Motive des Scheinopfers liegen in
der offenen c-Linie, dem Aufbrechen des
Zentrums und dem Öffnen der Läuferdiagonalen a1-h8.

| | | |
|---|---|---|
| 21. | Sc3xe4 | Tf8-c8 |
| 22. | Se4-c3 | b6-b5 |

Schwarz bekommt die Figur bei überlegener Stellung zurück, die Figuren des
Nachziehenden gewinnen an Wirksamkeit.

| | | |
|---|---|---|
| 23. | Sd3-c5 | ... |

Das Zustopfen der c-Linie ist noch die
beste Möglichkeit, um die Figur zurückzugeben.

| | | |
|---|---|---|
| 23. | ... | d6xc5 |
| 24. | Le2-d3 | ... |

Auch nach 24. Se4 Sf5 25. Lf2 Sd4
26. Dd2 Lf5 stehen die schwarzen Figuren aktiver.

| | | |
|---|---|---|
| 24. | ... | c5-c4 |
| 25. | Ld3xg6 | b5-b4 |
| 26. | Lg6-h7+ | Kg8-h8 |
| 27. | d5-d6 | ... |

Die gewaltige schwarze Bauernlawine ist
schon nicht mehr aufzuhalten, auf
27. Se2 folgt 27. ... b3.

| | | |
|---|---|---|
| 27. | ... | b4xc3 |
| 28. | d6xe7 | Ld7-a4! |

Die weiße Dame ist überlastet, sie ist an
b2 und an h7 gebunden.

| | | |
|---|---|---|
| 29. | Td1-d8+ | ... |

Dies ist die einzige Möglichkeit, um größeren Materialverlust zu vermeiden.

| | | |
|---|---|---|
| 29. | ... | Tc8xd8 |
| 30. | e7xd8D+ | Db8xd8 |
| 31. | Dc2xa4 | c3xb2+ |
| 32. | Kc1xb2? | ... |

Hartnäckiger war 32. Kb1 Kxh7 33. Dxc4
De8 nebst Dg6+ mit Vorteil für Schwarz.

| | | |
|---|---|---|
| 32. | ... | e5-e4+ |
| 33. | Kb2-c1 | Dd8-d3 |

34. Th1-e1        Lg7-b2+
Weiß gab auf.


## Partie Nr. 16

**Fischer – Larsen**, Denver 1971
1. e4 e6 2. d4 d5 3. Sc3 Lb4 4. e5 Se7
5. a3 Lxc3+ 6. bc3 c5 7. a4 Sbc6 8. Sf3
Ld7 9. Ld3 Dc7 10. 0-0 c4 11. Le2 f6
12. Te1 Sg6

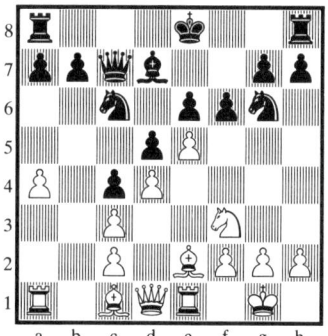

Einschätzung der Stellung:
Das Zentrum ist durch die Bauernkette
abgeschlossen. Schwarz greift die Bauernkette an der Spitze an. Der Anziehende ignoriert jedoch diesen Angriff, er
opfert den Spitzenbauern. Dafür erhält er
freies Spiel mit dem Läuferpaar, und der
schwarze König bleibt im Zentrum.
Weiß erhält für den geopferten Bauern
ausreichendes Gegenspiel, er steht besser.
13. Lc1-a3        f6xe5
14. d4xe5        Sc6xe5
15. Sf3xe5        Sg6xe5
Nach 15. ... Dxe5 16. Lxc4 Dxc3 17. Lxd5
0-0-0 18. Lb3 steht Weiß mit dem Läuferpaar besser.
16. Dd1-d4        Se5-g6
Nicht 16. ... Sc6 17. Lh5+; auch nach

16. ... 0-0-0 17. Dxa7 Sc6 18. De3 hat
Weiß klaren Vorteil.
17. Le2-h5        Ke8-f7
Auch 17. ... 0-0-0 18. Dxa7 ist nicht er-
freulich.
18. f2-f4        ...
Weiß geht sofort daran, das Zentrum
weiter zu öffnen, um die ungünstige
schwarze Königsstellung ausnutzen zu
können.
18. ...        Th8-e8
Schwarz kann nicht mit dem König entweichen, er richtet sich darauf ein, nach
f6 zu gehen.
19. f4-f5        e6xf5
20. Dd4xd5+        Kf7-f6
21. Lh5-f3!        Sg6-e5!
Das Endspiel nach 21. ... Le6 22. Dxb7
Dxb7 23. Lxb7 Tab8 24. Tab1 ist günstig
für Weiß. Nach dem Textzug entstehen
scharfe Verwicklungen.
22. Dd5-d4        Kf6-g6
23. Te1xe5        ...
Weiß muß sich auf die angebotene
scharfe Variante einlassen, da weder
23. Kh1 Sg4 noch 23. Lxb7 Dxb7
24. Txe5 Txe5 25. Dxe5 Te8 Vorteil ergibt.
23. ...        Dc7xe5
24. Dd4xd7        Ta8-d8
25. Dd7xb7        De5-e3+
26. Kg1-f1        Td8-d2
Droht matt, aber Fischer hat weiter gerechnet.
27. Db7-c6+!        Te8-e6
28. La3-c5        ...
Die weitere Abwicklung erfolgt zwangs-
läufig.
28. ...        Td2-f2+
29. Kf1-g1        Tf2xg2+
30. Kg1xg2        De3-d2+
31. Kg2-h1        Te6xc6
32. Lf3xc6        Dd2xc3?
Nach diesem scharf geführten Schlagabtausch, bei dem Larsen stets auf der
Höhe des Gefechts war, greift er fehl. Die

weißen Läufer sind gewaltig, vor allem der schwarzfeldrige Läufer, der auf d4 einen guten Stützpunkt findet. Besser war 32. ... a5 33. Ld4 Kh6 34. Tg1 g5, und der schwarze König steht sicher hinter seinen Bauern. Diese Stellung gibt beiden Seiten Chancen.

Nach dem Textzug gewinnt Weiß den Bauern a7, und nun läuft der weiße a-Freibauer. Schwarz ist nicht in der Lage, den Freibauern aufzuhalten.

In der Partie folgte noch:
33. Tg1+ Kf6 34. Lxa7 g5 35. Lb6 Dxc2 36. a5 Db2 37. Ld8+ Ke6 38. a6 Da3 39. Lb7 Dc5 40. Tb1 c3 41. Lb6
Schwarz gab auf.

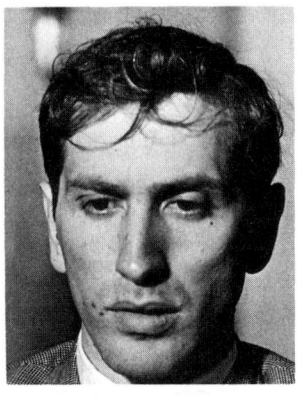

Bobby Fischer

## Partie Nr. 17

**Krogius – Stein**, Kiew 1960
1. d4 Sf6 2. c4 g6 3. Sc3 Lg7 4. e4 0–0
5. Le2 d6 6. Sf3 e5 7. d5 h6 8. 0–0 Sh7
9. Se1 Sd7 10. Sd3 f5 11. f3 f4 12. b4 Tf7
13. c5 Sdf6 14. c6 bc6 15. dc6 Le6 16. b5
Lf8 17. Sb4

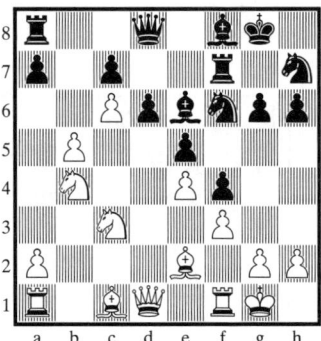

Einschätzung der Stellung:

In dieser geschlossenen Stellung, die aus der Königsindischen Verteidigung entstand, sind die Absichten beider Seiten auf die Flügel verteilt.

Weiß besitzt Raumvorteil auf dem Damenflügel, er ist mit den Bauern weit vorgestoßen und beherrscht seinen Flügel fast vollständig. Schwarz sucht dagegen seine Chancen am Königsflügel.

Ein Problem, das der Nachziehende in diesem geschlossenen Stellungstyp oft hat, ist der schwarzfeldrige Läufer. Mit einem energischen Bauernopfer versucht er, dieses Problem zu lösen und seinem schlechten Läufer freie Diagonalen zu verschaffen. Gleichzeitig ist dies das Startsignal zum Königsangriff. Als Kompensation für den geopferten Bauern erhält Schwarz Initiative am Königsflügel.

| 17. | ... | d6-d5!? |
| 18. | Sb4xd5 | ... |

Oder 18. ed5 Lf5 19. a3 Lc5+ 20. Kh1 Sh5, und es sind ähnliche Wendungen wie in der Partie möglich.

| 18. | ... | Lf8-c5+ |
| 19. | Kg1-h1 | Sf6-h5 |
| 20. | Dd1-e1 | Sh5-g3+! |

Ein direktes Mattsetzen ist noch nicht möglich. Aber Schwarz setzt alles auf den Königsangriff, da der weiße König eingeklemmt am Rand steht.

| 21. | h2xg3 | Dd8-g5 |
| 22. | g3-g4 | h6-h5 |
| 23. | g2-g3 | ... |

Ansonsten entscheidet nach h5xg4 das Schachgebot auf der h-Linie.

| 23. | ... | h5xg4 |
| 24. | Kh1-g2 | Ta8-f8 |
| 25. | Lc1-d2? | ... |

Nur nach 25. Th1 hat Weiß Rettungschancen. Nun entfernt sich die schwarze Dame, wonach die Königsstellung geöffnet wird.

| 25. | ... | Dg5-h6 |
| 26. | Tf1-h1 | Dh6-g7 |

Nun droht g6-g5 mit nachfolgender Öffnung. Trotz vieler Tempoverluste des Nachziehenden konnte der weiße König nicht entfliehen.

| 27. | g3xf4 | e5xf4 |
| 28. | Ta1-d1 | g6-g5 |

Es droht 29. ... gf3+ und 30. ... g4

| 29. | e4-e5 | Dg7xe5 |
| 30. | f3xg4 | De5xe2+!! |

Ein effektvolles Damenopfer gibt der weißen Stellung den Rest. Nach 31. Sxe2 Lxd5+ 32. Kh2 (32. Kf1 f3!) entscheidet 32. ... Sf6 mit der Drohung 33. ... Th7 matt. Weiß nimmt das Damenopfer nicht an, doch er kann die Niederlage nicht vermeiden.

| 31. | De1xe2 | f4-f3+ |
| 32. | De2xf3 | Tf7xf3 |
| 33. | Th1-f1 | Le6xg4 |

Hiernach verliert Weiß mindestens die Qualität, die Partie ist entschieden. Es folgte noch:

34. Se4 Lh3+ 35. Kh2 Txf1 36. Txf1 Lxf1 37. Sxc5 Tf2+ 38. Kg1 Txd2 39. Sxc7 Lh3 40. a4 Tg2+ 41. Kh1 Sf6 42. a5 Sg4 43. Se4 Te2
Weiß gab auf.

### Partie Nr. 18

**Aljechin – Bogoljubow**, Hastings 1922
1. d4 Sf6 2. Sf3 e6 3. c4 d5 4. Sc3 Sbd7 5. Lg5 Le7 6. e3 0-0 7. Tc1 a6 8. c5 c6 9. b4 Se4 10. Lf4 g5 11. Lg3 Sxg3 12. hg3 f5

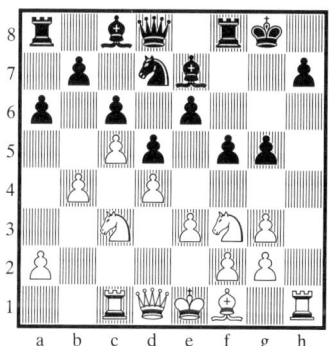

Einschätzung der Stellung:
Das abgeschlossene Zentrum charakterisiert den Steinwall-Aufbau. Dem Anziehenden ist es gelungen, mehr Raum zu erobern. Schwarz droht, nun auch den Königsflügel zu schließen, z.B. mit 13. Se5 Sxe5 14. de5 (14. Dh5 Tf7) 14. ... g4. Danach hat Schwarz eine feste Stellung.
Mit energischen Aktionen gelingt es Aljechin, die Stellung zu öffnen. Er bringt dafür ein Bauernopfer, da seine Figuren nach der Öffnung besser stehen.
Weiß steht etwas besser.

| | 13. | g3-g4! | ... |

Damit behält Weiß die Initiative. Die künftige Entwicklung mußte weit vorausberechnet werden.

| | |
|---|---|
| 13. ... | f5xg4 |
| 14. Sf3-e5 | Sd7xe5 |
| 15. d4xe5 | Dd8-c7 |
| 16. Dd1-d4 | Tf8-f5 |

Schwarz setzt den logischen Angriff auf den Bauern e5 fort. Sonst folgt Lf1-e2xg4 mit guter Stellung für Weiß.

| | |
|---|---|
| 17. Lf1-d3 | Dc7xe5 |
| 18. Dd4xe5! | ... |

Nach 18. Lxf5 Dxf5 steht Schwarz nicht schlechter.

| | |
|---|---|
| 18. ... | Tf5xe5 |
| 19. Th1xh7 | ... |

Mit Abschluß der Kombination hat Weiß zwar einen Bauern weniger, doch aufgrund seiner aktiven Figurenstellung ist er im Vorteil.

| | |
|---|---|
| 19. ... | Le7-f6 |

Nicht 19. ... Lf8 wegen 20. Tc7 nebst Sc3-a4-b6.

| | |
|---|---|
| 20. Ke1-d2 | Lf6-g7 |
| 21. Tc1-h1 | Ta8-b8 |

Schwarz kann sich noch nicht entwickeln, 21. ... Ld7? 22. Txg7+ Kxg7 23. Th7+.

| | |
|---|---|
| 22. Sc3-a4 | Te5-f5 |

Nur unter Qualitätsopfer kann der Nachziehende seine Entwicklung vollenden.

| | |
|---|---|
| 23. Ld3xf5 | e6xf5 |
| 24. Th7-h5 | Lc8-e6 |

Der g-Bauer ist nicht zu halten, 24. ... Lf6 25. Th6 Kg7 26. Txf6 Kxf6 27. Th8 nebst Sb6; oder 24. ... Lf6 25. Th6 Lg7 26. Tg6 Kf7 27. Txg5 mit partieähnlicher Folge.

| | |
|---|---|
| 25. Th5xg5 | d5-d4! |

Dieses Bauernopfer zum Öffnen der Läuferdiagonalen ist die beste praktische Chance.

| | |
|---|---|
| 26. e3xd4 | Tb8-d8 |
| 27. Kd2-c3 | Kg8-f8 |
| 28. Th1-d1 | Kf8-f7 |
| 29. Sa4-b6 | Td8-h8 |

Schwarz hat für den Bauern und die Qualität aktives Spiel erlangt, es droht Lf6. Die schwarzen Figuren stehen sehr aktiv, und der weiße Turm g5 ist nicht mehr als ein Läufer wert. Der Anziehende hat Schwierigkeiten, seinen materiellen Vorteil zu verwerten.

| | |
|---|---|
| 30. Tg5xg7+ | Kf7xg7 |
| 31. a2-a4 | Th8-h2 |
| 32. Td1-g1 | f5-f4 |

Die schwarzen Figuren stehen immer noch sehr aktiv. Daher entschließt sich der Anziehende zum Rückopfer des Bauern, um den materiellen Vorteil in positionellen Vorteil umzuwandeln. Danach ist die Bildung eines Freibauern am Damenflügel ermöglicht.

| | |
|---|---|
| 33. d4-d5! | c6xd5 |
| 34. Kc3-d4 | g4-g3 |
| 35. f2-f3 | Kg7-f6 |
| 36. b4-b5 | ... |

Die Bildung eines Freibauern ist weit wichtiger als der Rückgewinn des Bauern d5.

| | |
|---|---|
| 36. ... | a6xb5 |
| 37. a4xb5 | Th2-h5 |
| 38. c5-c6 | b7xc6 |
| 39. b5xc6 | Kf6-e7 |
| 40. c6-c7 | Ke7-d6 |

Auch 40. ... Th8 41. Tc1 Lc8 42. Sxc8+ Txc8 43. Kxd5 verliert.

| | |
|---|---|
| 41. c7-c8D | Le6xc8 |
| 42. Sb6xc8+ | Kd6-d7 |
| 43. Tg1-c1 | Th5-h2 |
| 44. Tc1-c2 | |

Schwarz gab auf.

Efim D. Bogoljubow

## Partie Nr. 19

**Wolf – Aljechin**, Karlsbad 1923
1. e4 e5 2. Sf3 Sc6 3. Sc3 Sf6 4. Lb5 Sd4
5. Sxd4 ed4 6. Sd5 Sxd5 7. ed5 Df6
8. 0–0 Le7 9. f4 0–0 10. Df3 c5 11. b3 d6
12. Lb2 Lf5 13. Tae1 Ld8 14. Ld3 La5
15. Te2 Tae8 16. g3 Lxd3 17. cd3 Txe2
18. Dxe2 Df5 19. Tf2 Dxd5 20. De4 De6
21. f5 De5 22. Dxe5 de5 23. Kg2 f6

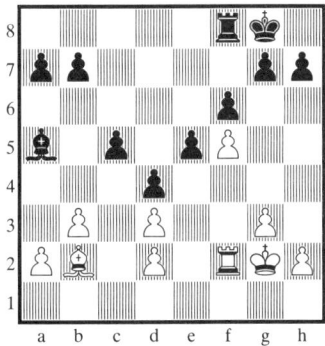

Einschätzung der Stellung:
Die Endspielstellung trägt geschlossenen Charakter, da lange Bauernketten
vorhanden sind. Noch 15 von 16 Bauern
befinden sich auf dem Brett. Schwarz
besitzt einen Mehrbauern, den er nur
verwerten kann, wenn es ihm gelingt, die
Stellung zu öffnen. Weitere Vorteile des
Nachziehenden sind die gesündere Bauernstruktur sowie die Tatsache, daß der
weiße Läufer am Damenflügel einge-
mauert ist. Mit den Bauernzügen b7-b6
und a7-a5 (nachem der eigene Läufer
weggezogen ist) bleibt das Gefängnis für
den weißen Läufer geschlossen.
  24. Ke2-f3          La5-d8!
Der Läufer macht Platz für die eigenen
Bauern.
  25. Kf3-e4          Ld8-e7
  26. Tf2-f1          ...
Nicht 26. Kd5 Td8+ 27. Ke6?? Kf8 nebst
28. ... Td6 matt.

  26. ...             Tf8-d8
  27. Tf1-c1          a7-a5!
Verhindert ein eventuelles weißes Gegenspiel nach 27. ... b6 28. b4 cb4
29. Tc7.
  28. Lb2-a3          b7-b6
  29. g3-g4           ...
Falls es Weiß nun noch gelänge, den Königsflügel zu schließen, dann wären die
Gewinnchancen für den Nachziehenden
auf ein Minimum gesunken.
  29. ...             Kg8-f7
  30. h2-h4           g7-g6
Schwarz beginnt mit der notwendigen
Öffnung.
  31. Tc1-f1          ...
Nach 31. h5 gh5 32. gh5 Tg8 dringt der
schwarze Turm auf der g-Linie ein.
  31. ...             h7-h5!
  32. f5xg6+          ...
Auch nach 32. g5 fg5 33. hg5 Lxg5
34. fg6+ Kxg6 35. Kxe5 oder 32. Kf3
hg4+ 33. Kxg4 gf5+ 34. Kxf5 Th8 35. Th1
Th5+ 36. Kg4 Kg6 gewinnt Schwarz.
  32. ...             Kf7xg6
  33. g4xh5+          Kg6-f7!
Nach 33. ... Kxh5 34. Kf5 wäre der Gewinn erschwert.
  34. h5-h6           ...
Oder 34. Kf5 Th8 35. Kg4 Ke6, und
Schwarz setzt f6-f5 durch.
  34. ...             Kf7-e6!
  35. Tf1-g1          Td8-h8
Schwarz will sich die 6. Reihe sichern.
  36. Tg1-g6          Le7-f8
Weiß gab auf.

## Partie Nr. 20

**Denker – Smyslow**, Wettkampf
UdSSR – USA 1946
1. d4 Sf6 2. c4 e6 3. Sc3 Lb4 4. e3 0–0
5. Ld3 c5 6. a3 Lxc3+ 7. bc3 Sc6 8. Se2
d6 9. 0–0 e5 10. e4 Te8 11. Dc2 Sd7
12. f4 b6 13. Le3 La6 14. fe5 de5 15. d5
Sa5 16. Da2 Sf8 17. Sg3 Sg6 18. De2
Sb7 19. Sf5 Sd6 20. g3 f6 21. Sxd6 Dxd6
22. h4 Se7 23. a4 Lc8 24. Kh2

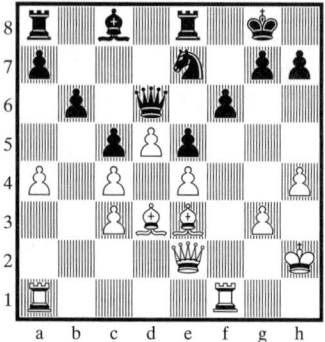

Einschätzung der Stellung:
Das Zentrum ist festgelegt, dort sind
keine weiteren Aktionen zu erwarten. Der
weitere Kampf spielt sich auf den Flügeln
ab. Weiß konzentriert sich nun ausschließlich auf den Königsflügel. Er hätte
besser getan, sich im letzten Zug mit
24. a5 die Initiative am Damenflügel zu
sichern. Mit dem folgenden Zug vereitelt
Schwarz diese Möglichkeit; den rückständigen Bauern auf b6 kann der Nachziehende bequem verteidigen.
Weiß strebt den Königsangriff an.
Schwarz verteidigt sich sorgfältig und
geht dann zum Gegenangriff über. Der
Hebel f6-f5 besitzt hier die entscheidende Bedeutung bei der Öffnung des
Spiels.
Schwarz steht besser.

24. ...          a7-a5!

Verhindert a4-a5, die weißen Bauern am
Damenflügel und im Zentrum sind festgelegt.

25. De2-g2       Lc8-g4
26. Ld3-e2       Lg4xe2
27. Dg2xe2       Ta8-d8
28. Ta1-b1       Se7-c8

Das Blockadefeld d6 bietet sich für den
Springer an. Die folgende Umgruppierung richtet sich gegen den Vorstoß h5-
h6, zugleich wird der Hebel f6-f5 vorbereitet.

29. h4-h5        Te8-f8
30. Tf1-f2       Tf8-f7
31. h5-h6        g7-g6
32. Tb1-f1       Dd6-e7

Die Vorbereitungen des Nachziehenden
laufen planmäßig. Nun ist das Feld d6 für
den Springer freigemacht worden.

33. De2-g4       ...

Auch nach 33. g4 Sd6 34. Dd3 Dd7 steht
Schwarz klar besser. Die Bauern a4 und
g4 sind bedroht.

33. ...           Sc8-d6
34. Dg4-e6        ...

Weiß ist strategisch überspielt, die
schwachen Bauern a4, c4 und e4 sind
schutzbedürftig. Er versucht daher zu
verwickeln.

34. ...           Sd6xe4
35. De6xb6        f6-f5!

Der Gegenangriff beginnt. Dies ist weitaus stärker als die Eroberung der Qualität, da danach die Bauern a5, c5 und f6
schwach würden; der Freibauer d5 muß
mit einer Schwerfigur bewacht werden.
Der schwarze Zentralspringer steht her-
vorragend, er deckt c5 und unterstützt
den Gegenangriff.

36. Tf2-b2        f5-f4
37. Db6-e6        ...

Weiß ist verloren, auch nach 37. gf4
Dh4+ 38. Kg1 Dg3+ 39. Kh1 Dh3+
40. Kg1 Dxe3+ gewinnt Schwarz eine Figur.

37. ...           f4xe3

| 38. | Tf1xf7 | De7xf7 |
|-----|--------|--------|
| 39. | De6xe5 | Se4-f6 |
| 40. | Tb2-b8 | Sf6-g4+ |
| 41. | Kh2-h3 | Sg4xe5 |
| 42. | Tb8xd8+ | Df7-f8 |
| 43. | Td8xf8+ | Kg8xf8 |

Weiß gab auf.

## 2.3. Die Nutzung starker Felder in der Bauernkette

Auch in den Partien dieses Abschnitts sind Bauernketten vorhanden. Die Bauernketten sind unbeweglich. Doch im Gegensatz zu den bisherigen Partien sind die Ketten nicht undurchlässig. Ein Loch ist in der Kette vorhanden, und eine Partei kann daraus Vorteil ziehen. In einigen Fällen betritt eine Figur (Springer) dieses Feld, um sich ideal zu postieren. Oder ein Läufer nutzt die Löchrigkeit der Bauernkette, um über eine lange Diagonale in gegnerische Bereiche hineinwirken zu können.
Beispiele für die Ausnutzung dieses Sachverhaltes sehen wir in den folgenden Partien. Die 'Löcher' der Kette liegen zumeist im Zentrum.

### Partie Nr. 21

**Gligorić – Smyslow**, Kiew 1959
1. d4 Sf6 2. c4 g6 3. Sc3 d5 4. cd5 Sxd5
5. e4 Sxc3 6. bc3 Lg7 7. Lc4 c5 8. Se2
0–0 9. 0–0 Sc6 10. Le3 Dc7 11. Tc1 Td8
12. h3 b6 13. f4 e6 14. De1 Lb7 15. Df2
Sa5 16. Ld3 f5 17. e5 c4 18. Lc2

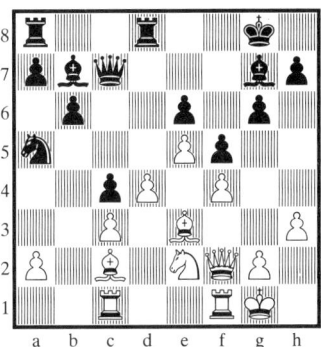

Einschätzung der Stellung:
Durch Druck auf das bewegliche weiße Bauernzentrum mittels Figuren und mit dem f-Bauern gelang es dem Nachziehenden, das Bauernzentrum festzulegen. Die unbewegliche Bauernkette ist für Schwarz günstig. Sein Läufer b7 findet den Weg durch die Bauernkette, er besitzt die weitreichende Diagonale a8-h1. Auch der schwarze Springer kann das Feld d5 nutzen, es ist ein ideales Zentrumsfeld für ihn. Schwarz kontrolliert die wichtigen Zentrumsfelder d5 und e4.
Die weißen Figuren werden durch die eigenen Bauern in ihrer Beweglichkeit eingeschränkt. Selbst wenn es ihm gelänge, die gutstehenden schwarzen Leichtfiguren zu tauschen (Springer und weißfeldrige Läufer), dann bliebe ihm der schlechte schwarzfeldrige Läufer übrig.
Weiß sieht nur eine Möglichkeit, zur Initiative zu kommen: den Hebel g2-g4 nebst evtl. Königsangriff.
Nach Abschluß der Eröffnung steht Schwarz besser.

| 18. | ... | Sa5-c6 |
|---|---|---|
| 19. | g2-g4 | Sc6-e7 |
| 20. | Kg1-h2 | Dc7-c6 |
| 21. | Se2-g3 | b6-b5 |

Es ist noch nicht zu sehen, wie der weiße Angriff am Königsflügel beginnen soll. Schwarz, der inzwischen die Diagonale a8-h1 kontrolliert und dessen Springer für den Einsatz auf d5 bereitsteht, ergreift die Initiative am Damenflügel. Er setzt seine Bauernmehrheit in Bewegung.

| 22. | a2-a4 | a7-a6 |
|---|---|---|
| 23. | Tc1-b1 | Ta8-b8 |
| 24. | Le3-d2 | b5xa4 |
| 25. | Tb1-a1 | Lb7-a8 |
| 26. | Lc2xa4 | Dc6-c7 |

Der a-Freibauer hat im Moment keine Bedeutung, wichtig ist die offene b-Linie für den Nachziehenden.

| 27. | Ta1-a2 | Tb8-b6 |
|---|---|---|
| 28. | g4xf5 | e6xf5 |
| 29. | Ld2-c1 | Se7-d5 |
| 30. | Sg3-e2 | a6-a5 |
| 31. | La4-c2 | Tb6-b3! |

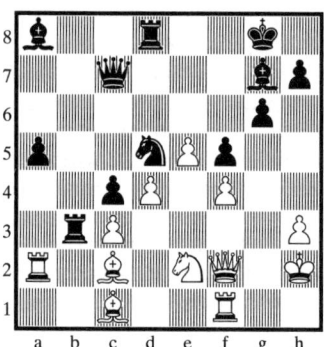

Ein effektvolles Qualitätsopfer, das die Vorzüge der schwarzen Stellung zur Geltung bringt. Nach der Annahme des Opfers bleiben die weißen Freibauern unbeweglich, während die schwarzen a- und b-Bauern zum Laufen kommen. Der Nachziehende hat dann die vollständige Vorherrschaft auf den weißen Feldern.

| 32. | Lc2xb3 | ... |
|---|---|---|

Bei Nichtannahme des angebotenen Opfers folgt Tdb8, und der Vormarsch des a-Bauern wird vorbereitet.

| 32. | ... | c4xb3 |
|---|---|---|
| 33. | Ta2-a4 | Lg7-f8 |

Nicht 33. ... Sxc3 34. Sxc3 Dxc3 35. Ld2.

| 34. | Lc1-b2 | ... |
|---|---|---|

Oder 34. c4 Sb6 35. Txa5 Sxc4, und Schwarz steht besser.

| 34. | ... | Sd5-e3! |
|---|---|---|
| 35. | Tf1-a1 | ... |

Nach 35. Dxe3 Dc6 nebst 36. ... Dxa4 gewinnt Schwarz die Qualität zurück und steht positionell überlegen.

| 35. | ... | Se3-c4 |
|---|---|---|
| 36. | Se2-g3 | ... |

Nach 36. Txc4 Dxc4 37. Txa5 Le7 droht unangenehm Lh4.

| 36. | ... | Lf8-e7 |
|---|---|---|
| 37. | Sg3-f1 | Dc7-c6 |

Nun entscheidet die lange Diagonale.

| 38. | Ta4xc4 | Dc6-h1+ |
|---|---|---|

Nach 38. ... Dxc4 39. Se3 hat Weiß Gegenchancen.

| 39. | Kh2-g3 | h7-h5 |
|---|---|---|

Weiß gab auf.

Es droht 40. ... h4 matt, und falls die weiße Dame wegzieht, folgt 40. ... Dg1+ oder 40. ... Dg2 matt.

Bei der Spielführung des Nachziehenden waren fast alle Pläne auf das Loch in der Bauernkette (d5) aufgebaut.

## Partie Nr. 22

**Geller – Unzicker**, Stockholm 1952
1. d4 d5 2. c4 c6 3. Sf3 Sf6 4. Sc3 dc4
5. e4 b5 6. e5 Sd5 7. a4 e6 8. ab5 Sxc3
9. bc3 cb5 10. Sg5 Lb7 11. Dh5 g6
12. Dg4 Le7 13. Le2 Sd7 14. Lf3 Dc7
15. Se4 Sb6

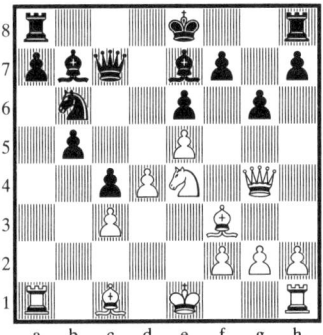

Einschätzung der Stellung:
Das relativ geschlossene Zentrum ist etwas durchlässig geworden, da der Bauer d5 fehlt. Aus dem Nichtvorhandensein des Bauern d5 ergeben sich drei Folgen:
– die Diagonale a8-h1 ist offen;
– Schwarz kann das Feld d5 nutzen;
– Weiß kann das Feld e4 nutzen.
Schwarz besitzt einen Mehrbauern. Doch die weißen Figuren stehen aktiv, und im Ergebnis der bisherigen Lockerungsübungen sind beim Nachziehenden Schwächen entstanden. Vor allem die schwarzen Felder am Königsflügel sind schutzbedürftig. Schwarz benötigt noch viel Zeit, um seinen König in Sicherheit zu bringen und danach den Mehrbauern zu verwerten.
Daher steht Weiß besser, sein Angriff am Königsflügel ist schneller und zwingender.
16. Lc1-h6!    ...

Möglich war auch 16. Lg5, aber Weiß wartet auf Sd5, um erst danach Lg5 zu spielen. Außerdem droht 17. Lg7 Tg8 18. Sf6+.
16.    ...    Th8-g8
Oder 16. ... Sd5 17. Lg5 0-0 18. Lxe7 Dxe7 19. Sf6+ mit deutlichem weißen Vorteil. Nun ist die schwarze Rochade verhindert, und der Anziehende hat klaren Entwicklungsvorsprung.
17. Lh6-g5    Lb7xe4
18. Lf3xe4    Sb6-d5
Schwarz nutzt das Loch in der Kette, um seinen Springer günstig zu postieren. Es ist bemerkenswert, wie bedeutungsvoll der weiße Entwicklungsvorsprung ist, obwohl die Stellung geschlossenen Charakter besitzt.
19. Le4xd5    e6xd5
20. Lg5xe7    Dc7xe7
21. 0-0    ...
Ungeachtet des schwarzen Mehrbauern steht Weiß klar besser. Schwarz versucht nun, eine künstliche Rochade durchzuführen, um den König in Sicherheit zu bringen.
21.    ...    Ke8-f8
22. Tf1-b1    a7-a6
23. Dg4-f3    ...
Nach 23. Txb5? ab5 24. Txa8+ Kg7 stünde Schwarz etwas besser.
23.    ...    De7-e6?
Nur das Zurückgeben des Mehrbauern bot dem Nachziehenden noch Verteidigungschancen, 23. ... Kg7 24. Dxd5 Tgb8.
24. Df3-f6!    ...
So wird der schwarze Königsflügel gelähmt, und Weiß hat einen Turm mehr im Spiel. Die schwarzen Türme sind nicht verbunden, und der König benötigt Zeit, um seinen Türmen aus dem Wege zu gehen. Der Rückgewinn des Minusbauern bei überlegener Stellung ist für den Anziehenden kein Problem mehr.
24.    ...    De6-c8

Nach 24. ... Dxf6 25. ef6 Ke8 26. Txb5 oder 24. ... Dxf6 25. ef6 g5 26. Txb5 Tg6 27. Txa6 ist die schwarze Stellung ebenfalls hoffnungslos.

25. f2-f4 ...

Verhindert die eventuelle Entlastung mit g6-g5 nebst Tg6.

|     |         |         |
|-----|---------|---------|
| 25. | ...     | Dc8-b7  |
| 26. | Ta1-a5  | Kf8-e8  |
| 27. | Tb1-a1  | b5-b4   |
| 28. | c3xb4   | Db7xb4  |
| 29. | Ta5xd5  | Db4-b7  |
| 30. | e5-e6   |         |

Schwarz gab auf.

Wolfgang Unzicker

## Partie Nr. 23

**Marshall – Rubinstein**, Lodz 1908
1. d4 d5 2. Lf4 Sf6 3. Sf3 e6 4. e3 c5 5. c3 Sc6 6. Ld3 Db6 7. Dc1 Ld7 8. 0-0 Tc8 9. Sbd2 Le7 10. Tb1 0-0 11. Dd1 Tfd8 12. Se5 Sxe5 13. de5 Se8 14. Dh5 f5 15. Tfe1 Lb5 16. Lc2 Da6 17. Ta1 Ld3 18. Ld1 Db6 19. Sb3 a5 20. Lf3 Le4 21. Te2 Sc7 22. Td2 a4 23. Sc1 g6 24. Dh3 Kh8 25. Dh6 Lxf3 26. gf3 g5 27. Lg3 d4 28. ed4 f4 29. Se2 fg3 30. hg3 Dc6 31. Dh5 Tf8 32. Kg2 De8 33. Dg4 Dg6 34. Th1 c4

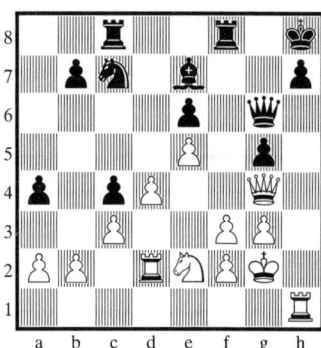

Einschätzung der Stellung:
Nach dem Figurengewinn im 29. Zug besitzt Schwarz eine Figur gegen zwei Bauern. Damit ist er materiell eindeutig überlegen. Doch bei der geschlossenen Stellung (Weiß hat noch alle 8 Bauern) kann der Materialvorteil nicht leicht verwertet werden. Mit dem letzten Zug sicherte sich der Nachziehende das Figurenfeld d5, dieses Loch in der Bauernkette ist wichtig für die folgenden Operationen.

35. Dg4-e4! ...

Weiß findet eine gute Möglichkeit der Verteidigung. Nach 35. ... Dxe4 36. fe4 mit einem späteren f2-f4 hat Weiß in dem starken Bauernzentrum eine gewisse Kompensation für die verlorene Figur.

35. ... Kh8-g7!

Schwarz gibt einen dritten Bauern für die Aktivierung seiner Figuren.

36. De4xb7    Sc7-d5

Nun ist das Loch zugestopft. Die Kette ist geschlossen, und die weiße Dame kann nicht zurück zum Aktionsfeld am Königsflügel.

37. g3-g4    ...

Schwarz drohte 37. ... g4 mit starkem Angriff.

37. ...    Tf8xf3!

Ein schönes Turmopfer, nach Kmoch wäre allerdings 37. ... a3 als Einleitung genauer gewesen.

38. Db7xc8    ...

Hartnäckiger war 38. Kxf3, aber auch danach steht Schwarz klar besser, z.B. 38. Kxf3 Tf8+ 39. Kg2 (39. Kg3 De4 40. Tf1 Tf3+ 41. Kh2 Dxg4 42. Sg3 h5) 39. ... De4+ 40. Kg1 Tf3! (droht 41. ... Td3) 41. Sg3 Txg3+ 42. fg3 De1+ 43. Kh2 Dxd2+.

Nach dem Textzug ist die weitere Spielführung für den Nachziehenden einfacher, da die weiße Dame auf c8 noch passiver steht.

38. ...    Dg4-e4
39. Kg2-g1    ...

Oder 39. Sg3 Txg3+ 40. Kxg3 Df4+ 41. Kg2 Dxd2.

39. ...    Sd5-e3

Weiß ist verloren, wie die folgenden Varianten zeigen: 40. Th2 Db1+; 40. fe3 Dxe3+; ansonsten droht 40. ... Tg3+ nebst 41. ... Dg2 matt.

40. Se2-g3    Tf3xg3+
41. f2xg3    De4-b1+
42. Kg1-f2    ...

Oder 42. Kh2 Sxg4+ 43. Kh3 (43. Kg2 De4+) 43. ... Dxh1+ 44. Kxg4 h5 matt.

42. ...    Se3xg4+
43. Kf2-e2    Db1-e4+!

Weiß gab auf.

## Partie Nr. 24

**Gereben – Smyslow**, Moskau – Budapest 1949

1. d4 Sf6 2. Sf3 g6 3. c4 Lg7 4. Sc3 d5 5. e3 0–0 6. Db3 e6 7. Le2 b6 8. cd5 ed5 9. 0–0 Lb7 10. Td1 Sbd7 11. a4 c5 12. a5 Dc7 13. Ld2 Lc6 14. Sb5 Db8 15. Sc3 c4 16. Da3 b5 17. Sa2 a6 18. Lb4 Te8 19. Sc3 Sg4 20. h3 Sh6 21. Se1 f5 22. Sc2 Sf7 23. Le7 Lf6 24. Lxf6 Sxf6 25. Sb4 Lb7 26. Lf3 Dd8 27. g3 Sg5 28. Lg2 Sge4 29. Sxe4 Sxe4

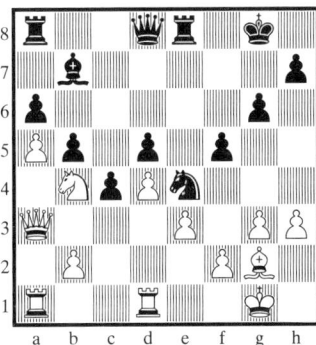

Einschätzung der Stellung:

Bei festgelegtem Bauernzentrum sind die Flügelbauern noch beweglich. Schwarz hat Raumvorteil, er droht, auf beiden Flügeln seinen Raumvorteil zu vergrößern. Mit der Angriffsdrohung auf den Königsflügel werden die weißen Kräfte zum Königsflügel gelenkt. So kann die Blockade der Damenflügelbauern aufgehoben werden. In der Mitte der Kette steht der prächtige Zentralspringer e4. Weiß kann ihn nicht abtauschen, sonst wären nach 30. Lxe4 fe4 die weißen Felder am Königsflügel zu sehr geschwächt.

Schwarz steht besser, die Bedeutung seines schlechten Läufers fällt nicht ins Gewicht.

30. Sb4-c2        g6-g5!
Die Initiative am Königsflügel beginnt,
und Weiß muß sich auf die Verteidigung
einrichten. Der weiße Springer macht
sich auf den Weg nach e5.
    31. Sc2-e1        Dd8-f6
    32. Se1-f3        f5-f4
    33. e3xf4        g5xf4
    34. g3-g4!        Ta8-d8
    35. Td1-e1        h7-h5!
Dies ist das richtige Rezept zur Nutzung
des Raumvorteils – Öffnung am Königsflügel.
    36. Sf3-e5        h5xg4
    37. h3xg4        ...
Der schwarze König ist zwar entblößt
von seinen Schutzbauern, doch droht
ihm keine Gefahr. Ein Gegenstoß im Zentrum ist nicht möglich.
    37. ...        Df6-h4
    38. Da3-f3        Td8-d6
    39. Ta1-d1        ...
Oder 39. Dxf4 Tf8 mit Gewinn des Bauern f2.
    39. ...        Te8-f8
    40. Lg2-f1        ...
Auf 40. Kf1 folgt nach Smyslow
40. ...Sg5 41. Dc3 f3! 42. Sxf3 Sxf3
43. Lxf3 Tdf6 44. Te3 b4, und Schwarz
gewinnt.
    40. ...        Td6-h6
Schwarz verbessert zielstrebig seine
Stellung, ohne daß Weiß eine Chance
hat, zum Gegenspiel zu kommen. Der
Zentralspringer e4 hat eine wichtige
Funktion bei der Entwicklung des Angriffs, obwohl er keinen Zug gemacht
hat.
    41. Lf1-g2        ...
Oder 41. Dg2 f3!
    41. ...        b5-b4
    42. Kg1-f1        ...
Es gibt keine Verteidigung mehr gegen
die schwarzen Drohungen, falls 42. De2,
dann 42. ...Dh2+ 43. Kf1 Sg3+ 44. fg3
fg3+ 45. Sf3 Thf6 46. De3 Txf3+ 47. Lxf3

g2+ (Smyslow).
    42. ...        Se4-g5
Auch 42. ...Sg3+ gewinnt.
    43. Df3-e2        f4-f3
Öffnet die Bahn zum weißen König und
gewinnt eine Figur.
    44. Se5xf3        Sg5xf3
    45. Lg2xf3        Th6-f6
    46. Kf1-g2        ...
Auch 46. De7 verliert wegen 46. ... Dh3+.
    46. ...        Tf6xf3
    47. De2xf3        Tf8xf3
    48. Kg2xf3        ...
Schwarz steht auf Gewinn, in der Partie
folgte noch:
48. ... Lc6 49. Te5 c3 50. bc3 bc3 51. Tc1
Dh3+ 52. Kf4 Ld7 53. Te3 Dxg4+ 54. Ke5
De6+ 55. Kf4 Df5+ 56. Kg3 c2
Weiß gab auf.

**Partie Nr. 25**

**Blackburne – Lasker**, London 1899
1. d4 d5 2. Sf3 Sf6 3. e3 e6 4. Ld3 Sbd7
5. Sbd2 Ld6 6. e4 de4 7. Sxe4 b6 8. 0–0
Lb7 9. Sxd6+ cd6 10. Te1 0–0 11. Lg5
Dc7 12. c3 Tfe8 13. Lb5 Lc6 14. Lxc6
Dxc6 15. Dd3 h6 16. Lh4 Tac8 17. Tad1
Sd5 18. Lg3 b5 19. Sd2 S7b6 20. a3 a5

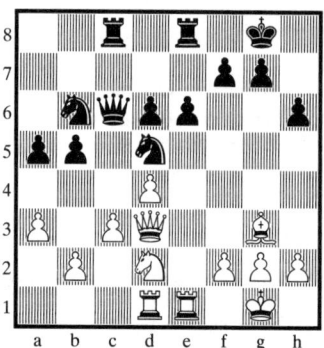

Einschätzung der Stellung:
Durch eine geschickte Strategie konnte
sich der Nachziehende die Beherrschung wichtiger Felder sichern. Die
weißen Felder c4 und d5 sind unter Kon-

trolle, sie können von den schwarzen Springern genutzt werden. Am Damenflügel ist Schwarz eindeutig im Vorteil, er bestimmt dort das weitere Geschehen. Bei der Einschätzung der Leichtfiguren fällt die recht wirkungslose Stellung des weißen Läufers auf. Er zog sich im 16. Zug vom Tausch zurück, doch nun ist er den schwarzen Springern unterlegen. Außerdem droht ihm bereits die Gefahr, nach g7-g5 und f7-f5-f4 vom Geschehen ausgeschaltet zu werden.

Schwarz steht besser.

| 21. | Td1-c1 | a5-a4 |

Verhindert den offensichtlichen Versuch des Anziehenden, sich mit b2-b3 nebst c3-c4 zu entlasten.

| 22. | h2-h4 | ... |

22. f3 oder 22. f4 war hier natürlicher, obwohl man solche Züge auch nicht gern macht. Da Schwarz dennoch zu f7-f5-f4 kommt, wird der Bauer h4 ein zusätzliches Angriffsobjekt.

| 22. | ... | f7-f5! |

Der rückständige Bauer e6 ist hier keine Schwäche, da er nicht erfolgversprechend angegriffen werden kann.

| 23. | Lg3-h2 | Dc6-d7 |

Bereitet schon perspektivisch den Einsatz der Dame auf g4 vor.

| 24. | Dd3-g3 | f5-f4 |
| 25. | Dg3-d3 | ... |

Auf 25. Dg6 folgt ebenfalls 25. ... e5.

| 25. | ... | e6-e5 |
| 26. | c3-c4 | b5xc4 |
| 27. | Sd2xc4 | ... |

Mit den Pendelbewegungen der Dame lockte der Anziehende die schwarzen Bauern vor. Er versucht, sich mit d4xe5 bzw. Sxb6 zu entlasten.

| 27. | ... | e5-e4! |

Dies ist die klarste Fortsetzung. Es war auch 27. ... Dc6 möglich; nach 28. Sxb6 Dxc1 29. Df1! Dxe1 30. Dxe1 Sxb6 sind die folgenden Vorzüge auf der Seite des Nachziehenden: die Türme sind der Dame überlegen, die 1. Reihe ist schutzbedürftig, und der Läufer h2 ist vom Spiel ausgeschlossen.

| 28. | Dd3-f1 | ... |

Weiß kann den Springer nicht nehmen wegen 28. Sxb6 Txc1 29. Txc1 ed3 30. Sxd7 d2!. Auch 28. Txe4 Txe4 29. Dxe4 Dc6 verliert.

| 28. | ... | Sb6xc4 |
| 29. | Tc1xc4 | Tc8-b8 |
| 30. | Tc4-c2 | Kg8-h8 |

Die beweglich gewordenen e- und f-Bauern sowie die prächtige Springerstellung sichern dem Nachziehenden einen klaren Vorteil. Weiß ist in die Passivität gedrängt.

| 31. | Te1-c1 | Dd7-g4 |
| 32. | f2-f3 | ... |

Weiß versucht, sich mit dem Opfer eines Bauern zu entlasten. Doch er kommt nur zu dem Vergnügen, einige Schachs geben zu können.

| 32. | ... | Dg4xh4 |
| 33. | f3xe4 | Te8xe4 |
| 34. | Tc2-c8+ | Tb8xc8 |
| 35. | Tc1xc8+ | Kg8-h7 |
| 36. | Df1-b1 | Sd5-f6 |
| 37. | d4-d5 | ... |

Droht 38. Te8.

| 37. | ... | g7-g6 |
| 38. | Tc8-c7+ | Kh7-h8 |
| 39. | Tc7-c1 | Te4-e2 |
| 40. | Kg1-h1 | Sf6-g4 |
| 41. | Tc1-c8+ | Kh8-g7 |
| 42. | Tc8-c7+ | Kg7-f6 |

Weiß gab auf.

## Partie Nr. 26

**Selesnieff – Aljechin**, Triberg 1921
1. d4 Sf6 2. Sf3 b6 3. g3 Lb7 4. Lg2 d6
5. 0–0 Sbd7 6. Lf4 h6 7. Sc3 c5 8. d5 b5
9. Se1 a6 10. a4 b4 11. Se4 Sxe4
12. Lxe4 g6 13. c4 bc3 14. bc3 Lg7
15. Tb1 Tb8 16. c4 0–0 17. Dc2 a5
18. Sf3 Dc7 19. Ld2 La6 20. Ld3

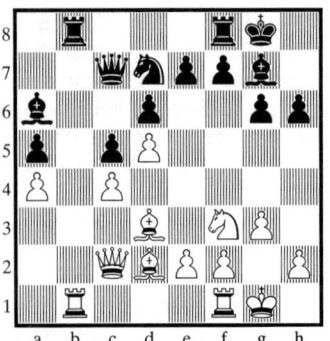

Einschätzung der Stellung:
Weiß hat einen geringen Raumvorteil, dafür stehen die schwarzen Figuren etwas aktiver. Der weitere Kampf konzentriert sich auf den Damenflügel, wobei die offene b-Linie von Bedeutung ist. Mit einem energischen Qualitätsopfer reißt Schwarz die Initiative an sich. Das strategische Qualitätsopfer auf lange Sicht ist völlig korrekt. Schwarz hat als Kompensation einen starken Freibauern, Druck auf c4, den weitreichenden Läufer g7 und ein starkes Feld auf c5. Beim Anziehenden tritt eine Schwäche der schwarzen Felder auf. Schwarz steht besser.

20. ...      Tb8-b4!
21. Ld2xb4      c5xb4
22. Sf3-d2      Sd7-c5
Genauer war 22. ... Tc8 nebst 23. ... Sb6.

23. Sd2-b3      ...
Diesen Zug hatte Schwarz unterschätzt, nun ist 23. ... Sxa4 nicht möglich. Aljechin gibt dazu folgende Variante an:
24. Ta1 Sc5 25. Sxa5 Lxa1 26. Txa1 Kg7 (sonst folgt Lxg6) 27. Sc6, und auf

23. ... Tc8 folgt 24. Sxc5 Dxc5 25. Tfc1 Lc3 26. Db3 Dd4 27. Txc3 bc3 28. Tc1, wonach Weiß nicht verlieren kann.

23. ...      Sc5-d7
24. c4-c5!      ...
Weiß entledigt sich des schwachen Bauern c4. Das Gegenopfer bietet ihm gute Chancen zum Gegenspiel.

24. ...      La6xd3
25. e2xd3      ...
Nach 25. Dxd3 dc5 wären die verbundenen schwarzen Freibauern sehr stark. Der Textzug schwächt das Feld f3, dies wird der Nachziehende im weiteren Partieverlauf ausnutzen.

25. ...      d6xc5
26. Tf1-e1      Sd7-e5
27. Te1-e3      ...
Falls Weiß versucht, die Qualität zurückzugeben, gerät er in ein nachteiliges Endspiel, z.B. 27. Dxc5 Dxc5 28. Sxc5 Sf3+ 29. Kg2 Sxe1+ 30. Txe1 Td8 31. Txe7 Txd5 oder 29. Ke1 Sd2+ 30. Ke2 Sxb1 31. Txb1 Td8.

27. ...      Tf8-c8
28. Tb1-c1      Dc7-d7
29. d3-d4      Se5-g4
Nach der Öffnung der Stellung verschärft sich das Spiel immer weiter. An die Stelle strategischer Erwägungen treten nun konkrete taktische Varianten. Mit Ideenreichtum behält der Nachziehende das Heft des Handelns in der Hand.

30. Te3-e4      ...
Auch nach 30. dc5 Sxe3 31. fe3 Dxa4 wahrt Schwarz seinen Vorteil.

30. ...      c5-c4
31. Sb3-c5      Dd7-f5
32. Dc2-e2!      ...
Weiß greift gleichzeitig den Bauern c4 und den Springer an.

32. ...      b4-b3!!
Schwarz hat wieder eine überraschende Antwort parat, der Höhepunkt der Partie ist erreicht.

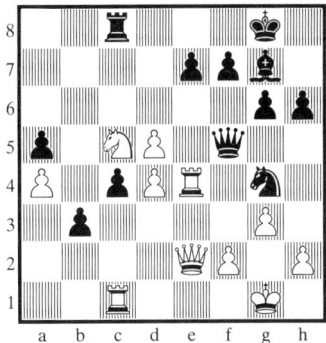

33. Te4xg4    ...

Nach Aljechin mußten auch die folgenden Varianten berechnet werden: 33. Tf4 Dh5 34. Txg4 b2 35. Tb1 Lxd4, und die schwarzen Bauern entscheiden die Partie; oder 33. Dxg4 b2 34. Tb1 Dxg4 35. Txg4 c3 36. Sd3 Tc4 37. Sxb2! Tb4! 38. Te4 Kf8 mit Vorteil für Schwarz, und falls 39. Tc1, dann 39. ... f5 40. Sd3 fe4 41. Sxb4 ab4 42. a5 Lxd4 43. a6 Kf7, und Schwarz gewinnt.

33.    ...    b3-b2
34.    De2xb2    Df5xg4
35.    Tc1xc4    ...

Weiß hat die naheliegende, sicher scheinende Variante gewählt. Er gab die Qualität zurück und eroberte die beiden gefährlichen schwarzen Freibauern.

35.    ...    h6-h5!

Dieser Zug macht klar, daß der Kampf weitergeht. Schwarz stellt mit dem Vormarsch des h-Bauern Drohungen gegen den weißen Königsflügel auf.

36.    Db2-c2    ...

Nach 36. h4 g5 37. hg5 h4 stünde der weiße König recht unsicher.

36.    ...    h5-h4
37.    Dc2-d3    Tc8-d8
38.    f2-f3    Dg4-h5
39.    Dd3-e4    h4xg3
40.    h2xg3    Dh5-g5
41.    Kg1-g2    Dg5-d2+

In dem Endspiel nach 41. ... Txd5 42. f4

Dh5 43. Df3 ist kein Gewinn für den Nachziehenden zu sehen.

42.    Kg2-h3    Lg7-f6!

Der Läufer macht Platz für den König, damit der Turm auf die h-Linie kann. Die Jagd auf den König beginnt.

43.    Tc4-c2    Dd2-h6+
44.    Kh3-g2    Kg8-g7
45.    g3-g4    Td8-h8
46.    Kg2-f2    Th8-b8!

Schwarz kann mit der Dame am Königsflügel eindringen, damit ist die Aufgabe des Turmes auf der h-Linie erledigt. Der weitere Angriff gilt dem Bauern d4.

47.    Kf2-e2    Tb8-b4
48.    Tc2-d2    Dh6-h2+
49.    Ke2-e3    ...

Oder 49. Kd3 Dg1 50. Kc3 Dc1+.

49.    ...    Dh2-g1+
50.    Ke3-e2    Lf6xd4

Der Bauer d4 ist gefallen, damit gibt es kein Halten mehr in der weißen Stellung. Schwarz steht auf Gewinn, in der Partie folgte noch:

51. Sd3 Tb1 52. Sc1 Lc3 53. Dxb1 Dg2+ 54. Kd3 Dxd2+ 55. Kc4 Dd4+ 56. Kb3 La1 57. Ka3 Dc5+ 58. Ka2 Lf6 59. g5 Dxd5+ 60. Sb3 Dxg5 61. De1 Dg2+ 62. Dd2 Dxf3 63. Dxa5 g5 64. De1 Dc3 65. Dxc3 Lxc3 66. a5 Lxa5 67. Sxa5 g4 68. Sc4 g3 69. Sd2 Kg6 70. Kb2 Kf5 71. Sf3 Kf4 72. Sg1 Ke3 73. Kc2 Kf2 74. Sh3+ Kf1
Weiß gab auf.

## Partie Nr. 27

**Rubinstein – Sämisch**, Marienbad 1925

1. c4 e6 2. d4 Sf6 3. Sf3 b6 4. g3 Lb7 5. Lg2 Le7 6. Sc3 Se4 7. Sxe4 Lxe4 8. 0–0 0–0 9. Lf4 d6 10. Dd2 Sd7 11. Tfd1 a5 12. Tac1 De8 13. Se1 Lxg2 14. Sxg2 f5 15. Dc2 g5 16. Ld2 Dh5 17. f3 Lf6 18. Le1 Tae8 19. Lf2 Df7 20. a3 Dg7 21. b4 ab4 22. ab4 Ta8 23. d5 De7 24. de6 Dxe6 25. Se3 Ld8 26. b5 Se5 27. Sd5 h6 28. Ta1 Txa1 29. Txa1 g4 30. f4 Sg6

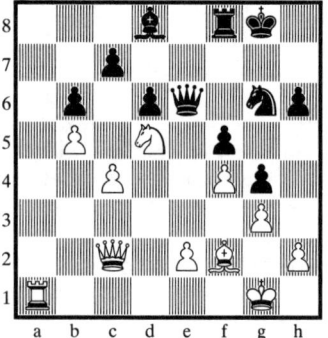

Einschätzung der Stellung:
Nun sind die Bauern auf beiden Flügeln festgelegt. Am Damenflügel hat Weiß die starken Felder c6 und d5 unter Kontrolle. Zugleich ist der Bauer c7 festgelegt, der eine empfindliche Schwäche im schwarzen Lager darstellt. Weiß besitzt einen starken Zentralspringer, während der schwarze Springer von e5 vertrieben wurde. Im Ergebnis des Festlegens der Königsflügelbauern ist beim Nachziehenden eine weitere Schwäche entstanden, der Bauer f5. Weiß ist im Besitz der einzigen offenen Linie, er steht deutlich besser. Schwarz hat kein Gegenspiel.

31. Ta1-a7    Tf8-f7
32. Lf2-d4!    ...
Neben der Attacke auf den Bauern c7

folgt die zweite Angriffsidee, der Königsangriff auf der langen Diagonalen.
32. ...    Kg8-h7
33. Ta7-a8    Tf7-d7
34. Ld4-b2    ...
Die Dame soll natürlich vorn stehen.
34. ...    h6-h5
35. Dc2-c3    ...
Droht 36. Txd8.
35. ...    De6-f7
36. Sd5-e3!    ...
Ein schöner Springerzug, der die Schwächen der schwarzen Stellung aufdeckt. Die schwarzen Figuren sind mit Verteidigungsaufgaben überlastet, der f-Bauer ist nicht mehr zu halten. Es droht 37. Sxf5 Dxf5 38. Txd8.
36. ...    Df7-f8
37. Se3xf5    d6-d5
38. c4xd5    Df8xf5
39. Ta8xd8    Td7-e7
Auf 39. ... Dxd5 folgt 40. Th8+! Sxh8 41. Dxh8+ Kg6 42. f5+ Dxf5 (42. ... Kxf5 43. Df6+ Ke4 44. Df4 matt) 43. Dg8+ Kh6 44. Lc1+.
40. Td8-e8!
Schwarz gab auf.

## Partie Nr. 28

**Smyslow – Panow**, Moskau 1943
1. d4 Sf6 2. c4 d6 3. Sc3 Sbd7 4. Sf3 e5
5. g3 c6 6. Lg2 Le7 7. 0–0 0–0 8. e4 Te8
9. h3 Dc7 10. d5 Sf8 11. Se1 Sg6 12. Sc2
a6 13. Se3 Lf8 14. Ld2 c5 15. a3 Tb8
16. b4 b6 17. Te1 Ld7 18. Lf1 Dc8
19. Kh2 Se7 20. Df3 Td8 21. g4 Se8
22. Sf5 Dc7 23. Tac1 Tdc8 24. b5 Ta8
25. a4 a5

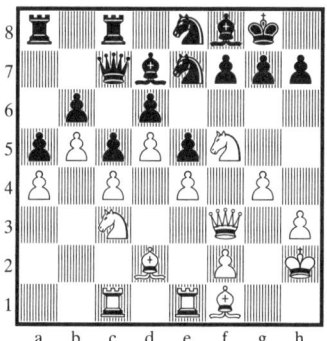

Einschätzung der Stellung:
Damenflügel und Zentrum sind durch die
Bauernkette vollständig abgeschlossen.
Nur am Königsflügel sind Bewegungen
möglich.
Schwarz vertraute auf die Festigkeit seiner Stellung und schloß den Damenflügel mit 25. ... a5 ab, hiernach besitzt er
keine Möglichkeit mehr auf ein Gegenspiel am Damenflügel.
So hat der Anziehende freie Hand für
seine Aktionen am Königsflügel. Weiß
steht besser aufgrund des Raumvorteils
und der Initiative am Königsflügel. Besonders wichtig für ihn ist der ideal
postierte Springer auf f5, der ohne zu ziehen am Angriff kräftig mitwirkt.

26. Lf1-d3 ...

Die erste Etappe bringt eine günstigere
Postierung der weißen Figuren und weiteren Raumgewinn. Schwarz kann sich
nicht bewegen. Jeder Versuch, aktiv zu
werden, würde die schwarze Stellung
schwächen.

| 26. | ... | Dc7-d8 |
| 27. | Te1-h1 | Tc8-c7 |
| 28. | Tc1-g1 | Se7-g6 |
| 29. | g4-g5 | Ta8-a7 |
| 30. | h3-h4 | Sg6-h8 |

In der zweiten Etappe wandert der weiße
König zum Damenflügel, um in völliger
Sicherheit zu sein. Schwarz kann dies
nicht nachahmen, da ihm der Raum fehlt.
Er kann nur abwarten, bis der Angriff be-
ginnt.

| 31. | Kh2-g2 | g7-g6 |
| 32. | Kg2-f1 | Ld7-c8 |

Falls Schwarz das Figurenopfer an-
nimmt, wird seine Stellung zu sehr geschwächt; nach 32. ... gf5 33. ef5 nebst
34. Se4 entscheidet die weiße Bauern-
walze.

| 33. | h4-h5 | Ta7-b7 |
| 34. | Th1-h2 | Tb7-a7 |
| 35. | Kf1-e1 | Ta7-b7 |
| 36. | Ke1-d1 | Tb7-a7 |
| 37. | Kd1-c2 | Ta7-b7 |
| 38. | Kc2-b3 | Tb7-a7 |

Nun steht der König sicher. Die dritte
Etappe beginnt, mit f2-f4 wird im Zentrum geöffnet. Weiß kann die lange Diagonale a1-h8 nutzen.

| 39. | Df3-g3 | Ta7-b7 |
| 40. | f2-f4 | e5xf4 |

Schwarz muß schlagen, da ein Decken
von e5 nicht möglich ist.

| 41. | Ld2xf4 | Tb7-a7 |

Jetzt beginnt die vierte Etappe mit der
Entscheidung. Weiß plant Sc3 - d1 - e3 -
g4 mit Lf4 - d2 - c3 und Sgh6+. Schwarz
ist wehrlos gegen diese Umgruppierung;
daher entschließt er sich nun, den lästi-
gen Springer zu schlagen.

| 42. | Sc3-d1 | g6xf5 |
| 43. | e4xf5 | Se8-g7 |

44. Sd1-e3 h7-h6
Mit der Absicht, nach 45. gh6 f6 noch weiterspielen zu können.
45. f5-f6
Damit hat die Qual ein Ende.
Schwarz gab auf.

## Partie Nr. 29

**Smyslow – Euwe**, Groningen 1946
1. e4 e5 2. Sf3 Sc6 3. Lb5 a6 4. La4 Sf6 5. d3 d6 6. c3 g6 7. 0–0 Lg7 8. Te1 b5 9. Lc2 0–0 10. Lg5 h6 11. Lh4 De8 12. Sbd2 Sh5 13. Sf1 g5 14. Lg3 Se7 15. a4 Sxg3 16. hg3 Le6 17. d4 f6 18. Lb3 Lxb3 19. Dxb3+ Df7 20. Dxf7+ Kxf7 21. Se3 Tfb8 22. ab5 ab5 23. d5

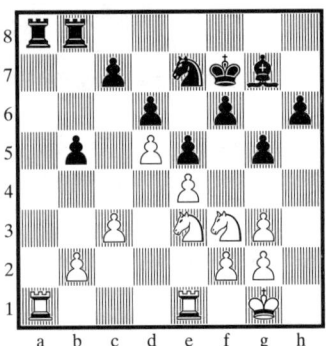

Einschätzung der Stellung:
In dem nun entstandenen Endspiel sind festgelegte Bauernketten vorhanden, die Bauern sind relativ unbeweglich. Beim Betrachten der Bauernkette fällt auf, daß Weiß das prächtige Springerfeld f5 zur Verfügung hat. Demgegenüber besitzt der Nachziehende den schlechten schwarzfeldrigen Läufer, die eigenen Bauern begrenzen seine Reichweite. Weiß droht im Moment, seinen Raumvorteil weiter auszubauen mit g3-g4

nebst Sf3 - h2 - f1 - g3 - f5.
Weiß hat das bessere Spiel.
23. ... h6-h5
Verhindert 24. g4.
24. Kg1-f1 g5-g4
Schwarz versucht, seinem Läufer etwas Luft zu verschaffen.
25. Sf3-h4 Lg7-h6
26. Se3-f5 ...
Auf 26. Shf5 folgt 26. ... Lxe3.
26. ... Se7-g8
27. Kf1-e2 Ta8-a4
Schwarz sollte mit Lh6-g5 den Tausch des Läufers gegen einen Springer anstreben.
28. Ta1xa4 b5xa4
29. Te1-b1 Tb8-b3
Nach 29. ... a3 30. b4 ginge der a-Bauer verloren.
30. Ke2-d3 a4-a3
Sonst folgt Kc2.
31. Kd3-c2 Tb3xb2+
32. Tb1xb2 a3xb2
33. Kc2xb2 ...

Damit ist das Endspiel weiter vereinfacht. Schwarz sollte mit 33. ... Lg5 den Tausch eines Springers anstreben. Doch auch danach bleibt Weiß im Vorteil. Dazu gibt Smyslow folgende Variante an:
33. ... Lg5 34. Kb3 Lxh4 35. gh4 Se7 36. Sxe7 Kxe7 37. Kc4 f5! 38. ef5 Kf6 39. Kb5 Kxf5 40. Kc6 Ke4 41. c4 g3 42. f3+ Ke3 43. Kxc7 Kf2 44. c5 Kxg2 45. cd6 Kxf3 46. d7 g2 47. d8D g1D 48. Df6+ Ke4 49. d6, und Weiß besitzt Gewinnchancen aufgrund des vorgerückten Freibauern.
33. ... Lh6-d2
34. Kb2-c2 Ld2-e1
Schwarz versucht, seinen Läufer ins Spiel zu bringen.
35. f2-f3 Sg8-e7
36. Sf5xe7 Kf7xe7
37. f3xg4 ...
Besser war 37. Sf5+, ohne auf g4 zu tauschen. Danach behielte der Nachzie-

hende einen schutzbedürftigen Bauern auf h5.

| 37. | ... | h5xg4 |
| 38. | Sh4-f5+ | Ke7-f7 |
| 39. | c3-c4 | ... |

Nicht 39. Sh6+ Kg6 40. Sxg4 f5!

| 39. | ... | Kf7-g6 |
| 40. | Kc2-b3 | Kg6-g5 |

Schwarz will keine passive Verteidigung, dies wäre auf die Dauer verloren. So strebt er ein Läuferopfer an, um mit seinem König in die weiße Stellung eindringen zu können.

| 41. | Kb3-a4 | Le1xg3 |
| 42. | Sf5xg3 | Kg5-f4 |
| 43. | Sg3-h5+ | Kf4xe4 |
| 44. | Sh5xf6+ | Ke4-f5 |
| 45. | Sf6-e8! | ... |

Der langsame Springer schafft es doch noch, den weißen e-Bauern zu halten.

| 45. | ... | e5-e4 |
| 46. | Se8xc7 | e4-e3 |
| 47. | Sc7-b5 | Kf5-f4 |

Oder 47. ... e2 48. Sd4+.

| 48. | Sb5-c3 | Kf4-g3 |
| 49. | c4-c5 | |

Schwarz gab auf.

Max Euwe

## Partie Nr. 30

**Geller – Spasski**, Moskau 1975

1. e4 c5 2. Sf3 e6 3. d3 Sc6 4. g3 d6 5. Lg2 g6 6. 0–0 Lg7 7. c3 e5 8. a3 Sf6 9. b4 0–0 10. b5 Se7 11. a4 a6 12. Sa3 ab5 13. Sxb5 Sc6

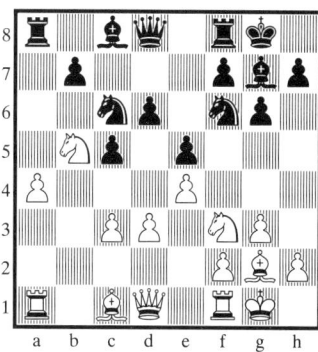

Einschätzung der Stellung:

Bei der gegebenen Bauernstruktur im Zentrum hat Weiß einige Vorteile in der Hand. Die schönen Felder b5, c4 und d5 können vom Anziehenden genutzt werden. Um sich die Kontrolle des Zentrumsfeldes d5 zu sichern, tauscht Weiß seinen schwarzfeldrigen Läufer gegen den Springer f6. Bei der angestrebten Besetzung der Felder b5, c4 bzw. d5 findet der schwarzfeldrige Läufer auch keine günstige Diagonale, da die Bauernkonstellation erhalten bleiben soll. Eine schwarzfeldrige Schwäche ist nicht zu erwarten. Weiß steht etwas besser.

| 14. | Lc1-g5! | h7-h6 |
| 15. | Lg5xf6 | Lg7xf6 |
| 16. | Sf3-d2 | ... |

Weiß droht, mit Sc4 seine Stellung zu verbessern.

| 16. | ... | Sc6-a7! |

Schwarz will das starke weiße Springerpaar teilen. Dieser Zug ist besser als 16. ... Le6, es könnte folgen 17. Sc4 Lxc4 18. dc4 Le7 19. f4, und der weiße c-Doppelbauer ist keine Schwäche, da er die Zentrumsfelder kontrolliert.

| 17. | Sb5-a3 | ... |

Auf 17. Sc4 folgt 17. ... Sxb5 18. ab5 Le6, und der weiße Vorteil ist gering. Es verbietet sich nun 19. Txa8 Dxa8 20. Sxd6? Td8!

| 17. | ... | Sa7-c6 |
| 18. | Ta1-b1 | Lf6-g7 |
| 19. | Sd2-c4 | Ta8-a6 |
| 20. | Sc4-e3 | Sc6-e7 |
| 21. | Sa3-c4 | Lc8-d7 |
| 22. | a4-a5 | ... |

Nun ist die schwarze Bauernstellung erstarrt, die Kontrolle der Felder b6, c4 und d5 sichert dem Anziehenden einen bleibenden Vorteil.

| 22. | ... | Ld7-c6 |
| 23. | Dd1-b3 | h6-h5 |

Schlecht ist der Vorstoß d6-d5, nach 23. ... d5 24. ed5 Sxd5 25. Sxd5 Lxd5 26. Lxd5 Dxd5 27. Dxb7 Dxb7 28. Txb7 steht Weiß auf Gewinn.

| 24. | Se3-d5 | Lg7-h6 |
| 25. | f2-f4 | ... |

Weiß beginnt nun, das Spiel zu verschärfen.

| 25. | ... | e5xf4 |
| 26. | g3xf4 | Lc6xd5! |

Eine zweischneidige Fortsetzung. Schwarz will den Bauern b7 aufgeben und dafür Gegenspiel erhalten. Beide Spieler streben in Zeitnot die Verschärfung an.

| 27. | e4xd5 | Se7-f5 |
| 28. | Lg2-e4 | ... |

Genauer wäre hier 28. Dxb7 gewesen. Das Qualitätsopfer 28. ... Txa5 29. Sxa5 Dxa5 braucht Weiß nicht zu fürchten, obwohl Schwarz taktische Chancen erhält. Nun folgt ein Handgemenge, das nicht mehr zu unserem Thema gehört:
28. ... Lxf4 29. Lxf5 Dg5+ 30. Kh1 Dxf5 31. Dxb7 Te8 32. Tf2 g5 33. Tg1 (33. Dxa6!) 33. ... Tea8 34. Sxd6 Txd6 35. Dxa8+ Kh7 36. c4 Tf6 37. Db7 Dh3 38. Db2 Le5 39. De2
Schwarz gab auf.

Boris Spasski

### Partie Nr. 31

**Smyslow – Boleslawski**, Moskau/Leningrad 1941
1. e4 e6 2. d4 d5 3. Sc3 Lb4 4. e5 c5 5. a3 Lxc3+ 6. bc3 Se7 7. a4 Da5 8. Dd2 Sbc6 9. Sf3 c4 10. g3 0-0 11. Lg2 f6 12. ef6 Txf6 13. 0-0 Ld7 14. La3 Te8 15. Sh4 Sc8 16. f4 S6e7

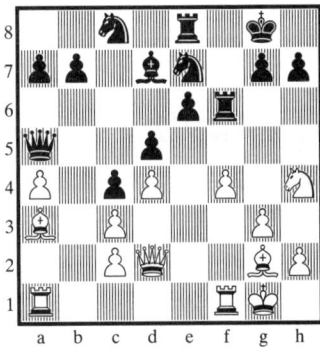

Einschätzung der Stellung:
Die Zentrumsbauern sind festgelegt, so besitzt die Stellung einen geschlossenen Charakter. Nach dem Bauerntausch 12. ef6 ergeben sich für den Anziehenden zwei Vorzüge, er kann das wichtige Zentrumsfeld e5 kontrollieren und evtl.

besetzen. Zum anderen ist der Bauer e6 rückständig, er stellt ein Angriffsobjekt dar. Bevor der Anziehende mit der Belagerung des rückständigen Bauern beginnt, verbessert er seine Position am Damenflügel.
Weiß verfügt auch über Raumvorteil, er steht besser.

| | | |
|---|---|---|
| 17. | Tf1-b1 | Da5-c7 |
| 18. | a4-a5 | Ld7-c6 |
| 19. | Sh4-f3 | Se7-g6 |
| 20. | Sf3-e5! | ... |

Weiß plaziert seinen Springer im Zentrum, da der Gegner nicht tauschen darf. Die offene f-Linie nützt dann dem Anziehenden. Smyslow gibt hierzu folgende Varianten an: 20. ... Sxe5 21. fe5 Tf7 22. Tf1 Txf1+ 23. Txf1 Dxa5 24. Lb4 Dc7 25. Df4 mit der Drohung Df8+. Auf 25. ... h5 folgt 26. Lf3 nebst Lh5.

| | | |
|---|---|---|
| 20. | ... | Sc8-e7 |
| 21. | La3-c5 | a7-a6 |

Damit ist der Damenflügel festgelegt, und der schwarzfeldrige Läufer hat eine gute Position vor der eigenen Bauernfront erreicht. Nun verlagert Weiß die Initiative vom Damenflügel zum Zentrum und zum Königsflügel. Für die weiteren Operationen spielen das Feld e5 und der rückständige Bauer e6 eine wichtige Rolle.

| | | |
|---|---|---|
| 22. | Se5-g4 | Tf6-f7 |
| 23. | Tb1-e1 | Se7-f5 |
| 24. | Te1-e2 | h7-h6 |
| 25. | Ta1-e1 | Dc7-c8 |

Andere Züge sind schwächer, z.B. 25. ... Ld7? 26. Lxd5. Nach 25. ... Dxa5 fällt der wichtige Bauer e6, und die weißen Figuren dringen gefährlich ein.

| | | |
|---|---|---|
| 26. | Lg2-f3 | ... |

Ein Zug mit mehreren Absichten. Der Läufer macht g2 für den Turm frei, außerdem droht gelegentlich Lf3-h5.

| | | |
|---|---|---|
| 26. | ... | Kg8-h7 |
| 27. | Te1-f1 | Dc8-c7 |
| 28. | Dd2-e1 | Sg6-f8 |

Nach 28. ... Dxa5 fällt der Bauer e6.

| | | |
|---|---|---|
| 29. | Sg4-e5 | Tf7-f6 |
| 30. | g3-g4 | ... |

Angesichts der stabilen Lage im Zentrum kann Weiß gefahrlos den g-Bauern bewegen.

| | | |
|---|---|---|
| 30. | ... | Sf5-d6 |
| 31. | De3-g3 | Sd6-f7 |

Oder 31. ... Se4 32. Lxe4 de4 33. Sxc4 Lb5 34. Sd6.

| | | |
|---|---|---|
| 32. | g4-g5 | Sf7xe5 |

Schwarz hat keine andere Wahl mehr, er muß die Qualität opfern.

| | | |
|---|---|---|
| 33. | g5xf6 | Se5xf3+ |
| 34. | Tf1xf3 | g7xf6 |

Weiß verwandelte seinen Positionsvorteil in Materialvorteil. Der Schwerpunkt des Kampfes liegt nun am Königsflügel. Weiß besitzt die Initiative. Er setzt den Kampf energisch fort, da er den Sieg nicht erst in einem langwierigen Endspiel erzielen will. Der Rest der Partie gehört nicht mehr zu unserem Thema.

| | | |
|---|---|---|
| 35. | f4-f5 | Dc7xg3+ |
| 36. | Tf3xg3 | e6-e5 |
| 37. | Te2-g2 | Sf8-d7 |
| 38. | Tg3-g7+ | Kh7-h8 |
| 39. | Tg7-g6 | Kh8-h7 |
| 40. | Lc5-a3 | e5xd4 |
| 41. | La3-c1! | |

Schwarz gab auf. Das Matt ist nicht mehr zu verhindern (41. ... Te1+ 42. Kf2 Txc1 43. Tg7+ usw.).

Zum Schluß dieses Abschnittes noch ein Beispiel mit einem Stützpunktfeld, das anfangs am Rande der Kette liegt. Das Feld c4, von Schwarz mustergültig genutzt, befindet sich aber nach dem Festlegen der Damenflügelbauern inmitten der Kette, ein ideales Feld für Springer.

## Partie Nr. 32

**Lasker – Steinitz**, Montreal 1894

1. e4 e5 2. Sf3 Sc6 3. Lc4 Lc5 4. d3 Sf6
5. Sc3 d6 6. Le3 Lb6 7. Dd2 Sa5 8. Lb5+
c6 9. La4 Lxe3 10. fe3 b5 11. Lb3 Db6
12. 0–0 Sg4 13. Tae1 f6 14. h3 Sh6
15. Se2 Sxb3 16. ab3 0–0 17. Sg3 a5
18. d4 Sf7 19. Df2 Ta7 20. Td1 a4 21. b4
Dc7 22. Se1 c5 23. Dd2 Le6 24. d5 Ld7
25. Ta1 cb4 26. Dxb4 Tc8 27. Dd2 Dc4

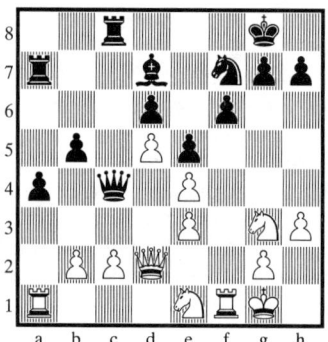

Einschätzung der Stellung:
Bei festgelegtem Zentrum hat der Nachziehende am Damenflügel die Initiative
erobert. Schwarz besitzt Raumvorteil am
Damenflügel, so daß der Anziehende
eine passive Verteidigungsstellung ein-
nehmen muß. Die halboffene c-Linie ist
derzeit die Aufmarschbasis für Schwarz,
dabei ist die Nutzung des Feldes c4 von
besonderer Bedeutung. Der weißfeldrige
Läufer schützt die schwachen Felder.
Schwarz steht besser.

28. Tf1-f2      Sf7-g5

Es zeigt sich die Schwäche des Bauern
e4.

29. Dd2-d3      Ta7-c7
30. h3-h4       Sg5-f7
31. Dd3xc4      ...

Sonst kann 31. ... Dxd3 32. cd3 Tc1 folgen.

31. ...          Tc7xc4

32. Tf2-d2      g7-g6

Nun stellt der Bauer f6 keine Schwäche
mehr dar.

33. Kg1-f2      Sf7-d8

Der schwarze Springer begibt sich auf
die Reise, über d8 und b7 nach c5 oder
nach a5 – c4.

34. b2-b3       Tc4-c7
35. Td2-d1      ...

Im folgenden Partieabschnitt verstärkt
Schwarz den Druck auf den Bauern b3,
um Weiß zur Erklärung zu zwingen. So
erobert er wieder die Herrschaft über das
Feld c4.

35. ...          Sd8-b7
36. Td1-b1      Kg8-f7
37. Kf2-e2      Tc8-a8
38. Ke2-d2      Sb7-a5
39. Kd2-d3      h7-h5
40. Ta1-a2      Ta8-a7

Damit droht der Nachziehende 41. ... ab3
42. cb3 Sxb3 43. Txa7 Sc5+. Auch
41. Tba1 hilft nichts wegen 41. ... ab3
42. Txa5 Txa5 43. Txa5 b2. So muß Weiß
entweder auf a4 tauschen oder b3-b4
ziehen.

41. b4-b3       Sa5-c4
42. Se1-f3      Ta7-a8
43. Sf3-d2      Sc4-b6

Schwarz erhält sich den Springer, sonst
würde das Spiel zu sehr verflachen.

44. Tb1-f1      Ta8-c8
45. Sd2-b1      Kf7-e7
46. c2-c3       Sb6-c4
47. Ta2-f2      ...

Auch der Druck auf f6 zwingt den Nachziehenden nicht zur Passivität.

47. ...          Sc4-a3!
48. Sg3-e2      Sa3xb1
49. Tf1xb1      Ld7-g4

Nun sind die weißen Figuren an die
Schwäche c3 gebunden.

50. Tb1-c1      Tc7-c4

Droht 51. ... Lxe2+ nebst 52. ... Txb4.

51. Tc1-c2      f6-f5

Weiß gab auf.

Wie es scheint, etwas zu früh, doch die Analysen zeigen, daß Weiß verloren ist. Zum Beispiel 52. Sg3 fe4+ 53. Sxe4 Lf5 oder 52. Sg3 fe4+ 53. Kd2 Tf8 54. Txf8 Kxf8, und Schwarz hat Angriff auf den Bauern c3, auf den Bauern d5 mit Lg4 - c8 - b7, und der Turm kann über c4 – c7 – f7 – f2 in die weiße Stellung eindringen.

Wilhelm Steinitz

## 2.4. Das Spiel auf den Flügeln

In den Partien dieses Abschnittes sind Bauernketten festgelegt, die im Zentrum undurchlässig sind. Doch auf den Flügeln sind dynamische Spielmöglichkeiten vorhanden. Oft besitzt jede Partei einen Flügel, um den eigenen Angriff vorzutragen. Dabei ist die Aufgabeteilung: Vortragen des Angriffs auf dem eigenen Flügel – Abwehr der gegnerischen Drohungen am gegnerischen Flügel besonders interessant. Hier ist die Partieführung nicht so langatmig wie in den Partien des vergangenen Abschnitts. Wer schneller zum Angriff kommt, kann die Partie für sich entscheiden. Manchmal entscheidet ein einziges Tempo.
Die erste Partie dieses Abschnitts zeigt das Aufeinandertreffen weltmeisterlicher Pläne, dabei spielt jeder auf 'seinem' Flügel.

**Partie Nr. 33**

**Botwinnik – Capablanca**, Rotterdam 1938
1. d4 Sf6 2. c4 e6 3. Sc3 Lb4 4. e3 d5 5. a3 Lxc3+ 6. bc3 c5 7. cd5 ed5 8. Ld3 0–0 9. Se2 b6 10. 0–0 La6 11. Lxa6 Sxa6 12. Lb2 Dd7 13. a4 Tfe8

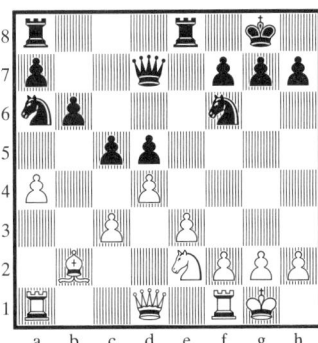

Einschätzung der Stellung:
Aus der Bauernstellung lassen sich die beidseitigen Interessensphären erkennen. Weiß besitzt die Bauernmehrheit im Zentrum, Schwarz am Damenflügel.
Weiß strebt nach entsprechender Vorbereitung mit Sg3, Tae1 und f3 den Vorstoß e3-e4 an. Nach dem Durchsetzen des Vorstoßes kann der Anziehende mit e5, f4 und f5 einen Angriff am Königsflügel einleiten.
Der Nachziehende findet dagegen sein Spiel am Damenflügel. Er hat zum einen die Möglichkeit, die Spannung c5/d4 aufrechtzuerhalten, die c-Linie mit dem Turm zu besetzen und dann das Feld c4 mit dem Springer oder dem Turm zu nutzen. Zum anderen kann er mit c5-c4 den Damenflügel festlegen und mit Sa6-b8-c6-a5-b3 den Weißen zwingen, entweder den Bauern a4 aufzugeben oder den Turm auf a2 ungünstig zu stellen.
Die Stellung ist etwa ausgeglichen.
        14. Dd1-d3        ...
Der Anziehende gestattet, den Zug c5-

c4 mit Tempogewinn durchzuführen. Botwinnik geht davon aus, daß er nach der Festlegung der Bauern seinen Plan (Durchsetzen e3-e4) leichter verwirklichen kann.

14. ... c5-c4?

Besser war 14. ... Db7, und Schwarz läßt sich noch alle Möglichkeiten offen. Nun sind beide Seiten auf ihren Plan festgelegt, Weiß auf den Vorstoß e4 und Schwarz auf den Angriff auf a4 mit dem Manöver Sa6-b8-c6-a5-b3. Beide Seiten können ihren Plan verwirklichen. Nach der Erfüllung beider Pläne ist zu erkennen, welcher Plan der bessere war.

15. Dd3-c2 Sa6-b8
16. Ta1-e1 ...

Weiß hätte den a-Bauern noch mit 16. La3 Sc6 17. Lb4 verteidigen können, er wählt jedoch eine schärfere Fortsetzung.

16. ... Sb8-c6

Falls Schwarz versucht, den Plan von Weiß zu erschweren und mit 16 ... Sh5 den Zug Se2-g3 zu parieren, dann folgt nach Botwinnik 17. h3 f5 18. Lc1 Sc6 19. f3 Sa5 20. g4.

17. Se3-g3 Sc6-a5
18. f2-f3 Sa5-b3
19. e3-e4 Dd7xa4

Beide Seiten konnten ihre Pläne verwirklichen. Schwarz gewann dan Bauern a4, Weiß setzte den Vorstoß e3-e4 durch.

20. e4-e5 Sf6-d7
21. Dc2-f2 ...

Nicht 21. f4? Sbc5! mit Damentausch oder der schwarze Springer gelangt nach d3.

21. ... g7-g6

Schwarz verteidigt sich gegen Sg3-f5-d6, gleichzeitig wird eine Angriffsmarke am Königsflügel geschaffen.

22. f3-f4 f7-f5

Sonst folgt 23. f5 nebst 24. f6.

23. e5xf6 ...

Natürlich muß Weiß die Stellung öffnen,

sonst kann der Nachziehende mit Sd7-f8-e6 eine sichere Blockade aufbauen.

23. ... Sd7xf6
24. f4-f5 Te8xe1
25. Tf1xe1 ...

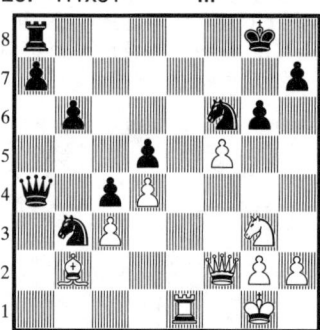

Der Angriff des Anziehenden nimmt konkrete Formen an. Dabei begünstigt die Abseitsstellung der Dame a4 und des Springers b3 das Vorhaben. Beide Figuren benötigen einige Züge, um wieder zurückzukommen. Schwarz versucht deshalb, sich durch Tausch zu entlasten.

25. ... Ta8-e8

Auch 25. ... Tf8 kann die schwarze Stellung nicht halten. Botwinnik gibt dazu folgende Variante an: 26. Df4 Da2 27. fg6 Dxb2 28. g7 Kxg7 29. Sf5+ Kh8 30. Dh6 Tf7 31. Dxf6+ bzw. 26. Df4 Dd7 27. Te6 Sa5 (27. ... Se4 28. De5 Sxg3 29. Te7) 28. La3 Tf7 29. Dg5 mit guten Aussichten für Weiß.

26. Te1-e6 Te8xe6

Auch 26. ... Kf7 27. Txf6+ Kxf6 28. fg6+ Kxg6 (28. ... Ke7 29. Df7+ Kd8 30. g7) 29. Df5+ Kg7 30. Sh5+ Kh6 31. h4 Tg8 32. g4 Dc6 33. La3 ist gut für Weiß.

27. f5xe6 Kg8-g7
28. Df2-f4 ...

Droht 29. Sf5+.

28. ... Da4-e8
29. Df4-e5 De8-e7
30. Lb2-a3!! ...

Weiß opfert eine Figur, um die schwarze Dame vom Kampfschauplatz abzulenken. Die vollendete Vereinigung von Strategie und Taktik lassen diese Partie zu einem Kunstwerk werden. Der Anziehende mußte hier bereits erkennen, daß sein König nach den erzwungenen ersten fünf Zügen nicht in ein Dauerschach gerät.

| 30. | ... | De7xa3 |

Oder 30. ... De8 31. Dc7+ Kg8 32. Le7 Sg4 33. Dd7, und der Weg für den e-Bauern wird freigemacht.

| 31. | Sg3-h5+ | g6xh5 |

Nach 31. ... Kh6 gewinnt 32. Sxf6 Da1+ 33. Kf2 Dd2+ 34. Kg3 Dxc3+ 35. Kh4 Dxd4+ 36. Sg4+.

| 32. | De5-g5+ | Kg7-f8 |
| 33. | Dg5xf6+ | Kf8-g8 |
| 34. | e6-e7 | ... |

Die Umwandlung des e-Bauern kann Schwarz nicht mehr verhindern. Seine einzige Chance besteht in dem Versuch, Dauerschach zu erreichen.

| 34. | ... | Da3-c1+ |
| 35. | Kg1-f2 | Dc1-c2+ |
| 36. | Kf2-g3 | Dc2-d3+ |
| 37. | Kg3-h4 | Dd3-e4+ |
| 38. | Kh4xh5 | De4-e2+ |
| 39. | Kh5-h4 | De2-e4+ |
| 40. | g2-g4 | De4-e1+ |
| 41. | Kh4-h5 | |

Schwarz gab auf.

## Partie Nr. 34

**Flamberg – Aljechin**, Mannheim 1914
1. e4 e5 2. Sf3 Sc6 3. Lb5 a6 4. La4 Sf6 5. 0–0 Sxe4 6. d4 b5 7. Lb3 d5 8. de5 Le6 9. c3 Le7 10. Te1 0–0 11. Sbd2 Sc5 12. Sd4 Sxd4 13. cd4 Sd3 14. Te3 Sf4 15. Lc2 c5 16. Sb3 c4 17. Sd2 f5 18. Sf1 Tf7 19. Tg3 Sg6 20. f4 a5

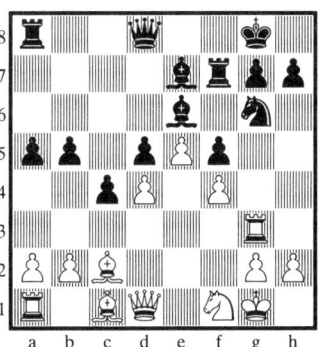

Einschätzung der Stellung:
Die Zentrumsbauern sind festgelegt, das Zentrum ist abgeschlossen. Schwarz konnte den Freibauern e5 gut blockieren.

Die beidseitigen Absichten sind klar zu erkennen. Schwarz besitzt eine bewegliche Bauernmehrheit am Damenflügel. Er verfügt dort bereits über Raumvorteil, den er weiter ausdehnen will. Fernziel ist das Verwerten der Bauernmajorität durch die Schaffung eines Freibauern.

Weiß versucht hingegen am Königsflügel zum Angriff zu kommen. Die Angriffsversuche von Dame, Turm und Springer kann der Nachziehende leicht abwehren. Schwarz steht besser.

| 21. | Lc1-e3 | b5-b4 |
| 22. | Sf1-d2 | Dd8-b6 |
| 23. | Sd2-f3 | ... |

Nicht 23. Sxc4? dc4 24. d5 Lc5.

| 23. | ... | Le6-d7 |
| --- | --- | --- |

Damit wird a5-a4 unterstützt und zum anderen Sg6 - f8 - e6 vorbereitet.

| 24. | Sf3-g5 | ... |
| --- | --- | --- |

Versucht Weiß, den Vorstoß a5-a4 mit 24. La4 zu verhindern, so folgt 24. ... Lxa4 25. Dxa4 Sf8 nebst Se6, und Schwarz steht besser.

| 24. | ... | Le7xg5 |
| --- | --- | --- |
| 25. | Tg3xg5 | a5-a4 |
| 26. | Kg1-h1 | ... |

Bereitet Dh5 vor, auf 26. Dh5 wäre 26. ... Sxf4 27. Lxf4 Dxd4+ gefolgt.

| 26. | ... | Sg6-e7 |
| --- | --- | --- |
| 27. | Dd1-h5 | ... |

Dies ist ein aussichtsloser Angriffsversuch, die die Dame ins Abseits bringt. Schwarz besitzt am Königsflügel keine Schwäche.

| 27. | ... | b4-b3 |
| --- | --- | --- |
| 28. | a2xb3 | c4xb3 |
| 29. | Lc2-d3 | a4-a3! |

Ohne zu zögern verschafft sich Schwarz einen mächtigen fortgeschrittenen Freibauern. Damit beweist der Nachziehende die Aussichtslosigkeit der schwarzen Angriffsbemühungen. So ist Weiß gezwungen, seine Schwerfiguren vom Königsflügel schnell zurückzuziehen.

| 30. | Ta1xa3 | Ta8xa3 |
| --- | --- | --- |
| 31. | b2xa3 | b3-b2 |
| 32. | Dh5-d1 | Tf7-f8! |

Der schwarze Turm findet nun viel schneller seinen Weg zum Kampfschauplatz als sein weißer Gegenspieler. Vom weißen Angriff blieb nichts übrig, der Rest der Partie spielt sich am Damenflügel ab.

| 33. | Tg5-g3 | Tf8-a8 |
| --- | --- | --- |
| 34. | Ld3-b1 | Ta8xa3 |
| 35. | Le3-g1 | Ta3-a1 |
| 36. | Tg3-c3 | Ld7-a4! |

Der Nachziehende behandelt diese Gewinnstellung exakt, mit dem Textzug gewinnt er ein Tempo.

| 37. | Dd1-d3 | ... |
| --- | --- | --- |

Oder 37. De1 Lb3 nebst La2.

| 37. | ... | La4-b5 |
| --- | --- | --- |
| 38. | Dd3-d1 | Db6-a6 |

Weiß gab auf.
Er hat keine ausreichende Verteidigung gegen die Drohung 39. ... Txb1 40. Dxb1 Da1, z.B. 39. Tb3 Da4 oder 39. Te3 La4 nebst Lc2.

Die folgenden Partien weisen Ähnlichkeiten auf im Spielverlauf. In der Königsindischen Verteidigung erreicht Weiß deutlichen Vorteil am Damenflügel, während Schwarz am Königsflügel zum Angriff kommt. Beide Seiten müssen ihren Angriff mit der Abwehr des gegnerischen Angriffs verbinden. Doch nur wer schneller vorankommt, kann mit einem Vorteil rechnen.

**Partie Nr. 35**

**Ftacnik – Sznapik**, Baile Herculane 1982
1. d4 Sf6 2. c4 g6 3. Sc3 Lg7 4. e4 d6 5. Le2 0–0 6. Sf3 e5 7. 0–0 Sc6 8. d5 Se7 9. Se1 Sd7 10. Sd3 f5 11. Ld2 Sf6 12. f3 f4 13. c5 g5 14. Tc1 Sg6 15. cd6 cd6 16. Sb5 Tf7 17. Dc2 Se8 18. a4 h5 19. Sf2 Lf8 20. Sxa7 Ld7 21. Sb5 Tg7 22. h3 Sh4 23. Db3

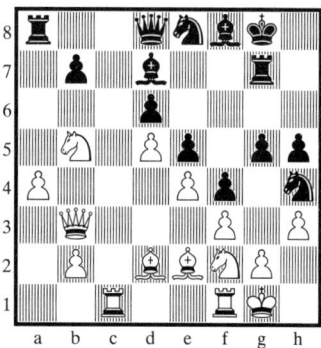

Einschätzung der Stellung:
Beide Seiten haben ihren Angriff planmäßig vorgetragen. Weiß gewann dabei am Damenflügel einen Bauern, der in dieser scharfen Mittelspielstellung kaum Bedeutung besitzt. Schwarz steht bereit zum Öffnen der Linien am Königsflügel, so daß der Anziehende bereits an die Verteidigung seines Königs denken muß. Dem weißen Angriff ist keine rechte Spitze zu geben, da die Felder c7 und d6 vom Nachziehenden sicher geschützt sind. Schwarz besitzt die Initiative, er steht geringfügig besser.

|      |        |        |
|------|--------|--------|
| 23.  | ...    | g5-g4  |
| 24.  | f3xg4  | h5xg4  |
| 25.  | h3xg4  | ...    |

Oder 25. Lxg4 Sf6 26. Sc7 Sxg4 27. Sxg4 Lxg4 28. hxg4 Txg4 mit schwarzem Vorteil.

|      |        |        |
|------|--------|--------|
| 25.  | ...    | Se8-f6 |
| 26.  | Ld2-e1 | Sf6-h5!|
| 27.  | Tc1-c3 | ...    |

Nach 27. gh5 Txg2+ 28. Kh1 Dg5 steht Schwarz auf Gewinn.

|      |        |        |
|------|--------|--------|
| 27.  | ...    | Sh5-g3 |
| 28.  | Tc3xg3 | f4xg3  |
| 29.  | Db3xg3 | Ta8xa4 |
| 30.  | Sb5-c3 | Ta4-a1 |

Die schwarzen Figuren stehen recht aktiv. Rechnet man noch den leichten Materialvorteil des Nachziehenden hinzu, so ergibt sich ein leichter Stellungsvorteil für Schwarz.

|      |        |        |
|------|--------|--------|
| 31.  | Sf2-d1 | ...    |

Nach 31. Sh3 Le7 32. g5 Lxh3 gewinnt Schwarz einen Bauern zurück.

|      |        |        |
|------|--------|--------|
| 31.  | ...    | Lf8-e7 |

Schwarz kämpft nun um die geschwächten schwarzen Felder f4, g5 und h4. Der Nachziehende hat einen konkreten Plan, während Weiß auf Drohungen antworten muß, ohne einen eigenen Plan entfalten zu können. Die Idee Sf2-e3-f5 erweist sich als zu langsam.

|      |        |        |
|------|--------|--------|
| 32.  | Sd1-e3 | Sh4-g6 |

Droht bereits 33. ... Lh4.

|      |        |        |
|------|--------|--------|
| 33.  | Dg3-f2 | Le7-h4 |
| 34.  | g2-g3  | Sg6-f4!|
| 35.  | Kg1-h2 | Sf4xe2 |
| 36.  | g3xh4  | ...    |

Nach 36. Dxe2 sind für den Anziehenden keine direkten Gefahren zu sehen, er hat auf f5 ein schönes Springerfeld.

|      |        |        |
|------|--------|--------|
| 36.  | ...    | Se2-f4 |
| 37.  | g4-g5  | Tg7-h7 |
| 38.  | Se3-f5 | Ld7xf5 |
| 39.  | e4xf5  | Sf4-d3!|

Der Springer bringt wieder die weiße Verteidigung durcheinander. Natürlich nicht 39. ... Dxg5?? 40. Tg1.

|      |        |        |
|------|--------|--------|
| 40.  | Df2-g3 | Ta1xe1 |
| 41.  | Tf1xe1 | Sd3xe1 |
| 42.  | Kh2-h3 | ...    |

Oder 42. Dxe1 Dxg5 bzw. 42. Se4 Txh4+. Schwarz steht auf Gewinn, es folgte:
42. ... Dc8 43. Dg4 Sd3 44. Se4 Dc1 45. Df3 Sf4+ 46. Kg4 Dg1+
Weiß gab auf.
Es folgt entweder 47. Dg3 Dd1+ 48. Df3 Txh4+ oder 47. Sg3 Txh4+ 48. Kxh4 Dh2+.

### Partie Nr. 36

**Spassov – Vukić**, Varna 1975
1. d4 Sf6 2. c4 g6 3. Sc3 Lg7 4. e4 d6
5. Sf3 0–0 6. Le2 e5 7. 0–0 Sc6 8. d5 Se7
9. Se1 Sd7 10. Sd3 f5 11. Ld2 Sf6 12. f3
f4 13. c5 g5 14. Tc1 Sg6 15. cd6 cd6
16. Sb5 Tf7 17. Dc2 Se8 18. a4 h5 19. Sf2
Ld7

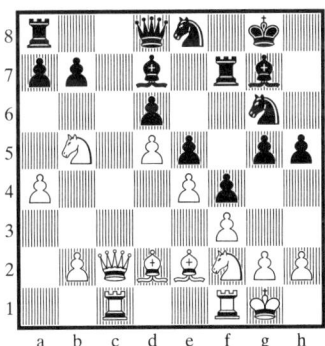

Einschätzung der Stellung:
Die gegensätzlichen Absichten sind wieder klar zu erkennen. Weiß hat am Damenflügel die Initiative, er besitzt Druck auf die Punkte c7 und d6. Schwarz hat Raumvorteil am Königsflügel, er ist vorbereitet, mit dem Königsangriff zu beginnen. Der Angriff soll mit g5-g4 anfangen, die Figuren stehen schon bereit für die Öffnung.
Die Stellung ist etwa ausgeglichen.

| | | |
|---|---|---|
| 20. | Dc2-b3 | Lg7-f8 |
| 21. | Tc1-c2 | a7-a6 |
| 22. | Sb5-a3 | ... |

Nach 22. Sc7 Sxc7 23. La5 Lxa4 24. Dxa4 De8 steht Schwarz besser.

| | | |
|---|---|---|
| 22. | ... | Tf7-g7 |
| 23. | a4-a5(?) | ... |

Etwas besser ist 23. Sc4; danach behält Weiß die Initiative. Schwarz muß dann das Feld b6 oder c6 (nach b7-b5) aufgeben.

| | | |
|---|---|---|
| 23. | ... | Se8-f6 |
| 24. | h2-h3 | ... |

Hier war die letzte Chance für Weiß, die Initiative zu erhalten. Mit 24. Db6 wäre der schwarze Angriff am Königsflügel entschärft worden. Nach 24. Db6 Dxb6 25. ab6 Le7 ist die Stellung ausgeglichen. Nun ist Schwarz in der Vorhand.

| | | |
|---|---|---|
| 24. | ... | Sg6-h4 |
| 25. | Sa3-c4 | g5-g4! |

Der stellungsgerechte Vorstoß, Schwarz braucht hier nicht einmal einen Bauern zu opfern.

| | | |
|---|---|---|
| 26. | f3xg4 | h5xg4 |
| 27. | h3xg4 | Sf6xg4 |
| 28. | Sf2xg4 | Ld7xg4 |
| 29. | Le2xg4 | Tg7xg4 |
| 30. | Ld2-e1 | Dd8-g5 |

Nun ist offensichtlich, daß Schwarz zielstrebiger war. Weiß befindet sich in der Verteidigung.

| | | |
|---|---|---|
| 31. | Db3-h3 | Ta8-e8 |

Deckt das Feld e6.

| | | |
|---|---|---|
| 32. | Le1xh4 | ... |

Sonst folgt Te8-e7-h7.

| | | |
|---|---|---|
| 32. | ... | Tg4xh4 |
| 33. | Dh3-d7 | Te8-e7 |
| 34. | Dd7-c8 | ... |

Nicht 34. Dxd6? Th1+ 35. Kxh1 Th7+.

| | | |
|---|---|---|
| 34. | ... | Te7-h7 |
| 35. | Tc2-c3 | Th4-h2 |
| 36. | g2-g3 | ... |

Oder 36. Tc2 Th1+ 37. Kf2 Dg3+.

| | | |
|---|---|---|
| 36. | ... | Th2-h1+ |
| 37. | Kg1-f2 | f4xg3+ |
| 38. | Kf2-e1 | Th1xf1+ |
| 39. | Ke1xf1 | g3-g2+ |

Weiß gab auf.

**Taimanow – Grefe**, Albena 1974
1. d4 Sf6 2. c4 g6 3. Sc3 Lg7 4. e4 d6
5. Sf3 0–0 6. Le2 e5 7. 0–0 Sc6 8. d5 Se7
9. Se1 Sd7 10. f3 f5 11. g4 Sf6 12. Sd3 c6
13. Sf2 cd5 14. cd5 Db6 15. Db3 Dxb3
16. ab3 a6 17. g5 Se8 18. Sa4 Ld7
19. Sb6 Td8

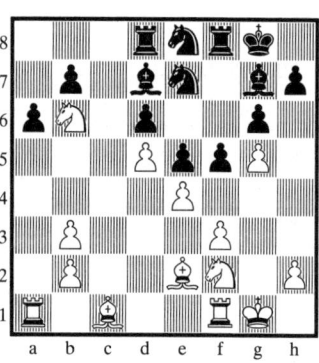

Einschätzung der Stellung:
Weiß besitzt am Damenflügel Raumvorteil. Der lästige Springer auf b6 engt die Bewegungsfreiheit des Nachziehenden ein; dieser muß sich bemühen, den

Springer zu vertreiben. Doch auch danach ist die weiße Stellung am Damenflügel vorzuziehen, Weiß kann die offene c-Linie eher nutzen. Am Königsflügel sichert der vorgeschobene g-Bauer dem Anziehenden Raumvorteil, durch den g-Bauern wird das Gegenspiel des Nachziehenden am Königsflügel erschwert. Weiß steht besser.

| 20. Lc1-d2 | Se7-c8 |

Nach 20. ... Lb5 21. Lxb5 ab5 22. Tfc1 hat Weiß beide offenen Linien erobert.

| 21. Sb6xd7 | ... |

Dies ist stärker als 21. La5 oder 21. Sxc8. Nun sind die beiden schwarzen Springer recht unbeholfen auf dem eng begrenzten Manövrierraum.

| 21. ... | Td8xd7 |
| 22. Tf1-c1 | Se8-c7 |
| 23. Ld2-a5 | Tf8-f7 |
| 24. Le2-d3! | ... |

So erobert auch noch der weißfeldrige Läufer seine Diagonale. Der f-Bauer wird zur Erklärung gezwungen, da Schwarz mit der Deckung von c7 beschäftigt ist.

| 24. ... | f5xe4 |

Nach 24. ... f4 kommt der Läufer über d3-f1-h3 in das Spiel.

| 25. f3xe4 | Sc8-a7 |

Schwarz erstrebt die Springeraufstellung b5/c7, doch diese passive Aufstellung bringt ihm nicht viel ein.

| 26. Ld3-e2 | ... |

Genauer ist 26. Lf1, denn nach dem Textzug hätte Schwarz 26. ... h5 spielen können.

| 26. ... | Sa7-b5 |
| 27. Le2-g4 | Td7-e7 |
| 28. La5xc7 | ... |

Auf 28. Lc8 könnte Schwarz noch mit 28. ... Sd4 entgegnen.

| 28. ... | Sb5xc7 |

Nicht 28. ... Txc7? 29. Le6.

| 29. Lg4-c8 | ... |

Weiß hat den wunden Punkt im schwarzen Lager erkannt, er gewinnt einen Bauern. Damit wird die zielstrebige Initiative des Anziehenden belohnt.

| 29. ... | Te7-e8 |
| 30. Lc8xb7 | Te8-b8 |
| 31. Lb7xa6 | Tb8xb3 |
| 32. Tc1-c2 | Sc7xa6 |

Schwarz hat keine rechte Verwendung für den Springer. So entsteht ein Endspiel: guter Springer gegen schlechten Läufer.

| 33. Ta1xa6 | Lg7-f8 |
| 34. Sf2-g4 | Tf7-b7 |
| 35. Sg4-f6+ | Kg8-f7 |

Oder 35. ... Kg7 36. Se8+ Kg8 37. Sxd6.

| 36. Sf6xh7 | Lf8-e7 |

Nach 36. ... Txb2 37. Txb2 Txb2 38. Sxf8 Kxf8 39. Txd6 hat Weiß zwei Mehrbauern im Turmendspiel.

| 37. Tb2-f2+ | Kf7-g7 |
| 38. Sh7-f6 | Tb3xb2 |
| 39. Sf6-e8+ | Kg7-h7 |
| 40. Tf2xb2 | |

Schwarz gab auf.

**Partie Nr. 38**

**Wade – Nestler**, Venedig 1950
1. d4 Sf6 2. c4 g6 3. g3 Lg7 4. Lg2 0–0
5. e4 d6 6. Se2 Sc6 7. 0–0 e5 8. d5 Se7
9. Sbc3 Sd7 10. Le3 f5 11. f3 Sf6 12. h3
b6 13. b4 a5 14. a3 ab4 15. ab4 Ld7
16. Kh2

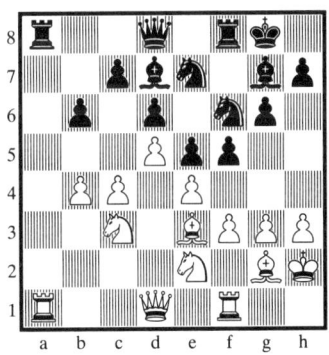

Einschätzung der Stellung:
Weiß besitzt die Initiative am Damenflügel. Mit dem schwachen 12. Zug b7-b6 kam Schwarz den weißen Plänen entgegen, so ist eine Angriffsmarke geliefert, und das Feld c6 ist geschwächt. Schwarz hat dagegen keine realen Aussichten auf ein Gegenspiel am Königsflügel, er muß sich auf eine passive Verteidigung einrichten. Weiß steht besser.

| | | |
|---|---|---|
| 16. | ... | f5xe4 |
| 17. | f3xe4 | Dd8-c8 |
| 18. | Dd1-d2 | Ta8-a6 |
| 19. | Ta1-a2 | Ta6xa2 |

Oder 19. ... Da8 20. Tfa1, und Weiß behält die a-Linie.

| | | |
|---|---|---|
| 20. | Dd2xa2 | Dc8-b7 |
| 21. | Tf1-a1 | Tf8-b8 |

Die offene f-Linie nützt dem Nachziehenden nichts, da die Einbruchsfelder gedeckt sind.

| | | |
|---|---|---|
| 22. | c4-c5 | ... |

Das ist der thematische Vorstoß in dieser Variante. Weiß erobert weiteren Raum. Der Vorstoß gewinnt noch an Kraft, da Schwarz das Feld c6 nicht mehr mit einem Bauern schützen kann.

| | | |
|---|---|---|
| 22. | ... | b6xc5 |
| 23. | b4xc5 | Db7-c8 |
| 24. | c5-c6 | Ld7-e8 |
| 25. | Le3-a7 | Tb8-a8 |

Oder 25. ... Tb4 26. Da3 Tc4 27. Db3.

| | | |
|---|---|---|
| 26. | Da2-b3 | Le8-f7 |
| 27. | Db3-b7! | ... |

Weiß steht strategisch auf Gewinn, er beherrscht den gesamten Damenflügel. Nun geht der Kampf über zum Angriff auf die Basis der Bauernkette, den Bauern c7. Dabei sind die schwarzen Leichtfiguren wirkungslos am Königsflügel versammelt.

| | | |
|---|---|---|
| 27. | ... | Lg7-h6 |
| 28. | Ta1-f1 | Kg8-g7 |
| 29. | Sc3-b5 | Sf6-e8 |
| 30. | Lg2-f3 | Dc8-d8 |
| 31. | Sb5xc7 | ... |

Hier war auch 31. Sec3 oder 31. Lg4 nebst 32. Ld7 möglich.

| | | |
|---|---|---|
| 31. | ... | Se8xc7 |
| 32. | La7-b6 | Ta8-c8 |
| 33. | Lf3-g4 | Lh6-e3 |

Damit kann sich Schwarz zwar entlasten, doch ein Bauer bleibt verloren.

| | | |
|---|---|---|
| 34. | Lb6xe3 | Tc8-b8 |
| 35. | Db7-a7 | Tb8-a8 |
| 36. | Da7-b6 | Ta8-b8 |
| 37. | Db6-a5 | Tb8-a8 |
| 38. | Da5-d2 | Se7-g8 |
| 39. | Se2-c3 | h7-h6 |
| 40. | Le3-b6 | Dd8-e7 |
| 41. | Tf1-b1 | Ta8-b8 |

Hiernach geht noch ein weiterer Bauer verloren.

| | | |
|---|---|---|
| 42. | Lb6xc7 | Tb8xb1 |

Auf 42. ... Dxc7 folgt 43. Sb5 nebst 44. c7.

| | | |
|---|---|---|
| 43. | Lc7xd6 | De7xd6 |
| 44. | Sc3xb1 | ... |

Weiß hat sein strategisches Ziel erreicht, die Basis der Bauernkette erobert. So besitzt er zwei Mehrbauern und steht damit im Endspiel klar auf Gewinn.
Es folgte noch: 44. ... Sf6 45. Sc3 h5 46. Lf3 Dc5 47. Sa4 Dd6 48. Dc3 Dc7 49. Sb6 h4 50. gh4 Kh7 51. Sc4 Sxd5 52. ed5 e4+ 53. De5 Da7 54. Dxe4 Lxd5 55. Dxd5 Df2+ 56. Lg2
Schwarz gab auf.

### Partie Nr. 39

**Milner-Barry – Botwinnik**, Hastings 1934/35
1. e4 e6 2. d4 d5 3. Sc3 Lb4 4. e5 c5 5. a3 Lxc3+ 6. bc3 Se7 7. Sf3 Sbc6 8. Le2 Ld7 9. 0–0 Dc7 10. Tb1 c4 11. Se1 0–0–0 12. f4 f6 13. Sf3 Sf5 14. De1 h5

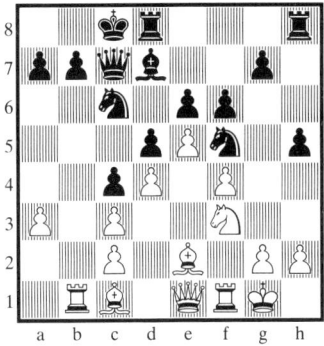

Einschätzung der Stellung:
Charakteristisch für die Stellung sind das geschlossene Zentrum und die heterogenen Rochaden. Aus diesem Sachverhalt ergibt sich, daß beide Seiten das Spiel auf den Flügeln suchen. Jeder ergreift die Initiative auf der Seite des gegnerischen Königs. Dem Nachziehenden ist es gelungen, einen geringen Raumvorteil zu erzielen (Bauer c4) und seinen Springer auf f5 zu postieren. Weiß versäumte g2-g4 zu spielen.
Schwarz steht geringfügig besser.

| 15. | Sf3-h4 | Sc6-e7 |
| 16. | Sh4xf5 | Se7xf5 |
| 17. | De1-f2 | ... |

Das Ansteben ungleichfarbiger Läufer mittels 17. Lxh5 Txh5 18. g4 Th3 19. gf5 ef5 führt nicht zum Ausgleich, da die weiße Königsstellung geschwächt worden ist.

| 17. | ... | Ld7-e8 |
| 18. | Lc1-d2 | Dc7-a5 |
| 19. | Tb1-b4 | ... |

Weiß opfert einen Bauern, um auf der a-Linie zum Spiel zu kommen. Nach 19. Ta1 La4 müßte sich der Anziehende mit einer rein passiven Verteidigung begnügen.

| 19. | ... | Da5xa3 |
| 20. | Tf1-b1 | Da3-a6 |

| 21. | Df2-e1 | ... |

21. Txb7 Dxb7 22. Txb7 Kxb7 führt zu schwarzem Vorteil.

| 21. | ... | b7-b6 |
| 22. | Tb1-a1 | ... |

Nach 22. Lf3 (Drohung 23. ef6) deckt Schwarz den Bauern e6 mit 22. ... b5.

| 22. | ... | Da6-b7 |
| 23. | Le2-f3 | ... |

Droht sowohl 24. ef6 als auch 24. Txc4+.

| 23. | ... | Db7-e7 |
| 24. | Ta1-a6 | Le8-c6 |
| 25. | De1-a1 | Kc8-b8 |
| 26. | g2-g3 | De7-b7 |
| 27. | Ta6-a2 | ... |

Weiß hat nun seine Schwerfiguren auf der halboffenen a- und b-Linie postiert. Doch eine weitere Verstärkung des Angriffs ist nicht zu erkennen, da die Läufer den Bauernwall nicht überwinden können. So ist ihre Teilnahme am Angriff nicht möglich.

| 27. | ... | Td8-c8 |
| 28. | Da1-e1 | Db7-f7 |
| 29. | Tb4-b1 | Kb8-b7 |
| 30. | De1-f2 | Tc8-a8 |
| 31. | Ld2-c1 | Th8-g8 |

Nach dem Abschluß des Lavierens und dem Überdecken der schwachen Punkte wartet der Nachziehende mit einer stellungsgerechten Drohung auf: g7-g5 und Öffnung am Königsflügel.

| 32. | h2-h4 | ... |

So ist die Drohung abgewehrt, doch eine neue Schwäche ist bei dem Anziehenden entstanden. Mit einem originellen Turmmanöver weist Schwarz die Schwäche von g3 nach.

| 32. | ... | Tg8-h8!! |
| 33. | Df2-g2 | Df7-c7 |

Schwarz muß die Dame von f7 entfernen und den Läufer c6 decken. Nach 33. ... Th6 34. Tb4 droht 35. Txc4, und 34. ... Tg6 ist fehlerhaft wegen 35. Lxh5.

| 34. | Kg1-h2 | ... |

Verteidigt Weiß den Bauern g3 mit

34. Ld2 Th6 35. Le1, dann folgt 35. ... Tg8, und Schwarz setzt doch g7-g5 durch.

| | | |
|---|---|---|
| 34. | ... | Th8-h6 |
| 35. | Lc1-d2 | Th6-g6 |
| 36. | Tb1-g1 | Tg6xg3 |
| 37. | Dg2xg3 | ... |

Nach 37. Df2 Txg1 38. Kxg1 hat Schwarz zwei Bauern mehr, und der weiße Königsflügel ist geschwächt.

| | | |
|---|---|---|
| 37. | ... | Sf5xg3 |
| 38. | Tg1xg3 | Dc7-f7 |
| 39. | Ta2-a1 | Ta8-g8 |
| 40. | Ta1-g1 | f6xe5 |
| 41. | f4xe5 | Df7-f5 |

Mit der Öffnung des Spiels kommt die schwarze Materialüberlegenheit besser zur Geltung.

| | | |
|---|---|---|
| 42. | Lf3-d1 | Lc6-a4 |

Schwarz bleibt am Bauern c2, auch er fällt noch.

| | | |
|---|---|---|
| 43. | Tg3-f3 | Df5-h7 |
| 44. | Tf3-f7+ | Kb7-a6 |
| 45. | Tg1-g5 | La4xc2 |
| 46. | Ld1-f3 | Dh7-d3 |

Bei dem klaren Materialvorteil ist der Sieg nur noch eine Frage der Zeit. Es folgte noch: 47. Tg2 Df1 48. Lxh5 Lf5 49. Lg4 Th8 50. h5 Dd3 51. Le2 Dh3+ 52. Kg1 Txh5 53. Lxh5 Dxh5 54. Tfxg7 Le4
Weiß gab auf.

## Partie Nr. 40

**Pavlov – Farago**, Baile Herculane 1982
1. e4 e6 2. d4 d5 3. Sd2 Sf6 4. e5 Sfd7 5. f4 c5 6. c3 Sc6 7. Sdf3 Db6 8. g3 f5 9. h3 Le7 10. g4 a5 11. Se2 0–0 12. Tg1 Kh8 13. h4 Sdb8

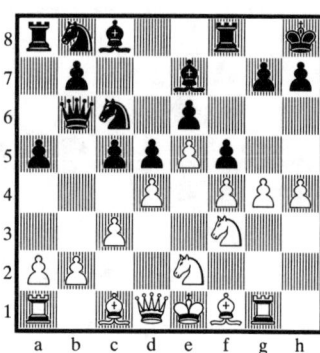

Einschätzung der Stellung:
Bei geschlossenem Zentrum sind die Interessensphären aufgeteilt. Weiß versucht, am Königsflügel zum Angriff zu kommen, während Schwarz sein Spiel am Damenflügel sucht. Die folgende Partiephase ist gekennzeichnet durch die weitere Vorbereitung des Angriffs. Schwarz lockert den Damenflügel mit a5-a4-a3 und schafft sich damit Stützpunkte für seine Figuren. Weiß bringt zuerst seinen König am Königsflügel in Sicherheit, um dann den Druck auf f5 weiter zu verstärken.
Die Stellung ist etwa ausgeglichen.

| | | |
|---|---|---|
| 14. | Lf1-h3 | Sb8-a6 |
| 15. | Ke1-f2 | Lc8-d7 |
| 16. | Kf2-g2 | a5-a4! |
| 17. | Kg2-h2 | ... |

Nach 17. a3 sind die Felder b3 und c4 zu sehr geschwächt. Schwarz kann dies mit Sa5 nebst Lb5 ausnutzen.

| | | |
|---|---|---|
| 17. | ... | a4-a3 |
| 18. | b2-b3 | c5xd4 |
| 19. | c3xd4 | Sa6-b4 |

Schwarz ist mit seinem Plan gut vorangekommen. Der Bauer a3 schränkt die Beweglichkeit des Anziehenden ein, Schwarz visiert jetzt die Felder c3 und d3 an.

| | | |
|---|---|---|
| 20. | Se2-g3 | ... |

Weiß verstärkt den Druck auf f5, auf 20. Sc3 kann 20. ... Sa7 nebst Sb5 folgen.

| | | |
|---|---|---|
| 20. | ... | f5xg4 |
| 21. | Lh3xg4 | Db6-a6! |

Die schwarzen Figuren beginnen einzudringen, das Feld d3 wird der erste Stützpunkt sein.

| | | |
|---|---|---|
| 22. | Tg1-g2 | Da6-d3 |
| 23. | Dd1-g1 | ... |

Das Endspiel nach 23. Dxd3 Sxd3 24. Se2 ist für den Anziehenden unerfreulich.

| | | |
|---|---|---|
| 23. | ... | Sb4-c2 |
| 24. | Tg2-d2 | Dd3-c3 |
| 25. | Ta1-b1 | Sc2-e3 |

Die schwarzen Figuren tummeln sich schon in der weißen Hälfte, dies ist der optische Eindruck der schwarzen Überlegenheit.

| | | |
|---|---|---|
| 26. | Lg4-h3 | Se3-f5 |
| 27. | Sg3xf5 | e6xf5 |
| 28. | Dg1-d1 | Ld7-e8 |

Der weißfeldrige Läufer wird aktiviert, er soll nach h5. Gleichzeitig hat er noch die Möglichkeit, über b5 einzugreifen.

| | | |
|---|---|---|
| 29. | Td2-d3 | Dc3-b4 |
| 30. | Sf3-g5 | Sc6-d8 |
| 31. | Lh3-g2 | Db4-b5 |
| 32. | Lg2-f1 | h7-h6 |
| 33. | Td3-g3 | Db5-b6 |
| 34. | Sg5-f3 | Le8-h5 |
| 35. | Lc1-e3 | Sd8-e6 |

Schwarz hat seine Figuren günstiger aufgestellt, damit erreicht er deutlichen Vorteil. Der Springer e6 und der Läufer h5 sind vorteilhaft postiert, die schwachen weißen Bauern d4, f4 und h4 sind angegriffen.

| | | |
|---|---|---|
| 36. | Lf1-e2 | Lh5-g4 |
| 37. | Dd1-d3 | Ta8-c8 |
| 38. | Sf3-g1 | h6-h5! |

Damit ist der Königsflügel zugeriegelt, Weiß kann die Blockade nicht überwinden.

| | | |
|---|---|---|
| 39. | Sg1-f3 | Le7-b4 |
| 40. | Sf3-g5 | Tc8-c3 |
| 41. | Dd3-d1 | Se6xg5 |
| 42. | h4xg5 | h5-h4? |

Schwarz steht immer noch besser, doch nach dieser Übereilung erhält der Anziehende Gegenspiel.

Besser war 42. ... Tfc8, und Schwarz steht strategisch überlegen, ohne daß Weiß Gegenchancen bekommt. Der Rest der Partie gehört nicht mehr zu unserem Thema.

Es folgte noch: 43. Txg4 fg4 44. Ld3 Txf4 45. Lxf4 Dxd4 46. Dxg4 Dxd3 47. Tg1! h3 48. Lg3 Dc2+ 49. Kxh3 Dh7+ 50. Dh4 Lc5 51. Tf1 Kg8 52. Dxh7+ Kxh7 53. Kg4 Kg6 54. Td1 Tc2 55. Txd5 b6 56. e6 Txa2 57. Le5 Te2 58. Kf4 a2 59. Td1 Le7 60. Tg1 b5 (Zugzwang!) 61. La1 Txe6 62. Tg2 Ta6 63. Ke4 Ta3 64. Kd5 Lxg5 65. Kc5 Txb3 66. Txa2 Lf6 67. Tg2+ Kh7 68. Lxf6 gf6 69. Kd4 Tb4+ 70. Kd5 Tf4 71. Ke6 b4 72. Tg3 Kh6 73. Tg8 Kh5 Weiß gab auf.

**Partie Nr. 41**

**Adorjan – Kovaćević**, Sarajewo 1982
1. e4 e6 2. d4 d5 3. Sd2 Sf6 4. e5 Sfd7 5. c3 c5 6. f4 Sc6 7. Sdf3 cd4 8. cd4 Sb6 9. Ld3 Ld7 10. Se2 Sb4 11. Lb1 La4 12. b3 Ld7 13. 0–0 h5 14. f5

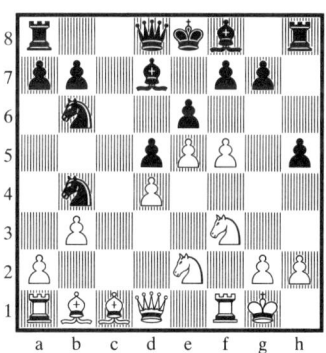

Einschätzung der Stellung:
Wie es für den Stellungstyp charakteristisch ist, sucht Weiß den Angriff am Königsflügel. Schwarz konzentriert seine Figuren am Damenflügel und versucht dort einzudringen nach Schwächungen in der gegnerischen Bauernstellung. Der Anziehende hat die Stellung mit einem Bauernopfer verschärft.

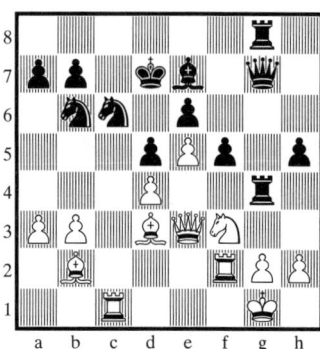

|       |          |          |
|-------|----------|----------|
| 14.   | ...      | e6xf5    |
| 15.   | Se2-f4   | ...      |

Ein weiteres Bauernopfer mit e5-e6 bringt nichts ein, z.B. 15. e6 Lxe6 16. Sf4 Le7 17. Te1 Dd6.

|       |          |          |
|-------|----------|----------|
| 15.   | ...      | Lf8-e7   |
| 16.   | Dd1-e1   | Ld7-e6   |
| 17.   | De1-g3   | Ke8-d7!  |

Das ist eine interessante Lösung, um den König in Sicherheit zu bringen. Die Rochade anzustreben, ist bei der geschwächten schwarzen Bauernstellung schwer möglich.

|       |          |          |
|-------|----------|----------|
| 18.   | a2-a3    | Sb4-c6   |
| 19.   | Dg3xg7   | Th8-g8   |
| 20.   | Dg7-h6   | Tg8-h8   |

Die Stellung ist ausgeglichen, und Weiß sollte sich auf Zugwiederholung einlassen. Er ist jedoch optimistisch und versucht, den Sieg zu erzwingen.

|       |          |          |
|-------|----------|----------|
| 21.   | Sf4xe6?! | ...      |

Stellungsgerecht ist 21. Dg7 mit Remis.

|       |          |          |
|-------|----------|----------|
| 21.   | ...      | f7xe6    |
| 22.   | Dh6-e3   | Th8-g8   |
| 23.   | Lb1-d3   | Dd8-f8   |
| 24.   | Tf1-f2   | Tg8-g4   |
| 25.   | Lc1-b2   | Df8-g7   |
| 26.   | Ta1-c1   | Ta8-g8   |

Einschätzung der Stellung:
Das Zentrum ist noch geschlossen, jedoch die Aufteilung der Interessensphären änderte sich. Schwarz befindet sich beim Königsangriff am Königsflügel, er nutzt vor allem die halboffene g-Linie. Weiß sucht seine Chancen am Damenflügel, auf c6 soll Druck ausgeübt werden. Der schwarze König steht im Zentrum relativ sicher. Schwarz droht nun mit h5-h4-h3 weitere Schwächen zu erzwingen.

|       |          |          |
|-------|----------|----------|
| 27.   | Tc1-c2   | h5-h4    |
| 28.   | h2-h3    | Tg4-g3   |
| 29.   | Kg1-f1   | a7-a6    |

Ein nützlicher Verteidigungszug gegen Ld3-b5.

|       |          |          |
|-------|----------|----------|
| 30.   | De3-c1   | ...      |

Droht 31. Lxa6 nebst Txc6.

|       |          |          |
|-------|----------|----------|
| 30.   | ...      | Le7-g5   |
| 31.   | Dc1-e1   | ...      |

Nicht 31. Sxg5? Txd3.

|       |          |          |
|-------|----------|----------|
| 31.   | ...      | Dg7-h6!  |
| 32.   | De1-c3   | ...      |

Besser war hier 32. Lc1, um die schwarzen Felder zu schützen.

|       |          |          |
|-------|----------|----------|
| 32.   | ...      | Lg5-e3   |
| 33.   | Ld3xa6   | Le3xd4   |
| 34.   | Dc3-d3   | Ld4xb2   |
| 35.   | La6xb7   | ...      |

Nicht 35. Txb2? Dc1+.

|       |          |          |
|-------|----------|----------|
| 35.   | ...      | Sc6xe5   |

| 36. | Sf3xe5+ | Lb2xe5 |
| 37. | Dd3-b5+ | ... |

Im Vorausbewerten dieser Stellung war es für den Nachziehenden wichtig zu erkennen, daß seinem König keine Gefahr droht.

| 37. | ... | Kd7-e7 |
| 38. | Db5xb6 | Dh6-e3! |

Trotz Materialgleichheit und ungleichfarbiger Läufer steht Schwarz auf Gewinn.

| 39. | Db6xe3 | Tg3xe3 |
| 40. | Tf2-e2 | Te3xe2 |
| 41. | Tc2xe2 | Ke7-d6 |
| 42. | b3-b4 | Tg8-g3 |
| 43. | Te2-a2 | Tg3-b3 |
| 44. | Lb7-c8 | |

Weiß gab auf.

Nach 44. ... Lb2 gewinnt Schwarz einen Bauern, und die verbundenen Zentrumsbauern entscheiden für den Nachziehenden.

## Partie Nr. 42

**Kavalek – Kasparow**, Bugojno 1982
1. c4 g6 2. d4 Lg7 3. Sc3 Sf6 4. e4 d6 5. Sf3 0–0 6. h3 e5 7. d5 Sa6 8. Le3 Sh5 9. Sh2 De8 10. Le2 Sf4 11. Lf3 f5 12. h4 De7 13. g3 Sb4 14. Db3 Sfd3+ 15. Ke2 f4 16. Ld2

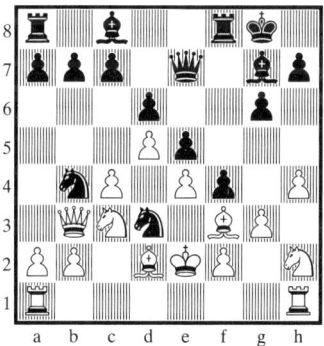

Einschätzung der Stellung:
Bei geschlossenem Zentrum ist der Nachziehende zu einem stürmischen Angriff gekommen. Für die Verwertung seines Eröffnungsvorteiles kann er nur die f-Linie öffnen und nutzen. Die in die weiße Stellung eingedrungenen Springer stellen eine ständige Bedrohung des weißen Königs dar, gleichzeitig muß Schwarz auf den Schutz seiner Springer achten.
Schwarz steht klar besser.

| 16. | ... | f4xg3(?) |

Nach Kasparow war 16. ... Sxf2 besser.

| 17. | f2xg3 | Tf8xf3! |

Ein Opfer für die schnelle Aktivierung der Figuren.

| 18. | Sh2xf3 | Lc8-g4 |
| 19. | Ta1-f1 | Ta8-f8 |
| 20. | Sc3-d1? | ... |

Mit einer komplizierten Variante konnte Weiß Ausgleich erreichen: 20. Le3 Lh6 21. Lxh6 Txf3 22. Txf3 Lxf3+ 23. Kxf3 Df6+ 24. Kg2 Df2+ 25. Kh3 Df3 26. Th2 g5! 27. Lxg5 Df1+ 28. Kg4 h5+ 29. Kxh5 Df3+ 30. Kh6 Df8+, und Schwarz hat nur Dauerschach (Analyse Kasparow).

| 20. | ... | De7-f7 |
| 21. | Ld2-e3 | ... |

Oder 21. Lxb4 Sc1+ 22. Ke1 Sxb3 23. Sg5 Dd7 24. Txf8+ Lxf8 25. ab3 h6, und Schwarz steht auf Gewinn.

| 21. | ... | Lg4xf3+ |
| 22. | Ke2-d2 | Df7-d7 |
| 23. | Th1-g1 | ... |

Auch nach 23. a3 Lxh1 24. Txh1 a5 25. ab4 Sxb4 ist Schwarz im Vorteil.

| 23. | ... | Dd7-h3 |
| 24. | a2-a3 | Lf3xe4 |
| 25. | Tf1xf8+ | Lg7xf8 |
| 26. | a3xb4 | Dh3-h2+ |
| 27. | Kd2-c3 | Sd3-c1 |

Weiß gab auf.

Zum Thema des Spiels auf den Flügeln ist in den letzten beiden Partien dieses

Abschnitts die deutliche Überlegenheit einer Partei zu erkennen. Eine Partei ist in der Lage, auf beiden Flügeln gleichzeitig zu spielen, sie besitzt die Initiative auf dem gesamten Brett.

### Partie Nr. 43

**Sosonko – Larsen**, Tilburg 1978
1. d4 Sf6 2. c4 d6 3. Sc3 Sbd7 4. Sf3 e5
5. e4 Le7 6. Le2 0–0 7. 0–0 c6 8. Te1 a6
9. Lf1 b5 10. h3 b4 11. Sa4 c5 12. d5 Se8
13. a3 a5 14. b3 g6 15. Lh6 Sg7 16. Dd2
Sf6 17. Sb2 Ld7 18. Sd3 Dc7

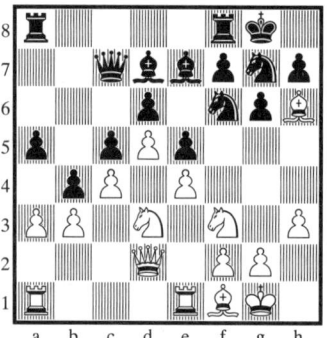

Einschätzung der Stellung:
Bei geschlossenem Zentrum hat Weiß leichte Vorteile auf beiden Flügeln. Er besitzt die Initiative, so daß es dem Nachziehenden schwerfällt, aktiv zu werden. Schwarz strebt nun Kh8, Sg8 nebst f7-f5 an, um sich zu entlasten. Doch dies ist leicht zu verhindern.
Weiß steht etwas besser.
    19. Sf3-g5!        ...
So wird das angedeutete Gegenspiel verhindert. Auf 19. ... Kh8 folgt 20. ab4 ab4? 21. Txa8. Bei 20. ... cb4 wird der schwarze a-Bauer ein Angriffsobjekt.
    19.    ...          Ta8-e8

Besser war 19. ... Tab8. Schwarz hat Schwierigkeiten, seine Figuren auf dem engen Raum umzugruppieren.
    20. f2-f4          e5xf4
    21. Sd3xf4         Te8-b8
21. ... Kh8 mit dem angestrebten Plan wäre nicht gut wegen 22. Db2.
    22. Sf4-d3         Sf6-e8
    23. a3xb4          a5xb4
    24. Dd2-f2         ...
Die stärkste Fortsetzung wäre hier 24. e5! gewesen mit weiterer Öffnung des Spiels. Sosonko gibt hierzu die folgende Variante an: 24. e5! de5 25. Sxe5 Sd6 26. Sexf7 oder 24. e5! Lf5 25. Sf3 de5 26. Sfxe5 Sd6 27. Lf4.
    24.    ...          f7-f6
    25. Sg5-f3         Dc7-b7
    26. Ta1-a2         Se8-c7
    27. Te1-a1         Tb8-a8
Die schwarze Stellung ist fest. Weiß besitzt zwar mehr Raum, doch sein Vorteil ist nur gering. Schwarz kann einfach die Türme tauschen.
    28. g2-g4          Ta8xa2
    29. Ta1xa2         Tf8-a8
    30. Df2-b2         ...
Sonst folgt 30. ... Ta3.
    30.    ...          Sg7-e8
    31. Lh6-e3         Le7-f8
    32. Db2-a1         Ta8xa2
    33. Da1xa2         g6-g5?
Damit verschafft sich der Nachziehende eine ernsthafte Schwäche. Besser war 33. ... Da8, und es ist fraglich, ob Weiß den Raumvorteil im Leichtfigurenendspiel verwerten kann.
    34. e4-e5!         ...
Diesen Vorstoß hatte Schwarz übersehen, er muß schlagen, und Weiß erhält den Bauern g5.
    34.    ...          f6xe5
    35. Sf3xg5         Se8-f6
    36. Lf1-g2         Ld7-e8
    37. Sg5-e4?        ...
Natürlich nicht 37. Sxe5 de5 38. d6 Da6.

Besser war hier das einfache 37. Df2, z.B. 37. ... Lg7 38. Sxc5 dc5 39. d6.

| | | |
|---|---|---|
| 37. | ... | Sf6xe4 |
| 38. | Lg2xe4 | Sc7-e6! |

Mit diesem guten Zug ist der Ausgleich wieder hergestellt.

| | | |
|---|---|---|
| 39. | Da2-f2 | Se6-d4 |
| 40. | Le3xd4 | e5xd4 |

Damit ist Schwarz seine schlechteste Figur losgeworden, die Stellung befindet sich innerhalb der Remisbreite.
Es folgte noch: 41. Df5 Df7 42. Dg5+ Kh8 43. Kg2 Le7 44. Dh6 Lf8 45. Dg5 De7 46. Dxe7 Lxe7 47. Kg3 h5 48. Kf4 hg4 49. hg4 Kg7 50. g5 Lh5 51. Sf2 Kf7 52. Ld3 Lf8 53. Kf5 Lg7 54. Le4 Le5 55. Ld3 Lh2 56. Se4 Ld1? 57. g6+ Kg7 58. Sf6 Le5 59. Sd7 (Se8+!) 59. ... Lg3 60. Sf6 Le5
remis.

**Partie Nr. 44**

**Olafsson – Gligorić**, Zagreb 1959
1. c4 e5 2. Sc3 d6 3. g3 g6 4. d4 Sc6 5. d5 Sce7 6. e4 Lg7 7. h4 Sf6 8. Le2 h5 9. Sh3 c5 10. Sg5 Ld7 11. Ld2 Sh7 12. f3 Sxg5 13. Lxg5 a6 14. a3 f6 15. Le3 Lh6 16. Lxh6 Txh6 17. Dd2 Th8 18. b4 b6 19. Tb1 Sg8 20. f4 Sh6

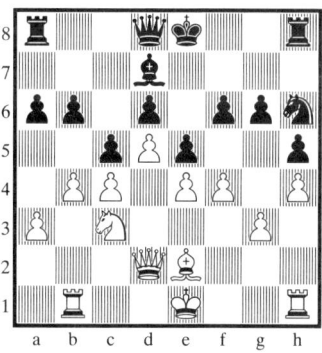

Einschätzung der Stellung:
Bei geschlossenem Bauernzentrum hat Weiß Raumvorteil. Der Anziehende besitzt auf beiden Flügeln die Initiative, die Hebel auf beiden Seiten (b4xc5 und f4xe5) sind in seiner Hand. Damit hat er die Möglichkeit, den Zeitpunkt der Öffnung zu bestimmen, er kann aber auch die Stellung geschlossen halten. Schwarz muß sich auf die Pläne des Anziehenden einstellen, er kann nicht aktiv werden. Weiß steht besser.

| | | |
|---|---|---|
| 21. | f4xe5 | ... |

Damit legt sich Weiß bereits fest, und Schwarz kann die entsprechende Verteidigung organisieren. Besser war die scharfe Fortsetzung 21. f5 oder auch einfach 21. 0–0, wonach sich der Anziehende noch alle Möglichkeiten offenhält.

| | | |
|---|---|---|
| 21. | ... | f6xe5 |
| 22. | 0–0 | Sh6-f7! |

Der Springer ist eine vorzügliche Verteidigungsfigur, er schützt die Felder g5 und h6. Außerdem ermöglicht er die künstliche kurze Rochade.

| | | |
|---|---|---|
| 23. | Tf1-f2 | Th8-h7 |
| 24. | Kg1-g2 | ... |

24. Tbf1 Lh3 verliert nur Zeit.

| | | |
|---|---|---|
| 24. | ... | Ke8-f8 |
| 25. | Tb1-f1 | Kf8-g8 |
| 26. | Tf2-f6 | ... |

Der nützliche Springer deckt auch den Bauern d6.

| | | |
|---|---|---|
| 26. | ... | Th7-g7 |
| 27. | Kg2-h2 | ... |

Die schwarze Stellung ist fest. Ein Qualitätsopferangebot mit 27. Te6 müßte Schwarz mit 27. ... Dc7 28. Tff6 Te8 ablehnen.

| | | |
|---|---|---|
| 27. | ... | Dd8-e7 |
| 28. | Le2-d1 | Kg8-h7 |
| 29. | Tf1-f2 | Ta8-g8 |
| 30. | Kh2-h1 | Tg8-c8 |

Die vorangegangenen Züge zeigen, daß sich Weiß in Zeitnot noch keinen Plan zurechtgelegt hat.

31. b4-b5 ...
So wird der Damenflügel geschlossen. Weiß sollte mit 31. bc5 unbedingt öffnen, da am Königsflügel allein der Sieg nicht zu erringen ist. Der Vorteil des Anziehenden bestand im Raumübergewicht und den besseren Chancen, auf beiden Flügeln zu spielen.

31. ... a6-a5
Die eventuelle Schwäche des Bauern b6 hat im Moment keine Bedeutung.

| | | |
|---|---|---|
| 32. | Ld1-e2 | Tc8-b8 |
| 33. | Dd2-d1 | Kh7-g8 |
| 34. | Dd1-d2 | Tb8-b7 |
| 35. | Kh1-g1 | Ld7-c8 |
| 36. | Kg1-h2 | De7-d8 |
| 37. | Kh2-g1 | Tb7-e7 |
| 38. | Kg1-f1 | Lc8-h3+ |
| 39. | Kf1-e1 | Kg8-h7 |
| 40. | Ke1-d1 | Sf7-h6 |

Die vergangenen Züge haben an der Stellung nicht viel geändert. Weiß besitzt Druck auf der f-Linie, doch sein Vorteil ist nur gering, da Schwarz keine direkte Schwäche besitzt.

| | | |
|---|---|---|
| 41. | Kd1-c2 | Lh3-g4 |
| 42. | Le2-f1 | Te7-f7 |

Besser war 42. ... Lc8 mit der Drohung 43. ... Sg4, danach wäre die Stellung ausgeglichen. Weiß besitzt immer noch einen kleinen Vorteil, der allerdings nicht zum Sieg reicht.

Es folgte noch: 43. Dg5 Df8 44. Ld3 Txf6 45. Txf6 De7 46. Tf1 Dc7 47. Sa4 Tf7 48. Tf6 Txf6 49. Dxf6 Lh3 50. Df8 Lg2 51. Kd2 Sg4 52. Sc3 Sh6 53. Le2 Lh3 54. De8 Kg7 55. Sa4 Sg4 56. Lxg4 Lxg4 57. Sb2 Lf3 58. Ke3 Lg4 59. Sd3 Df7! 60. Dxf7+ Kxf7 61. Sb2 Ke7 62. Sa4 Kd8 63. Sxb6 Ld1! 64. Sa8 Kc8 65. b6 Kb7 66. Sc7 La4! 67. Se6 Kxb6 68. Sf8 Le8 69. Kf3 Kc7 70. g4 Kd8 71. Se6+ Ke7 72. gh5 gh5 73. Ke3 Ld7 remis.

# 3. Bewegliche Zentrumsbauern

## 3.1. Allgemeine Gesichtspunkte

Wir wissen, welche Bedeutung das Zentrum in der Schachpartie besitzt. Die Herrschaft über das Zentrum bietet viele Möglichkeiten, für den Gewinn von Raum, für das Öffnen des Spieles, für das Schaffen von Stützpunktfeldern.

In diesem Kapitel betrachten wir den Fall, daß nebeneinander befindliche Bauern (Nachbarbauern) die Kontrolle über das Zentrum ausüben. Dabei hat der Gegner keinen Gegenbauern auf der gleichen Linie.

Eine Beispieldarstellung ist in folgendem Diagramm zu sehen.

Diese Zentrumsbauern sind beweglich, und der Anziehende kann beispielsweise den Vorstoß des d-Bauern nutzen, um einen Freibauern zu bilden. Er entsteht aus der Diagrammstellung nach dem Vorstoß 1. d5 ed5 2. cd5. Das nächste Diagramm stellt das Ergebnis des Vorstoßes dar.

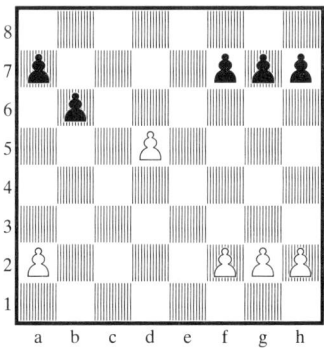

Inwieweit der Vorstoß d4-d5 vorteilhaft ist, hängt von der konkreten Aufstellung der Figuren ab.

Eine weitere Möglichkeit des Anziehenden besteht in dem Vorstoß d4-d5 bei Opfer eines Bauern. Die Endstellung ist in folgendem Diagramm dargestellt. Das Opfer des Bauern lohnt sich, wenn die

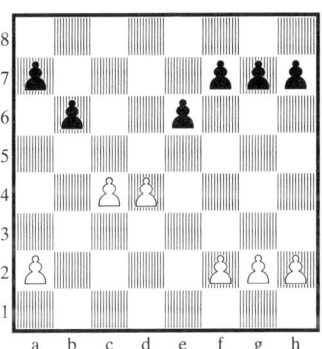

Weiß besitzt die beweglichen Bauern c4 und d4, die Einfluß auf die Zentrumsfelder d5 und e5 ausüben. Damit verfügt der Anziehende über mehr Raum. Neben der Kontrolle von d5 und e5 besteht für den Anziehenden der Vorteil, die Felder b5 und e5 für Figurenvorposten nutzen zu können. In der gezeigten Aufstellung sind die Bauern am stärksten, sie decken gegenseitig die vor ihnen liegenden Felder.

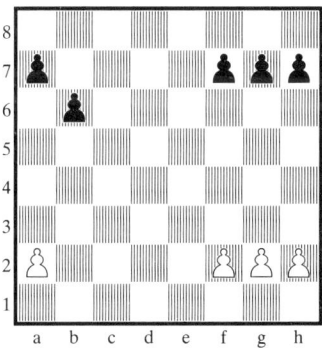

weißen Figuren aktiver stehen und Weiß aus der Aktivität seiner Figurenstellung Kapital schlagen kann. Beispielsweise kann ein Königsangriff zwingender durchgeführt werden, oder nach der Öffnung des Zentrums sind Drohungen auf beiden Flügeln kombinierbar.

Beim Spiel gegen die beweglichen Zentrumsbauern ist es wichtig, auf die nebeneinander befindlichen Bauern Druck auszuüben. Einer der beiden Bauern muß gezwungen werden, sich vorwärts zu bewegen. Danach sind die Bauern geschwächt und im allgemeinen unbeweglich.

Im folgenden Diagramm zwingt Schwarz durch den Vorstoß des Bauern e6 mit Druck auf den Bauern d4 den Anziehenden zur Erklärung.

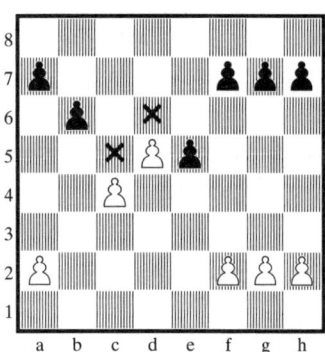

In dieser Stellung können die vor den weißen Bauern liegenden Felder c5 und d6 nicht mehr von weißen Bauern geschützt werden. Gelingt es dem Anziehenden, die Herrschaft über diese Felder zu erlangen, so kann eine Blockade errichtet werden. Die weißen Bauern sind unbeweglich und damit schwach.

In einer nachfolgenden Etappe kann der Nachziehende den Druck auf diese Bauern vergrößern, indem er den hinteren Bauern angreift. Das kann durch Figurendruck oder auch durch Bauernhebel geschehen. Folgendes Diagramm zeigt die Möglichkeit des Angriffs auf die Bauern, verbunden mit einer weiteren Schwächung der weißen Bauernstellung.

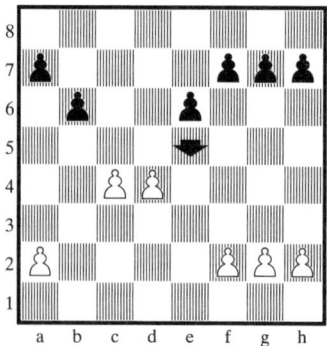

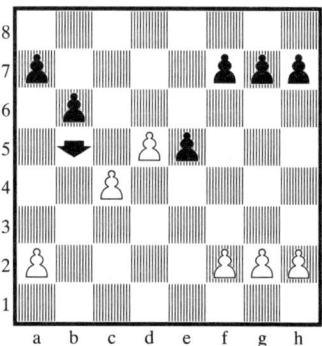

Will der Anziehende keinen isolierten Bauern erhalten, lehnt er den Tausch ab und zieht den d-Bauern nach d5. Aus obenstehendem Diagramm entsteht nach 1. ... e5 2. d5 die Stellung des folgenden Diagrammes.

Bei sicherer Kontrolle des Blockadefeldes c5 kann mit dem Bauernhebel b6-b5 der weiße c-Bauer angegriffen und beseitigt werden. Danach ist der weiße d-Bauer isoliert.

### 3.2. Die Dynamik des beweglichen Zentrumsbauern

In den ersten Partien dieses Abschnitts zeigen die Bauern im Zentrum ihre volle Kraft. Sie können vom Gegner nicht gebremst werden, und der Besitzer der Zentrumsbauern verfügt über mehr Raum. So haben auch seine Figuren mehr Bewegungsfreiheit.

### Partie Nr. 45

**Tarrasch – Aljechin**, Pistyan 1922
1. d4 Sf6 2. Sf3 e6 3. c4 c5 4. d5 b5 5. de6 fe6 6. cb5 d5 7. e3 Ld6 8. Sc3 0–0 9. Le2 Lb7 10. b3 Sbd7 11. Lb2 De7 12. 0–0 Tad8 13. Dc2 e5

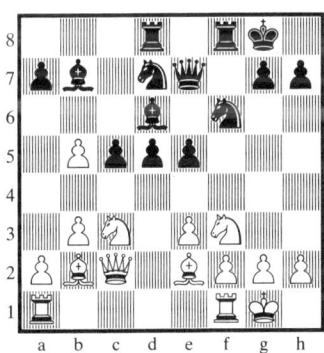

Einschätzung der Stellung:
Weiß hat dem Nachziehenden das Zentrum überlassen. Die beweglichen schwarzen Bauern kontrollieren das Zentrum und drohen außerdem mit dem Vormarsch. Schwarz beabsichtigt e5-e4 mit weiterem Raumgewinn.

Der Anziehende ist im Zentrum völlig überspielt, er hat daher auch keine Aussicht auf Aktivitäten auf einem Flügel. Er muß sich auf das Spiel im Zentrum konzentrieren und die gegnerischen Drohungen abwehren. Der Mehrbauer des Anziehenden besitzt keine Bedeutung. Schwarz steht klar besser.

 14. Tf1-e1  ...

Macht das Feld f1 für den Königsspringer frei.

 14. ...  e5-e4
 15. Sf3-d2  Sd7-e5
 16. Sc3-d1  ...

Die Springer ziehen sich auf die Grunddreihe zurück zur Verteidigung der Punkte f2 und h2. Weiß muß sich passiv verhalten.

 16. ...  Sf6-g4
 17. Le2xg4  ...

Weiß muß tauschen, sonst schlägt der Königsangriff bereits durch; z.B. 17. Sf1 Sf3+ 18. gf3 ef3 19. Ld3 Dh4.

 17. ...  Se5xg4
 18. Sd2-f1  ...

Damit hat Weiß die Bauern f2 und h2 sicher gedeckt. Aljechin spielt nun auf die Schwäche des Bauern g2. Mit Dg5 nebst Sg4-h6-f5 wird der Bauer g2 anvisiert.

 18. ...  De7-g5!
 19. h2-h3  Sg4-h6
 20. Kg1-h1  ...

Mit dem Manöver h3, Kh1, Sh2 bereitet Weiß die Deckung des Bauern g2 mit Tg1 vor. Bei dieser Umgruppierung war der Zug h2-h3 als Schwächung des Königsflügels notwendig.

 20. ...  Sh6-f5
 21. Sf1-h2  ...

Schwarz hat seine Figuren günstig für den Königsangriff aufgestellt. Nun vergrößert er seinen Vorteil mit dem Vorwärtsbewegen der Zentrumsbauern. So erhält er noch mehr Raum, oder der Königsangriff entscheidet schnell.

| | | |
|---|---|---|
| 21. | ... | d5-d4! |
| 22. | Lb2-c1 | ... |

Auf 22. ed4 folgt 22. ... e3! 23. Sxe3
(23. Tg1 Dg3!!; 23. fe3 Dg3) 23. ... Sxe3
24. fe3 Dg3.

| | | |
|---|---|---|
| 22. | ... | d4-d3 |
| 23. | Dc2-c4+ | Kg8-h8 |
| 24. | Lc1-b2 | Sf5-g3+ |

Raumvorteil und aktive Figurenstellung
erlauben bereits diese Kombination.

| | | |
|---|---|---|
| 25. | Kg1-h1 | ... |

Natürlich nicht 25. fg3 Dxg3 nebst Matt.

| | | |
|---|---|---|
| 25. | ... | Lb7-d5 |
| 26. | Dc4-a4 | ... |

Die Dame muß ins Abseits, auf 26. Dc3
oder 26. Dc1 folgt 26. ... Se2+.

| | | |
|---|---|---|
| 26. | ... | Sg3-e2+ |
| 27. | Kg1-h1 | Tf8-f7 |
| 28. | Da4-a6 | h7-h5! |

Dient vorbereitend dem Vertreiben eines
Springers von g3.

| | | |
|---|---|---|
| 29. | b5-b6 | Se2-g3+ |

Schwarz will sich nicht auf das Qualitätsopfer nach 29. ... ab6 30. Txe2 de2
31. Dxe2 einlassen.

| | | |
|---|---|---|
| 30. | Kh1-g1 | a7xb6 |
| 31. | Da6xb6 | d3-d2 |

Damit bereitet Schwarz die Schlußat-
tacke mit dem Angriff auf h3 vor.

| | | |
|---|---|---|
| 32. | Te1-f1 | Sg3xf1 |
| 33. | Sh2xf1 | Ld7-e6! |
| 34. | Kg1-h1 | ... |

Auf 34. Dc6 gibt Aljechin folgende Variante an: 34. Dc6 Tf3 35. Dxe4 Ld5
36. Da4 Dxg2+ 37. Kxg2 Tg3+ 38. Kh2
Tg2+ 39. Kh1 Th2+ 40. Kg1 Th1 matt.

| | | |
|---|---|---|
| 34. | ... | Le6xh3 |
| 35. | g2xh3 | Tf7-f3 |
| 36. | Sf1-g3 | h5-h4 |
| 37. | Lb2-f6 | Dg5xf6 |
| 38. | Sg3xe4 | Tf3xh3+ |

Weiß gab auf (39. Kg1 Lh2+; 39. Kg2
Df3+).

Siegbert Tarrasch

### Partie Nr. 46

**Kortschnoi – Karpow**, Meran 1981
1. c4 e6 2. Sc3 d5 3. d4 Le7 4. Sf3 Sf6
5. Lg5 h6 6. Lh4 0–0 7. e3 b6 8. Tc1 Lb7
9. Le2 Sbd7 10. cd5 ed5 11. 0–0 c5
12. dc5 bc5 13. Dc2 Tc8 14. Tfd1 Db6
15. Db1 Tfd8 16. Tc2 De6 17. Lg3 Sh5
18. Tcd2 Sxg3 19. hg3 Sf6

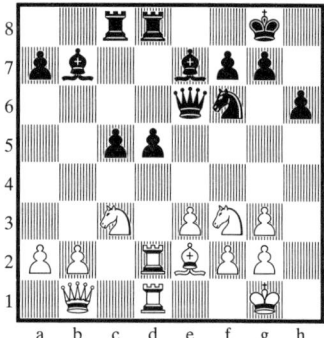

Einschätzung der Stellung:
Schwarz hat einige kleine Vorteile auf
seine Seite bringen können, den Besitz
der beweglichen Zentrumsbauern,

Raumvorteil und das Läuferpaar. Im Schutz der Zentrumsbauern kann Schwarz eine günstige Figurenaufstellung wählen. Weiß kann den Druck auf die Zentrumsbauern nicht derart verstärken, daß einer von ihnen zum Vorwärtsbewegen gezwungen wird. Damit können die Zentrumsbauern ihre harmonische Aufstellung erhalten. Nach dem Schlagen hxg3 ist Schwarz auch in den Besitz des Feldes g4 gelangt. Dies kann nützlich sein für einen eventuellen Königsangriff.

Schwarz steht besser.

20. Db1-c2     g7-g6

Nimmt dem Anziehenden das Feld f5 für den Läufer.

21. Dc2-a4     a7-a6
22. Le2-d3     Kg8-g7
23. Ld3-b1     ...

Weiß will den Druck auf die Zentrumsbauern verstärken, doch dabei unterschätzt er die Dynamik der beweglichen Zentrumsbauern. Besser war 23. Se2 nebst Sf4.

23. ...     De6-b6
24. a2-a3?     ...

Weiß bleibt bei seinem Plan, hier war 24. Se2 bereits notwendig.

24. ...     d5-d4!

Hiermit steht Schwarz deutlich besser.

25. Sc3-e2     ...

Dies ist das Eingeständnis der fehlerhaften Aufstellung. Auf 25. ed4 folgt 26. ... Lc6! (26. Dc2 Lxf3 27. gf3 cd4 28. Sa4 Db5; 26. dc5 Lxa4 27. cb6 Lxd1) 26. Dc4 Lxf3 27. gf3 (27. La2 Lxd1 28. Dxf7+ Kh8 29. Txd1 Sg8) 27. ... cd4 28. Sa4 Db5 29. Dxb5 (29. De2 Te8) 29. ... ab5 30. Sb6 Tc6.

25. ...     d4xe3
26. f2xe3     c5-c4

Die Bauernstellung am Königsflügel ist stark geschwächt, Schwarz greift die schwachen Bauern e3 und g3 an.

27. Se2-d4     Db6-c7

28. Sf3-h4     Dc7-e5

Nicht 28. ... Dxg3?? 29. Sdf5+.

29. Kg1-h1     Kg7-g8!

Damit weicht der Weltmeister den taktischen Varianten aus, die sich nach 29. ... Sg4 30. Shf5+ gf5 31. Sxf5+ ergeben könnten.

30. Sd4-f3     De5xg3
31. Td2xd8+     Le7xd8
32. Da4-b4     Lb7-e4

Schwarz steht nun klar auf Gewinn. Er besitzt einen Mehrbauern, die gegnerische Königsstellung ist entscheidend geschwächt, und der abseits stehende Springer h4 ist ein Angriffsobjekt.

Es folgte noch: 33. Lxe4 Sxe4 34. Td4 Sf2+ 35. Kg1 Sd3 36. Db7 Tb8 37. Dd7 Lc7 38. Kh1 Txb2 39. Txd3 cd3 40. Dxd3 Dd6 41. De4 Dd1+ 42. Sg1 Dd6 43. Shf3 Tb5

Weiß gab auf.

## Partie Nr. 47

**Riemsdyk – Adorjan**, Riga 1979

1. e4 c5 2. Sf3 e6 3. d4 cd4 4. Sxd4 Sf6 5. Sc3 Sc6 6. Sdb5 d6 7. Lf4 e5 8. Lg5 a6 9. Sa3 b5 10. Lxf6 gf6 11. Sd5 f5 12. Ld3 Le6 13. c4 Da5+ 14. Kf1 fe4 15. Lxe4 Lg7 16. Df3 Sd4 17. Dg3 Kf8 18. Td1 Dd8 19. Se3 Tc8

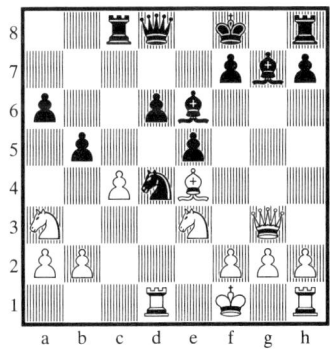

Einschätzung der Stellung:
Im Mittelpunkt des Geschehens steht der Kampf um das Zentrum. Das Feld d4 hat Schwarz bereits für seinen Springer erobert. Nun geht es um den Besitz des Feldes d5. Im Moment kann der Anziehende das Feld noch kontrollieren, doch dies gelingt ihm nicht auf Dauer. Nach wenigen Zügen hat Schwarz die Vorherrschaft über das Zentrum, darauf gründet sich auch sein Vorteil.

Beide Könige können nicht mehr rochieren, dabei ist die weiße Königsstellung aufgrund der Behinderung der eigenen Figuren als etwas schlechter einzuschätzen.

20. Sa3-c2 ...

Auch nach anderen Zügen kann d5 nicht gehalten werden, z.B. 20. cb5 d5 oder 20. Lb7 bc4 21. Lxc8 Dxc8 oder 20. Ld5 bc4.

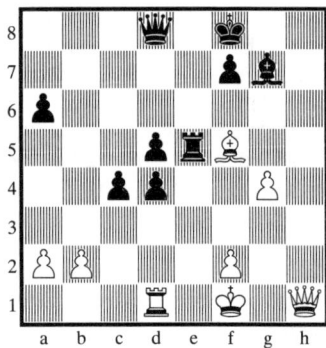

Die Zentrumsbauern spielen die entscheidende Rolle. Auch im Endspiel ist die Macht dieser beweglichen Bauern nicht zu unterschätzen, zumal der d-Bauer ein Freibauer ist. Nach d4-d3 droht schon bald die Verwandlung auf der Grundreihe.

| 20. ... | b5xc4 |
|---|---|
| 21. Sc2xd4 | e5xd4 |
| 22. Se3-f5 | Le6xf5 |
| 23. Le4xf5 | Tc8-c5 |

Weiß hat zwar ungleichfarbige Läufer erzielen können, doch der Besitz des starken Bauernzentrums spricht eindeutig für den Nachziehenden.

24. Dg3-f3 Tc5-e5

Schwarz will Lf5-e6-d5 verhindern, auf d5 stünde der weiße Läufer ideal.

25. g2-g4 ...

Weiß will künstlich rochieren. 25. Txd4? scheiterte an 25. ... Txf5 26. Dxf5 Lxd4.

25. ... h7-h5
26. h2-h3 ...

Oder 26. gh5 Dg5 27. Da8+ Ke7 28. Da7+ Kf6.

| 26. ... | h5xg4 |
|---|---|
| 27. h3xg4 | Th8xh1+ |
| 28. Df3xh1 | d6-d5 |

29. b2-b3 ...

Dies kommt dem Plan des Nachziehenden sehr entgegen, da er nun über zwei verbundene Freibauern verfügt. Eine Idealaufstellung für die beweglichen Bauern!

| 29. ... | d4-d3 |
|---|---|
| 30. b3xc4 | d5xc4 |
| 31. Dh1-c6 | Dd8-d5! |

Schwarz braucht das Endspiel mit ungleichfarbigen Läufern nicht zu scheuen. Die verbundenen Freibauern sichern ihm auch hier den schnellen Sieg.

32. Dc6xd5 ...

Oder 32. Dc8+ Te8.

| 32. ... | Te5xd5 |
|---|---|
| 33. Lf5-e4 | Td5-d4 |

Weiß gab auf angesichts der Variante 34. Lf5 Lh6 35. Ke1 c3 36. Lxd3 (36. Txd3 c2) 36. ... Txd3 37. Txd2 c2.

## Partie Nr. 48

**Hübner – Smyslow**, Tilburg 1982
1. d4 Sf6 2. c4 e6 3. g3 d5 4. Lg2 dc4
5. Sf3 c5 6. Da4+ Sbd7 7. Dxc4 a6 8. Dc2
b6 9. Se5 Sd5 10. Sc3 Lb7 11. Sxd5 ed5
12. 0–0 Le7 13. Td1 0–0 14. Df5 Sxe5
15. de5 Ta7

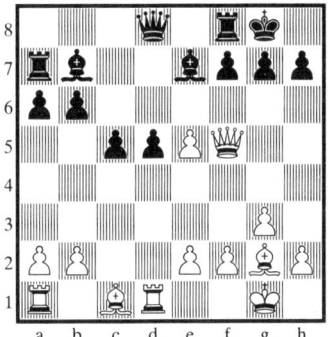

Einschätzung der Stellung:
Schwarz besitzt die beweglichen Bauern
c5 und d5. Über deren Stärke bzw.
Schwäche wird erst der weitere Partieverlauf entscheiden. Beim Kampf um
das Zentrum ist die Dame-Turm-Gegenüberstellung zu beachten.
Die Stellung ist ausgeglichen.

| 16. | e5-e6 | ... |

Falls Weiß den Bauern d5 direkt angreift,
steht Schwarz nach 16. Dd3 Dc7
17. Lxd5 Lxd5 18. Dxd5 Td8 19. Db3
Txd1+ 20. Dxd1 Dxe5 etwas besser.

| 16. | ... | d5-d4 |
| 17. | Lg2xb7 | Ta7xb7 |
| 18. | e2-e3 | Le7-f6 |
| 19. | e3xd4 | Tb7-e7! |

Ein schöner Zug, mit dem Schwarz seine
bessere Entwicklung nutzt.

| 20. | Lc1-e3 | ... |

Nach 20. ef7+ Tfxf7 21. Dd3 Dxd4 hat
Schwarz die Initiative. Schlecht ist 20. d5
fe6.

| 20. | ... | f7xe6 |
| 21. | Df5-g4 | h7-h5! |

So erobert Schwarz den wichtigen d-
Bauern.

| 22. | Dg4xh5 | ... |

Nach 22. De4 cd4 23. Lxd4 Td7 verliert
Weiß den Läufer.

| 22. | ... | c5xd4 |
| 23. | Dh5-e2 | Dd8-d5! |

Mit dieser Zentralisierung steht die
schwarze Dame prächtig und wirkt auf
beiden Flügeln. Gleichzeitig bietet
Schwarz ein Bauernopfer an. Nach der
Annahme des Opfers sichert sich der
Nachziehende die totale Überlegenheit
im Zentrum.

| 24. | De2xa6 | ... |

Auch nach 24. f3 e5 25. Ld2 verfügt
Schwarz über deutlichen Raumvorteil im
Zentrum.

| 24. | ... | b6-b5 |

Droht 25. ... Ta8 26. Db6 Tb7.

| 25. | Da6-a5 | e6-e5 |

Auf 25. ... Df3 folgt 26. Txd4 Lxd4
27. Lxd4 mit ausgeglichener Stellung.

| 26. | Le3-d2 | Tf8-a8 |
| 27. | Da5-b4 | Te7-a7 |

Droht 28. ... Le7.

| 28. | Ld2-e1 | Ta7xa2 |
| 29. | Ta1-c1 | Ta2-a4 |

Schwarz strebt den Tausch von Schwerfiguren an. Er hält die beweglichen Zentrumsbauern auch im Endspiel für eine
Garantie zum Sieg.

| 30. | Db4-c5 | Dd5xc5 |
| 31. | Tc1xc5 | Ta4-a1 |
| 32. | Tc5-c1 | ... |

Weiß muß die Grundreihe sichern. Auf
32. Txa1 Txa1 33. Kf1 d3 34. Td5 e4
35. f3 Lxb2 36. fe4 Lc3 entscheidet die
Fesselung auf der Grundreihe.

| 32. | ... | Ta1xc1 |
| 33. | Td1xc1 | e5-e4 |

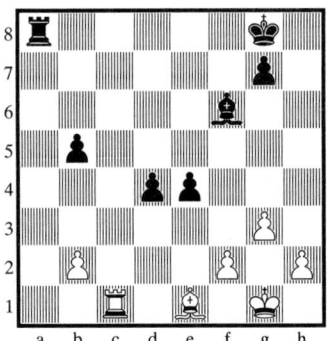

**Barle – Szabo**, Maribor 1978
1. e4 c5 2. Sf3 e6 3. d4 cd4 4. Sxd4 Sf6
5. Sc3 Sc6 6. Sdb5 d6 7. Lf4 e5 8. Lg5 a6
9. Sa3 b5 10. Lxf6 gf6 11. Sd5 f5 12. Ld3
Le6 13. c4 Sd4 14. Sc2 Sxc2+ 15. Lxc2
fe4 16. Lxe4 Tc8 17. cb5 Da5+ 18. Dd2
Dxd2+ 19. Kxd2 Lh6+ 20. Kd1

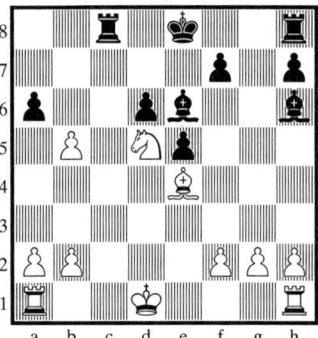

Wie in der vorangegangenen Partie haben die beweglichen Bauern die Brettmitte überschritten und engen die Bewegungsfreiheit des Anziehenden ein. Weiß muß ständig den Freibauern beachten.

| 34. | Kg1-f1 | Ta8-a2 |
|-----|--------|--------|
| 35. | Tc1-b1 | Kg8-f7 |
| 36. | Le1-b4 | ...    |

Weiß will mit 37. La3 den Turm einklemmen.

| 36. | ...    | Ta2-a4 |
|-----|--------|--------|
| 37. | Lb4-d2 | Kf7-e6 |
| 38. | h2-h4  | Ke6-d5 |
| 39. | Kf1-e1 | Ta4-a2 |
| 40. | h4-h5  | d4-d3  |
| 41. | Ld2-c1 | Lf6-d4 |

Schwarz steht auf Gewinn. In der Partie folgte noch:
42. g4 b4 43. g5 Ta8 44. Le3 Lxe3 45. fe3
Th8 46. Ta1 Txh5 47. Ta7 g6 48. Ta6 Th2
49. Txg6 Te2+ 50. Kd1 Txe3 51. Tg8 Tg3
52. Kd2 Kc4 53. b3+ Kxb3 54. g6 Tg2+
55. Ke3 d2 56. Td8 Kc2 57. Tc8+ Kd1
Weiß gab auf.

Einschätzung der Stellung:
Die Partie hat sich bereits dem Endspiel genähert. Schwarz opferte einen Bauern, um durch die Ablenkung der gegnerischen Zentrumsbauern stärkeren Einfluß auf das Zentrum zu gewinnen. Weiß kann die Kontrolle über das Feld d5 nicht mehr aufrechterhalten, und so kommen die schwarzen Zentrumsbauern in Bewegung. Für den Nachziehenden sprechen das Läuferpaar, wie auch die unsichere Stellung des weißen Königs. Trotz des reduzierten Figurenmaterials tauchen Drohungen gegen den weißen König auf. Schwarz hat ausreichende Kompensation für den geopferten Bauern, er steht besser.

| 20. | ...     | f7-f5  |
|-----|---------|--------|
| 21. | Le4-f3  | e5-e4  |
| 22. | Lf3-h5+ | Ke8-d8 |
| 23. | Sd5-c3  | a6xb5  |

| 24. | Sc3xb5 | Tc8-c5 |
| 25. | Sb5-c3 | d6-d5 |

Soweit war die Partiefolge recht zwangs-
läufig. Schwarz erreichte sein Ziel, die
Vorwärtsbewegung der Zentrumsbauern.

| 26. | Kd1-c2? | ... |

Der König läuft nach der falschen Seite,
am Damenflügel ist er ständigen Drohungen ausgesetzt. Besser war 26. Ke2 d4
27. Thd1 d3+ 28. Kf1.

| 26. | ... | d5-d4 |
| 27. | Ta1-d1 | d4-d3+ |
| 28. | Kc2-b1 | Kd8-e7 |

Nun zeigen die langschrittigen schwarzen Figuren ihre volle Wirkung gegen den
weißen König. Auffällig ist hier, wie die
weißen Figuren durch das schwarze
Bauernzentrum in ihrer Bewegungsfreiheit gehemmt werden. Beispielsweise
hat der weiße Läufer keinen Zug zur Verfügung.

| 29. | Kb1-a1 | Th8-a8 |
| 30. | a2-a3 | ... |

Auch nach anderen Zügen ist die weiße
Königsstellung nicht zu halten. Es drohte
30. ... Txc3 31. bc3 Txa2+ 32. Kb1 Tc2
nebst La2+ und Lg7.

| 30. | ... | Tc8xc3 |
| 31. | b2xc3 | Ta8xa3+ |
| 32. | Ka1-b1 | Ta3-b3+ |
| 33. | Kb1-a1 | Tb3xc3 |
| 34. | Td1-b1 | Lh6-g7 |
| 35. | Ka1-b2 | Tc3-c2+ |
| 36. | Kb2-a3 | Lg7-c3 |

Mit Mattdrohungen erobert Schwarz die
Qualität wieder zurück. Damit verwan-
delt er seinen Positionsvorteil in Materialvorteil. Schwarz steht auf Gewinn.

| 37. | Ka3-a4 | Le6-c4 |
| 38. | Tb1-b3 | Lc4xb3+ |
| 39. | Ka4xb3 | Lc3-d4 |
| 40. | Th1-f1 | ... |

Nach 40. f3 e3 wären die schwarzen
Bauern nicht mehr zu halten.

| 40. | ... | Ld4xf2 |

| 41. | Lh5-d1 | Tc2-d2 |
| 42. | Kb3-c3 | e4-e3 |
| 43. | Ld1-f3 | e3-e2! |
| 44. | Tf1xf2 | Td2-c2+ |

Nicht 44. ... e1D 45. Txd2 mit Ausgleich.

| 45. | Kc3xd3 | e2-e1S+ |

Weiß gab auf.
Auf 46. Ke3 folgt 46. ... f4+.

## Partie Nr. 50

**Matulović – Krnić**, Jugoslawien 1982
1. e4 c5 2. Sf3 e6 3. d4 cd4 4. Sxd4 Sf6
5. Sc3 Lb4 6. e5 Sd5 7. Dg4 0–0 8. Lh6
g6 9. Lxf8 Dxf8 10. Dg3 Sc6 11. Sxc6 bc6
12. a3 La5 13. b4 Lc7 14. Sxd5 cd5
15. Dc3 Lb6 16. Ld3 Dg7 17. 0–0 Lb7
18. Tae1 d6 19. Da1 de5 20. Dxe5 Dxe5
21. Txe5 Ld4 22. Te2 Tc8 23. Td1

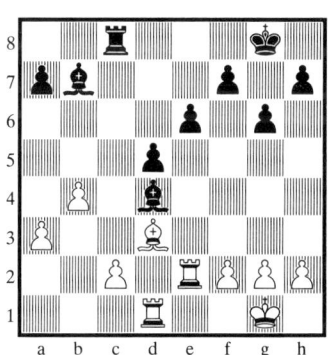

Einschätzung der Stellung:
Weiß besitzt eine Qualität mehr. Doch Schwarz verfügt über das Läuferpaar, außerdem hat er die Bauernmehrheit im Zentrum. Die Zentrumsbauern sind beweglich, sie engen die weißen Figuren in ihrer Wirkung ein. Insgesamt gesehen hat Schwarz mit dem Läuferpaar, dem Bauernzentrum und der aktiven Figurenstellung ausreichende Kompensation für die Qualität.
Die Stellung ist etwa ausgeglichen.

| 23. | ... | e6-e5 |
| 24. | Kg1-f1 | Ld4-c3 |
| 25. | f2-f3 | f7-f5 |
| 26. | Ld3-b5 | Kg8-f7 |
| 27. | Td1-d3 | ... |

Weiß findet keinen Betätigungsraum für seine Türme, er denkt bereits an das Rückopfer der Qualität. Falls Weiß nichts unternimmt, vergrößert Schwarz seinen Raumvorteil mit Kf6, d4 und e4.

| 27. | ... | Kf7-f6 |
| 28. | Te2-e3 | d5-d4 |
| 29. | Td3xc3 | d4xc3 |
| 30. | Te3-d3 | Tc8-c7 |

Mit der Rückgabe der Qualität hat Weiß die Lage geklärt. Bei Materialgleichheit ist die Stellung ausgeglichen.

| 31. | Td3-d7?? | ... |

In Zeitnot greift Weiß fehl, das gleichfarbige Läuferendspiel ist für Schwarz gewonnen.
Richtig war 31. Td8 mit gleichen Chancen. Der Rest der Partie ist für unser Thema nicht mehr interessant.
Es folgte noch: 31. ... Txd7 32. Lxd7 f4 33. b5 Ld5 34. Lc6 Lc4+ 35. Ke1 Ke7 36. a4 Kd6 37. Le8 g5 38. g3 Kc5 39. gf4 ef4 40. Ld7 Kb4 41. Lc6 h5 42. Le8 Ld5 43. Ke2 g4 44. fg4 hg4 45. Kf2 Le4 46. Ld7 Lxc2 47. Lxg4 Lxa4 48. Ke2
Weiß gab auf.

## Partie Nr. 51

**Smyslow – Keres**, Zagreb 1959
1. d4 Sf6 2. c4 e6 3. Sc3 Lb4 4. e3 0–0 5. Ld3 d5 6. Sf3 c5 7. 0–0 b6 8. cd5 ed5 9. dc5 bc5 10. Sa4 Sbd7 11. b3 Sb6 12. Sb2 Lg4

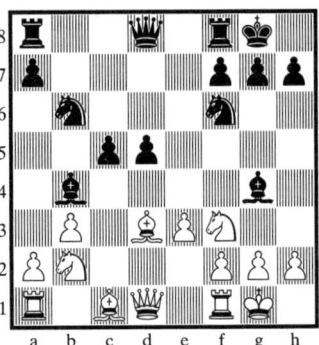

Einschätzung der Stellung:
Mit den beweglichen Bauern hat Schwarz Einfluß auf das Zentrum. Schwarz ist gut entwickelt, und seine Figuren sind harmonisch aufgestellt. Weiß hat noch Probleme mit der Entwicklung seiner Figuren (Sb2, Lc1), die Aufstellung der Figuren mit Le2, Sd3 und Lb2 kostet einige Zeit. Schwarz hat mehr Raum, er steht besser.

| 13. | Dd1-c2 | Lg4xf3 |
| 14. | g2xf3 | d5-d4 |

Nach der Schwächung des weißen Königsflügels greift Schwarz den Nachbarn des Doppelbauern an. Schwarz vergrößert seinen Raum und erobert für seinen Läufer das Feld c3. Gleichzeitig werden die Felder vor den Zentrumsbauern geschwächt. Eine interessante Fortsetzung wäre hier das Bauernopfer 14. ... c4 15. bc4 Tc8 gewesen, um den schwarzen Entwicklungsvorsprung zu nutzen.

| 15. | Kg1-h1 | ... |

Der Anziehende will die halboffene g-Linie nutzen.

| | | | |
|---|---|---|---|
| 15. | ... | Lb4-c3 |
| 16. | Tf1-g1 | g7-g6 |
| 17. | e3-e4 | ... |

Dieser Zug ist früher oder später erzwungen, danach ist das Feld f4 geschwächt.

| 17. | ... | Sf6-h5 |
| 18. | Lc1-g5 | Dd8-c7 |

Besser wäre 18. ... Dd6 gewesen angesichts der später möglichen Fesselung des c-Bauern.

| 19. | Ta1-d1 | Sh5-f4 |
| 20. | Ld3-f1 | ... |

Nach 20. Lxf4 wären die schwarzen Felder zu sehr geschwächt.

| 20. | ... | Lc3xb2 |

Der Springer muß getauscht werden. Er hätte sonst gute Felder auf c4 oder d3, und der Läufer c3 stünde dann recht wirkungslos.

| 21. | Dc2xb2 | f7-f5 |
| 22. | b3-b4 | ... |

Weiß konnte hier mit 22. Dc1 die ungünstige schwarze Damenstellung auf c7 nutzen, z.B. 22. Dc1 fe4 23. Txd4. Der Textzug ist strategisch die richtige Idee, das schwarze Bauernzentrum zu zerschlagen.

| 22. | ... | f5xe4 |
| 23. | b4xc5 | Dc7xc5 |
| 24. | f3xe4 | d4-d3 |

Nach der Öffnung des Zentrums sind die Läufer den Springern vorzuziehen. Schwarz erzwingt daher den Tausch eines Läufers.

| 25. | Tg1-g4 | Sb6-c4 |
| 26. | Db2-c3 | Sf4-e6 |
| 27. | Lf1xd3 | Sc4-e5 |

Im Kampf des Springerpaares gegen das Läuferpaar haben die Springer gute Posten bezogen. Schwarz hält das Gleichgewicht.

| 28. | Dc3-b3 | Dc5-b6 |
| 29. | Ld3-c4 | Se5xc4 |
| 30. | Db3xc4 | Ta8-c8 |
| 31. | Dc4-d3 | ... |

Auch nach 31. Dd5 Tc5 32. Dd2 Txg5

33. Txg5 Sxg5 34. Dxg5 Dxf2 ist die Stellung ausgeglichen.

| 31. | ... | Db6xf2 |
| 32. | Tg4-g2 | Df2-f7 |
| 33. | Lg5-e3 | Se6-f4 |
| 34. | Le3xf4 | Df7xf4 |
| 35. | Dd3-d5+ | |

remis.

Die nächsten beiden Partien besitzen strategisch einen ähnlichen Verlauf. Nach dem erfolgreichen Verwirklichen des Vorstoßes e3-e4 zieht Weiß den Bauern nach e5 und erhält Raumvorteil am Königsflügel.

In der folgenden Partie verwertet Weiß seinen Raumvorteil zum Königsangriff.

### Partie Nr. 52

**Kotow – Unzicker**, Stockholm 1952
1. d4 Sf6 2. c4 e6 3. Sc3 Lb4 4. e3 d5
5. a3 Lxc3+ 6. bc3 c5 7. cd5 ed5 8. Ld3
0–0 9. Se2 b6 10. 0–0 La6 11. Lxa6 Sxa6
12. f3 Sb8 13. Dd3 Te8 14. Sg3 Sc6
15. Lb2 Tc8 16. Tae1 h6 17. e4 cd4
18. cd4 de4 19. fe4

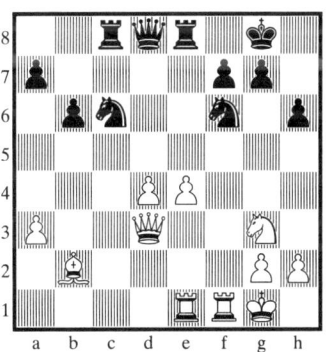

Einschätzung der Stellung:
Weiß hat den stellungsgerechten Vorstoß des e-Bauern erfolgreich durchge-

setzt. Nach dem zweifachen Bauerntausch ist er im Besitz der beweglichen
Zentrumsbauern. Diese Bauern sichern
ihm Raumvorteil. Hinter diesen Bauern
kann Weiß seine weiteren Pläne vorbereiten – den Angriff auf den schwarzen
König. Dabei wird der Springer auf f5
prächtig stehen.
Schwarz hat keine Möglichkeit eines Ge-
genspiels gegen das gewaltige Bauernzentrum. Weiß steht überlegen.

| | | |
|---|---|---|
| 19. | ... | Sc6-e5 |
| 20. | Dd3-d1 | Se5-c4 |
| 21. | Lb2-c1 | Sf6-h7 |
| 22. | e4-e5! | ... |

Mit dem Zug h7-h6 wurden die Bauern
g7 und h6 die Angriffspunkte für die weißen Operationen. Nach 22. e5 sind die
weißen Bauern zwar unbeweglich geworden, doch Weiß erzielte weiteren
Raumgewinn, und das Feld e4 kann der
weiße e-Turm nutzen, um zum Königsflügel zu schwenken. Weiß hat bereits
eine strategische Gewinnstellung.

| | | |
|---|---|---|
| 22. | ... | Te8-e6 |
| 23. | Te1-e4 | Sh7-f8 |
| 24. | Sg3-f5 | ... |

Im Schutz des weißen Bauernzentrums
läuft der weiße Angriff auf vollen Touren.
Bald sind alle weißen Figuren am Königsangriff beteiligt.

| | | |
|---|---|---|
| 24. | ... | Kg8-h8 |
| 25. | Dd1-h5 | Tc8-c7 |
| 26. | Te4-h4 | ... |

Nun ist die Angriffsmarke h6 von vier
weißen Figuren angegriffen. Weiß steht
nur noch vor der angenehmen Wahl, ob
er ein Figurenopfer auf g7 oder auf h6 an-
bringen soll.

| | | |
|---|---|---|
| 26. | ... | Sf8-h7 |
| 27. | Sf5xg7! | ... |

Der taktisch schöne Abschluß einer
überlegenen Spielführung. Schwarz hat
keine Verteidigung mehr.

| | | |
|---|---|---|
| 27. | ... | Kh8xg7 |
| 28. | Lc1xh6+ | Kg7-g8 |

| | | |
|---|---|---|
| 29. | Th4-g4+ | Te6-g6 |
| 30. | e5-e6 | |

Schwarz gab auf.

## Partie Nr. 53

**Portisch – Panno**, Wijk aan Zee 1978
1. d4 Sf6 2. c4 e6 3. Sc3 Lb4 4. e3 c5
5. Ld3 0–0 6. Sf3 d5 7. 0–0 b6 8. cd5 ed5
9. Se5 Lxc3 10. bc3 La6 11. f3 Te8
12. Te1 Sfd7 13. Lxa6 Sxa6 14. Sd3

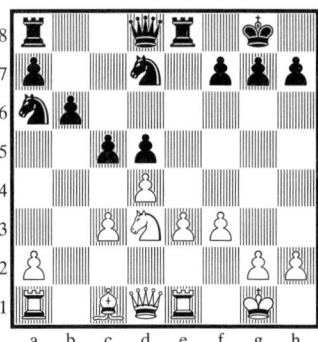

Einschätzung der Stellung:
Weiß strebt wiederum den Bauernvor-
stoß e3-e4 an. Aus diesem Grund war er
nicht bereit, den Springer zu tauschen.
Dieser wird benötigt, um von f2 aus den
Bauernvorstoß zu unterstützen.
Die schwarzen Springer stehen ungün-
stig, so kann Weiß mühelos den Vorstoß
e3-e4 durchsetzen.
Weiß steht besser.

| | | |
|---|---|---|
| 14. | ... | Sd7-f6 |

Nach 14. ... f5 15. Sf4 Sc7 16. Dd3 g6
17. c4 kann Weiß vorteilhaft öffnen.

| | | |
|---|---|---|
| 15. | Sd3-f2 | Sa6-c7 |
| 16. | e3-e4 | Sc7-e6 |

Nach 16. ... cd4 17. cd4 de4 18. fe4 steht
Weiß mit seinen beweglichen Zentrumsbauern überlegen. Schwarz verzichtet

auf die Öffnung, doch Weiß erzielt auch nun im Zentrum ein deutliches Überge-wicht.

17. e4-e5        Sf6-d7
18. Dd1-d3       ...

Auf 18. f4 antwortet Schwarz 18. ... f5.

18. ...          Dd8-h4
19. Lc1-e3       ...

Schlecht ist der Bauerngewinn 19. dc5 Sdxc5 20. Dxd5 wegen 20. ... Ted8 21. Dc6 Dc4 mit der Drohung 22. ... Tac8.

19. ...          Ta8-c8
20. g2-g3        Dh4-h5
21. f3-f4        f7-f5

Schwarz steht zwar schlechter, doch bessere Verteidigungchancen bot 21. ... c4 22. Dc2 f5 oder 21. ... cd4 22. Lxd4 f5. Nun gewinnt Weiß einen wichtigen Zentrumsbauern.

22. d4xc5        Sd7xc5
23. Dd3xd5       Te8-d8
24. Dd5-c4       Kg8-f7

Schwarz sollte besser mit 24. ... Df7 seine Dame zurückbringen.

25. Le3xc5       Tc8xc5
26. Dc4-a4       Tc5-c7
27. Ta1-d1       Td8xd1
28. Te1xd1       Kf7-e7

Im Ergebnis der Abwicklung im Zentrum eroberte Weiß einen Bauern und steht überlegen.
In der Partie folgte noch:
29. Td6 Df3 30. Db3 Sd8 31. Dg8 Sf7 32. Td3 De2 33. Dxg7 Dxa2 34. Df6+ Schwarz gab auf.

## Partie Nr. 54

**Aljechin – Yates,** New York 1924
1. d4 Sf6 2. c4 d6 3. Sc3 g6 4. e4 Lg7 5. f4 0–0 6. Sf3 Sc6 7. Le2 Sd7 8. Le3 e5 9. fe5 de5 10. d5 Scb8 11. c5!

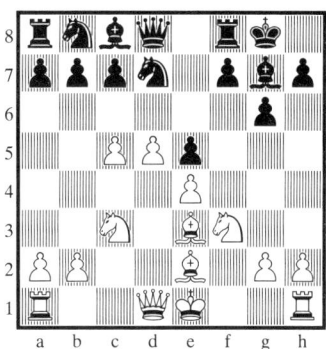

Einschätzung der Stellung:
Auf das königsindische Vierbauernspiel hat Schwarz fehlerhaft geantwortet, so konnte der Anziehende mit seinen Zen-trumsbauern ein deutliches Raumüber-gewicht erzielen. Diese Bauern sind schwer anzugreifen, da Schwarz außer-dem noch durch seine zurückgebliebene Entwicklung im Nachteil ist.
Strategisch hat Weiß erreicht, was zu er-reichen ist, er steht überlegen.

11. ...          a7-a5

Schwarz will gegen den Bauern c5 spie-len. Dies ist seine einzige Möglichkeit, ein Gegenspiel zu versuchen. Doch Weiß hat keine Schwierigkeit, den Bauern c5 zu schützen.

12. 0–0          Sb8-a6
13. Sc3-a4       Dd8-e7
14. Ta1-c1       h7-h6

Mit aktiver Verteidigung hat Weiß den c-Bauern geschützt und nebenbei Drohun-gen aufgestellt. Auch falls Schwarz die Qualität rettet, steht er auf verlorenem Posten, z.B. 14. ... Te8 15. Sg5 mit den Drohungen 16. Txf7 oder 16. d6 nebst 17. Lc4.

15. Le2xa6       ...

Weiß nimmt die Qualität. Er hätte auch die Möglichkeit gehabt, mit 15. Dd2 ei-nen Bauern zu gewinnen.

| | |
|---|---|
| 15. ... | Ta8xa6 |
| 16. c5-c6 | b7xc6 |
| 17. d5xc6 | Sd7-b8 |
| 18. Le3-c5 | De7-e8 |
| 19. Lc5xf8 | Lg7xf8 |
| 20. Sa4-c3 | ... |

So erobert Weiß auch einen Bauern für den nicht mehr zu haltenden Bauern c6.

| | |
|---|---|
| 20. ... | Ta6xc6 |
| 21. Sc3-d5 | ... |

Nun ist Schwarz mit der Deckung von c7, e5 und f6 überlastet.

| | |
|---|---|
| 21. ... | Tc6-d6 |
| 22. Tc1xc7 | Sb8-a6 |
| 23. Tc7-c3 | Sa6-b4 |
| 24. Sf3xe5 | ... |

Mit dieser Abwicklung wird die Lage übersichtlicher, und Weiß kann den Materialvorteil verwerten.

| | |
|---|---|
| 24. ... | Lc8-a6 |

Oder 24. ... Dxe5 25. Txc8.

| | |
|---|---|
| 25. Se5-c4 | La6xc4 |
| 26. Tc3xc4 | ... |

Damit ist der Mehrbesitz der Qualität gesichert.
Es folgte noch: 26. ... De5 27. Df3 f5 28. Sxb4 ab4 29. ef5 Tf6 30. De4 Lc5+ 31. Kh1 Txf5 32. Txf5
Schwarz gab auf.

### Partie Nr. 55

**Rajković – Gligorić**, Novi Sad 1979
1. c4 Sf6 2. Sc3 c5 3. Sf3 e6 4. e3 Sc6 5. d4 d5 6. a3 a6 7. cd5 ed5 8. Le2 cd4 9. Sxd4 Ld6 10. 0-0 0-0 11. Sxc6 bc6

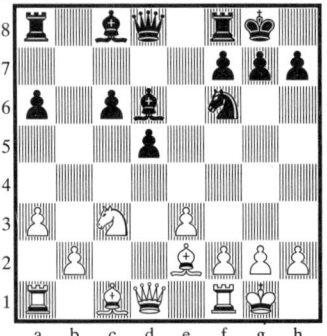

Einschätzung der Stellung:
Mit dem letzten Zug, dem Springertausch auf c6, hat der Nachziehende die beweglichen Bauern c6 und d5 erhalten. So sollte Weiß versuchen, die Bauern festzulegen. Das heißt, er muß das Feld c5 unter Kontrolle bekommen.
Schwarz seinerseits strebt nach der Herrschaft über die vor seinen Bauern liegenden Felder c5 und d4. Da Weiß seinen Plan nicht erfolgreich verwirklichen kann, ist die Stellung etwa ausgeglichen.

| | |
|---|---|
| 12. b2-b4 | a6-a5! |

Sonst kommt Weiß zum angestrebten Aufbau mit Sa4, Lb2 und Tc1.

| | |
|---|---|
| 13. b4-b5 | Ld6-e5 |

Schwarz hat vollwertiges Gegenspiel durch den Druck auf den unentwickelten weißen Damenflügel.

| | |
|---|---|
| 14. Lc1-b2 | c6xb5 |
| 15. Le2xb5? | ... |

Besser war 15. Db3. Nun nutzt der Nachziehende die hängende Stellung der weißen Figuren aus.

| | |
|---|---|
| 15. ... | Dd8-c7 |
| 16. Ta1-c1 | Dc7-b8! |

Damit stellt Schwarz gleichzeitig Drohungen auf beiden Flügeln auf: 17. ... Lxc3 und 17. ... Lxh2+. Schwarz steht besser. Aus den hängenden Bauern ist ein isolierter Bauer geworden, der ebenfalls nicht blockiert werden kann.

| | |
|---|---|
| 17. Tc1-b1 | d5-d4 |
| 18. Lb5-c6 | ... |

Auf 18. ed4 folgt 18. ... Lxh2+ 19. Kh1 Df4 nebst 20. ... Dh4 bzw. 20. ... Dh6.

| | |
|---|---|
| 18. ... | Ta8-a6! |

Auch nach 18. ... dc3 19. Lxc3 Lxc3 20. Txb8 Txb8 steht Schwarz besser. Doch die Textfortsetzung ist nachhaltiger, der Turm wird in den Königsangriff mit einbezogen.

| | |
|---|---|
| 19. Sc3-d5 | Sf6xd5 |
| 20. Lb2xd4 | ... |

Das Zentrum ist nun offen. Durch die aktive Stellung der schwarzen Figuren wird der Partieausgang entschieden.

| 20. | ... | Le5xh2+ |

Auch 20. ... Dd6 gewann leicht.

| 21. | Kg1-h1 | Db8-d6 |
| 22. | Lc6xd5 | Dd6-h6 |

Der Abzugsangriff des Läufers ist nun vernichtend. Schwarz verstärkt die Stellung noch weiter und bringt den Damenturm zum Königsangriff.

| 23. | Tf1-e1 | Dh6-h4 |
| 24. | Dd1-c2 | Ta6-h6 |

Weiß gab auf.

### Partie Nr. 56

**Spragett – Browne**, USA 1979

1. d4 Sf6 2. c4 e6 3. Sf3 b6 4. Sc3 Lb7 5. a3 d5 6. Lg5 Le7 7. e3 0–0 8. Tc1 Sbd7 9. cd5 ed5 10. Ld3 c5 11. 0–0 a6 12. Lb1 Te8 13. Te1 Se4 14. Lxe7 Dxe7 15. dc5 Sxc3 16. Txc3 bc5

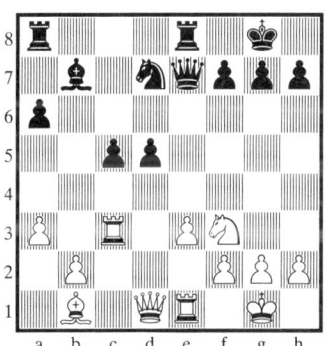

Einschätzung der Stellung:

Schwarz ist im Besitz der beweglichen Zentrumsbauern. Er hat damit Einfluß auf die Zentrumsfelder, und gleichzeitig muß Weiß immer mit dem Vorstoß d5-d4 rechnen.

Weiß hat eine gesunde Bauernstellung. Er kann den Druck auf die hängenden Bauern nicht derart verstärken, daß Schwarz zu einer Schwächung gezwun-

gen wird. Die Isolierung der beweglichen Bauern ist mit 17. b4 nicht zu erzielen, da Schwarz mit 17. ... d4! antworten kann. Die Stellung ist etwa ausgeglichen.

| 17. | Dd1-d3 | ... |

17. b4 d4! 18. Td3 (18. ed4? Lxf3) 18. ... Lxf3.

| 17. | ... | g7-g6 |
| 18. | Te1-c1? | ... |

Dieser Turm steht auf d1 besser, zumal Weiß immer mit d5-d4 rechnen muß.

| 18. | ... | Ta8-d8 |
| 19. | h2-h3 | ... |

Weiß erkennt die Probleme mit seiner Grundreihe, auf 19. b4 folgt 19. ... d4 20. ed4 Lxf3.

| 19. | ... | d5-d4! |

Die schwarzen Figuren stehen aktiv, damit ist der Zeitpunkt zur Öffnung des Spiels gegeben. Gleichzeitig besteht auch die Notwendigkeit des Bauernvorstoßes, da sonst Weiß zu b2-b4 kommt und die hängenden Bauern entwertet.

| 20. | e3xd4 | Lb7xf3 |
| 21. | Dd3xf3 | c5xd4 |
| 22. | Tc3-c7 | Sd7-e5 |
| 23. | Df3-g3 | ... |

Auch nach 23. Db7 Df6 steht Schwarz besser.

| 23. | ... | De7-e6 |
| 24. | Lb1-d3 | ... |

Der schwarze Freibauer ist eine Macht geworden. Er beschäftigt die weißen Figuren. Weiß kann ihn auch nicht mit 24. f4 aufhalten, es folgt 24. ... d3! 25. fe5 d2 26. Td1 Db6+.

| 24. | ... | De6-b3! |
| 25. | Ld3xa6 | d4-d3 |
| 26. | f2-f4 | Db3xb2 |
| 27. | Dg3-f2 | Se5-f3+! |
| 28. | g2xf3 | ... |

Oder 28. Dxf3 d2 29. Td1 Db6+.

| 28. | ... | Te8-e2 |

Weiß gab auf.

Auf 29. Df1 folgt 29. ... Dd4+ 30. Kh1 Dxf4 bzw. 29. Dg3 d2 30. Td1 Db6+.

## Partie Nr. 57

**Bernat – Browne**, Buenos Aires 1979
1. d4 Sf6 2. c4 e6 3. Sf3 b6 4. a3 Lb7
5. Sc3 d5 6. cd5 ed5 7. Lf4 Ld6 8. Lxd6
Dxd6 9. Tc1 a6 10. g3 0–0 11. Lg2 Sbd7
12. 0–0 c5 13. Te1 Tfe8 14. e3 Lc6
15. dc5 bc5

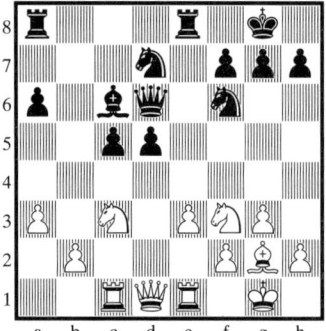

Einschätzung der Stellung:
Schwarz ist im Besitz der beweglichen
Zentrumsbauern. Weiß kann diese Bauernstellung nicht entwerten. Auch bei
dem Angriff auf den Bauern c5 mit Sc3-
a4 kann sich Schwarz mit Lc6xa4 verteidigen. So hat Schwarz das Zentrum besser unter Kontrolle. Der Anziehende muß
ständig die Drohung d5-d4 beachten. In
den folgenden Zügen verbessern beide
Seiten ihre Figurenaufstellung für den
Kampf um das Zentrum.
Schwarz hat die Initiative, er steht besser.

16. Dd1-c2        Ta8-c8
17. Te1-d1        Dd6-b8!
18. Td1-d2        Db8-b7

Die Dame verstärkt den Druck auf der
langen Diagonalen. Damit taucht die
Drohung d5-d4 ernsthaft auf.

19. Dc2-d1        d5-d4!

Schwarz tauscht einen Zentrumsbauern

gegen den Bauern b2. Die dadurch entstehende Stellung mit offenem Zentrum
ist für den Nachziehenden günstig, da
seine Figuren aktiver stehen.

20. e3xd4        c5xd4
21. Td2xd4        Db7xb2
22. Td4-d2        Db2xa3(?)

Richtig war 22. ... Lxf3 23. Lxf3 Dxa3,
und Schwarz steht klar überlegen.

23. Td2-a2        Da3-b4
24. Ta2xa6        Lc6xf3
25. Dd1xf3        Sd7-e5

Weiß hat Sorgen mit seinen ungedeck-
ten, verstreut stehenden Figuren.

26. Df3-e3        ...

Nach 26. Df4 Dxf4 27. gf4 Sd3 steht
Schwarz auf Gewinn.

26. ...        Sf6-g4
27. De3-e4        Db4-b3
28. De4-c2        Db3-b4
29. Ta6-a4        ...

Nach einer Zugwiederholung mit 29. De4
Db3 30. Dc2 müßte sich Schwarz auf
30. ... Dxc2 31. Txc2 Sd3 einlassen. Auf
29. h3 folgt 29. ... Sxf2 30. Kxf2 Dd4+
31. Kf1 Sd3.

29. ...        Db4-c5
30. Ta4-f4        ...

Es drohte 30. ... Sxf2 31. Dxf2 Dxf2+
32. Kxf2 Sd3+.

30. ...        Sg4-f6
31. Dc2-d1        Te8-d8
32. Dd1-f1        Se5-d3

Weiß gab auf.

## Partie Nr. 58

**Barcza – Golombek**, Stockholm 1952
1. c4 Sf6 2. d4 e6 3. Sf3 b6 4. e3 Lb7
5. Ld3 Le7 6. 0–0 0–0 7. Sc3 d5 8. b3 c5
9. De2 cd4 10. ed4 Sc6 11. Tfd1 Tc8
12. Lb2 Te8 13. Tac1 dc4 14. bc4 Dc7

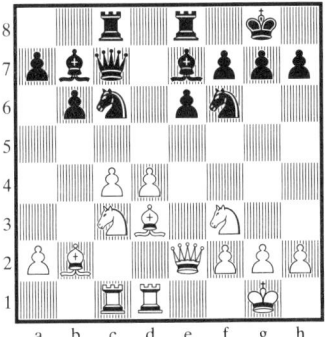

Einschätzung der Stellung:
Weiß hat seine Figuren günstig aufgestellt, die Stellung ist reif zur Öffnung. Beide Seiten müssen die Dame-Turm-Gegenüberstellung beachten.
Nach der Öffnung durch d4–d5 erzwingt Weiß den Tausch des Springers c3 gegen den Springer f6. Damit wird der schwarze Königsflügel geschwächt, und beide weißen Läufer bedrohen den schwarzen König.
Weiß steht besser.

15. d4-d5!     e6xd5
16. Sc3xd5!     ...

So wird früher oder später der wichtige Verteidigungsspringer f6 getauscht.

16. ...     Dc7-b8

16. ... Dd8? 17. Sxf6+ Lxf6 18. Lxh7+ Kxh7 19. Dc2+.

17. De2-d2     ...

Stärker war der ruhige Zug 17. Lb1 mit der Drohung 18. Lxf6 nebst Dd3. Auf 17. ... Sxd5 18. cd5 Lf6 gewinnt Weiß mit 19. Dc2 Lxb2 20. dc6 Lxc1 21. Dxh7+ Kf8 22. Dh8+ Ke7 23. Td7+ Kf6 24. Dh4+ nebst Matt.

17. ...     Sf6xd5
18. c4xd5     Sc6-b4
19. Ld3-e4     Tc8xc1
20. Td1xc1     Te8-d8

Auch andere Züge können die Stellung nicht mehr halten. Auf 20. ... Lf8 21. Sg5 muß Schwarz die Qualität opfern mit 21. ... Txe4; denn 21. ... h6 22. Lh7+ Kh8 23. Lf5 hg5 (23. ... Kg8 24. Sxf7) 24. Dxg5 verliert schnell.

21. Dd2-d4     f7-f6

Auf 21. ... Lf8 entscheidet das Läuferopfer auf h7 mit 22. Lxh7+ Kxh7 23. Dh4+ Kg8 24. Sg5.

22. Le4xh7+     Kg8xh7
23. Dd4-e4+     Kh7-g8
24. De4xe7     Sb4xd5

Schwarz hätte nur mit der Rückgabe einer Figur den Verlust verzögern können.

25. De7-e6+     Kg8-h8
26. De6-h3+     Kh8-g8
27. Sf3-g5!     f6xg5
28. Dh3-e6+

Schwarz gab auf.
Er wird nach 28. ... Kh7 29. Df7 Tg8 30. Dh5 matt.

## Partie Nr. 59

**Stahlberg – Szabo**, Helsinki 1952
1. Sf3 Sf6 2. c4 e6 3. Sc3 d5 4. d4 c5
5. cd5 Sxd5 6. e3 Sc6 7. Lc4 cd4 8. ed4
Sxc3 9. bc3 Le7 10. 0–0 0–0 11. De2 b6
12. Td1 Sa5 13. Ld3 Lb7 14. Lf4 Dd5

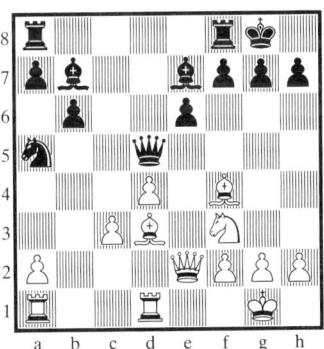

Einschätzung der Stellung:
Mit den beweglichen c- und d-Bauern hat Weiß die bessere Kontrolle über die Zentrumsfelder. Schwarz muß die Möglichkeiten des Vorwärtsbewegens ständig beachten. Neben der Vorherrschaft im Zentrum hat der Anziehende sich bereits auf den gegnerischen Königsflügel orientiert, zumal der wichtige Springer f6 fehlt.
Weiß steht besser.

| 15. | Ta1-b1 | ... |

Weiß droht 16. Tb5 nebst Th5.

| 15. | ... | Lb7-c6 |
| 16. | Lf4-e5 | Lc6-a4 |
| 17. | c3-c4! | ... |

Die Bauern geraten nun in Bewegung. Weiß hat dies mit einer schönen Kombination verbunden. Auf 17. ... Lxd1 folgt 18. Lxh7+ Kh8 (18. ... Kxh7? 19. Dd3+) 19. Txd1 und nun: 19. ... Dxc4 20. Ld3 Dd5 21. Sg5 Lxg5 22. Dh5+ oder 19. ... Dd7 20. Lxg7+ Kxg7 21. Se5 Dc7 22. Dg4+ Kxh7 23. Td3 oder 19. ... Sxc4 20. Le4 Db5 21. Sg5.

| 17. | ... | Dd5-d7 |
| 18. | Td1-d2 | Sa5-c6 |

Schwarz hätte 18. ... g6 spielen sollen. Mit dem Textzug fordert er den Vorstoß d4-d5 geradezu heraus.

| 19. | d4-d5! | Sc6xe5 |
| 20. | Sf3xe5 | Dd7-d6 |
| 21. | c4-c5! | ... |

Auch der andere Bauer marschiert. Er macht die 4. Reihe frei, auf 21. ... Dxc5 folgt 22. De4 mit dem Blick nach h7 und a4.

| 21. | ... | b6xc5 |
| 22. | Se5xf7! | Tf8xf7 |
| 23. | d5xe6 | ... |

Nun sind die folgenden Drohungen vorhanden: 24. Lxh7+, 24. ef7+ und 24. De4.

| 23. | ... | Kg8-f8 |
| 24. | e6xf7 | Ta8-d8 |
| 25. | Tb1-e1 | Td8-d7 |

| 26. | De2-e4 | Dd6-h6 |
| 27. | Td2-b2 | |

Schwarz gab auf.

## Partie Nr. 60

**Szabo – Keres**, Helsinki 1952
1. d4 Sf6 2. c4 e6 3. Sc3 Lb4 4. e3 d5 5. a3 Le7 6. Sf3 0–0 7. Ld3 b6 8. 0–0 c5 9. b3 Sc6 10. Lb2 cd4 11. ed4 La6 12. Tc1 Tc8 13. Sb5 Lb7 14. Te1 Te8 15. Sc3 Lf8 16. Se2 Se4 17. Sg3 Sxg3 18. hg3

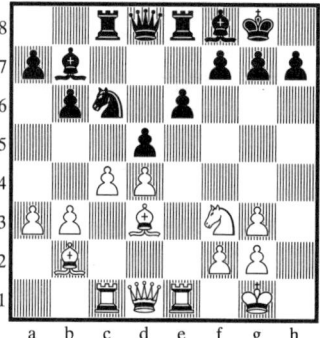

Einschätzung der Stellung:
Schwarz hat sich gut aufgebaut und leicht den Ausgleich erzielt. Er sollte mit 18. ... g6 fortsetzen.
Doch nach dem Textzug 18. ... dc4 verschafft er dem Anziehenden bewegliche Zentrumsbauern. Danach steht Weiß deutlich besser. Das Läuferpaar schafft Drohungen am schwarzen Königsflügel. Außerdem droht ständig der Vorstoß d4-d5.

| 18. | ... | d5xc4 |
| 19. | b3xc4 | Sc6-b8 |

Auf 19. ... g6 folgt auch der Bauernvorstoß, z.B. 20. d5! ed5 21. Txe8 Dxe8 22. cd5 Sa5 23. Txc8 Lxc8 24. Lxg6 fxg6

25. Dd4 mit starkem Angriff.

20. d4-d5! ...

Trotz der nochmaligen Überdeckung von d5 erfolgt der Vorstoß. Die Aktion im Zentrum wird begünstigt durch die Anfälligkeit des schwarzen Königsflügels.

20. ... Sb8-d7

Das Schlagen auf d5 verliert schnell: 20. ... ed5 21. Txe8 Dxe8 22. Lxh7+ Kxh7 23. Dd3+ Kh6 (23. ... De4? Sg5+; 23. ... g6 24. Dd4 Lh6 25. Sg5+) 24. Te1 Dd8 25. Lc1+.

21. d5xe6 Te8xe6
22. Te1xe6 f7xe6
23. Dd1-c2 Lb7xf3

Auch mit anderen Zügen ist die Stellung nicht zu retten: 23. ... g6 24. Lxg6 oder 23. ... h6 24. Lh7+ Kh8 25. Sh4 Sf6 26. Sg6+ Kxh7 27. Sxf8+ Kg8 28. Sxe6.

24. Ld3xh7+ Kg8-h8
25. g2xf3 Tc8-c5
26. Kg1-g2 Tc5-h5
27. Lh7-g6 Th5-h6
28. Tc1-d1 Dd8-g5
29. Lg6-e8 Sd7-e5
30. Dc2-e4 ...

Nicht 30. f4? De7.

30. ... Dg5-e7
31. Le8-a4 Se5-f7
32. Td1-d7 De7-c5

Auch 32. ... De8 33. Txa7 gewinnt.

33. Td7xf7 Kh8-g8
34. Tf7-f4 Lf8-d6
35. Tf4-h4

Schwarz gab auf.

Diese Partie zeigte nochmals die Verbindung der Vorherrschaft im Zentrum mit dem Angriff auf einem Flügel (Königsflügel). Die Öffnung des Zentrums begünstigt dabei diejenige Partei, deren Figuren aktiver stehen.

**Partie Nr. 61**

**Kasparow – Gheorghiu**, Moskau 1982
1. d4 Sf6 2. c4 e6 3. Sf3 b6 4. a3 Lb7 5. Sc3 d5 6. cd5 Sxd5 7. Dc2 c5 8. e4 Sxc3 9. bc3 Le7 10. Lb5+ Lc6 11. Ld3 Sd7 12. 0–0 h6

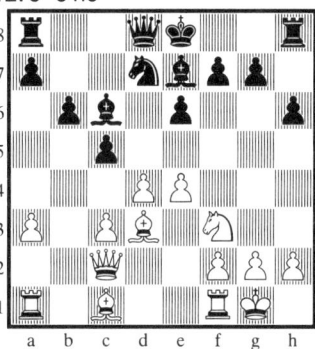

Einschätzung der Stellung:

Gegen die beweglichen weißen Zentrumsbauern hat der Nachziehende noch den e-Bauern gegenstehen. Weiß hat mehr Raum. Er ist auch besser entwickelt, da Schwarz mit h7-h6 Zeit verlor. Der schwarze König steht noch in der Mitte, Weiß kann diesen Umstand nur bei einer sofortigen Öffnung des Zentrums nutzen.

Weiß steht besser.

13. Tf1-d1! ...

Damit wird die Drohung d4-d5 verstärkt.

13. ... Dd8-c7

Auf die Rochade (13. ... 0–0) folgt 14. d5 ed5 15. ed5 Lb7 16. c4 mit besserer Stellung für Weiß. Falls Schwarz auf d4 schlägt, bleibt Weiß auch im Vorteil, z.B. 13. ... cd4 14. Sxd4 Lb7 15. Lb5 bzw. 13. ... cd4 14. Sxd4 Dc7 15. Sxc6 Dxc6 16. De2.

14. d4-d5! ...

Ohne zu zögern öffnet Weiß das Spiel mit dem Vorstoß des Zentrumsbauern. Mit dem Opfer des d-Bauern werden die d- und die e-Linie geöffnet.

| 14. | ... | e6xd5 |
|---|---|---|
| 15. | e4xd5 | Lc6xd5 |
| 16. | Ld3-b5 | a7-a6 |

Auf 16. ... Lc6 folgt 17. Lf4! Db7 18. Lxc6
Dxc6 19. Te1, und Weiß steht überlegen.

| 17. | Lc1-f4! | ... |
|---|---|---|

17. Lxd7 Dxd7 18. c4 Le4! bringt nichts
ein. Nun bricht der Sturm los, der König
wird herausgetrieben.

| 17. | ... | Dc7xf4 |
|---|---|---|

Auf 17. ... Db7 gewinnt 18. Lxd7+ Dxd7
19. c4 Dg4 20. Txd5 Dxf4 21. Te1 Ta7
22. Se5 Tc7 23. Sg6! fg6 24. Dxg6+ Df7
25. Td8+ (Kasparow).

| 18. | Lb5xd7+ | Ke8xd7 |
|---|---|---|
| 19. | Td1xd5+ | Kd7-c7 |

Besser war 19. ... Kc8.

| 20. | Ta1-e1 | Le7-d6 |
|---|---|---|

Auf 20. ... Lf6 folgt 21. Te4 mit Damen-
fang.

| 21. | Td5-f5 | Df4-c4 |
|---|---|---|
| 22. | Te1-e4 | Dc4-b5 |

Damit wird die Dame von der Deckung
des Bauern f7 verdrängt. Nun dringen
die Türme vernichtend ein.

| 23. | Tf5xf7+ | Kc7-b8 |
|---|---|---|
| 24. | Te4-e6 | Th8-d8 |
| 25. | c3-c4 | Db5-c6 |

Oder 25. ... Da5 26. De4 Ta7 27. Txd6.

| 26. | Sf3-e5 | Dc6-c8 |
|---|---|---|
| 27. | Dc2-b1! | |

Schwarz gab auf.

## Partie Nr. 62

**Kasparow – Najdorf**, Bugojno 1982
1. d4 Sf6 2. c4 e6 3. Sf3 b6 4. a3 Lb7
5. Sc3 d5 6. cd5 Sxd5 7. e3 Le7 8. Lb5+
c6 9. Ld3 Sxc3 10. bc3 c5 11. 0-0 Sc6
12. e4 0-0 13. Le3 cd4 14. cd4 Tc8

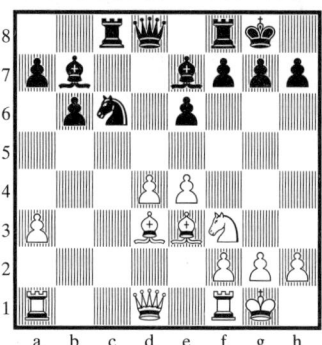

Einschätzung der Stellung:
Mit den beiden Zentrumsbauern d4 und
e4 hat Weiß die bessere Kontrolle über
das Zentrum. So muß Schwarz immer
mit dem Vorstoß d4-d5 rechnen. Nach
einem Bauernvorstoß wäre auch die
Bahn des weißfeldrigen Läufers nach h7
geöffnet. Schwarz besitzt die Bauernmehrheit am Damenflügel, die aber erst
im Endspiel zur Geltung gebracht werden kann.
Weiß steht geringfügig besser.

| 15. | Dd1-e2 | Sc6-a5 |
|---|---|---|
| 16. | Tf1-e1 | Dd8-d6 |

Besser war 16. ... Kh8. Mit dem Textzug
kommt Schwarz den Absichten des Anziehenden entgegen. Mit einer für diese
Stellung typischen Form des Bauern-
opfers (Vorstoß und Vorbeiziehen des
Nachbarbauern) baut Weiß seinen Vorteil aus.

| 17. | d4-d5! | e6xd5 |
|---|---|---|
| 18. | e4-e5 | Dd6-e6 |
| 19. | Sf3-d4 | De6xe5 |
| 20. | Sd4-f5 | Le7-f6 |

Die weißen Figuren waren für das Öffnen
gut vorbereitet. Neben den taktischen
Drohungen richtet sich die Initiative ge-

gen den schwarzen Königsflügel. Auf
20. ... g6? folgt 21. Ld4 mit Gewinn.

21. De2-g4        Tc8-e8?

Schwarz spielt auf die Fesselung des
Läufers und den Angriff auf a1. Dieser
Versuch wird mit dem direkten Königsangriff widerlegt. Nach Kasparow war
die beste Möglichkeit des Nachziehenden 21. ... Dc3! 22. Se7+ Lxe7 23. Ld4
Dxd4 24. Dxd4 Lf6 25. Dg4 Lxa1
26. Txa1 mit leichtem weißen Vorteil.

22. Le3-d2        De5xa1

Auf 22. ... Dc7 gewinnt 23. Sh6+ Kh8
24. Txe8 Txe8 25. Df5 Te4 26. Lxe4 de4
27. Tc1 Sc4 28. Lg5.

23. Te1xa1        Lf6xa1

24. Sf5xg7!       La1xg7

Auch 24. ... Lc8 25. Se6+ Kh8 26. Df5
verliert.

25. Ld2-h6

Schwarz gab auf.


In der folgenden Partie wird ein Bauer
geopfert, um die Stellung zu öffnen. Der
Nachziehende sichert sich mit diesem
Opfer den Ausgleich.

**Partie Nr. 63**

**Kotow – Smyslow**, Venedig 1950
1. d4 d5 2. c4 c6 3. Sf3 Sf6 4. e3 g6
5. Sc3 Lg7 6. Ld3 0–0 7. 0–0 e6 8. b3
Sbd7 9. La3 Te8 10. Ld6 b6 11. Tc1 Lb7
12. h3 a6 13. De2 c5 14. cd5 ed5 15. dc5
Sxc5 16. Lxc5 bc5 17. Sa4

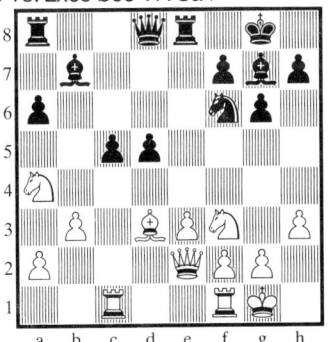

Einschätzung der Stellung:

Schwarz besitzt die beweglichen Zentrumsbauern. Mit dem direkten Angriff
auf den Bauern c5 wird Schwarz zur Erklärung gezwungen. Der Nachziehende
findet nicht die Zeit, um seine Bauernstellung zu konsolidieren. Auf den ersten
Blick scheint die Stellung des Nachziehenden gefährdet zu sein, doch er hat
zwei aktive Möglichkeiten, sich den Ausgleich zu sichern.

17. ...           c5-c4

Zu gleichem Spiel führte auch 17. ... d4!
18. Sxc5 de3 19. Sxb7 (19. fe3 Lh6
20. Sxb7 Db6) 19. ... ef2+ 20. Dxf2 Dxd3
21. Tfd1 De3.

18. b3xc4         Dd8-a5

19. De2-d1        ...

Die Züge 19. Sc3 oder 19. Dc2 führen bei
komplizierter Spielführung zu besserer
Stellung für Schwarz. Zum Beispiel:
19. Sc3 dc4 20. Lxc4 Sh5 21. Dd3 Tad8
22. Dc2 Lxf3 23. gf3 Dg5+ 24. Kh1 Dh4
oder 19. Dc2 dc4 20. Lxc4 Le4 21. Db3
Teb8 22. Lxf7+ Kf8 23. Dc4 Tb4 24. De6
Ld5 (Kotow).

19. ...           d5xc4

20. Tc1xc4        Ta8-d8

21. Tc4-c5!       Da5-b4

22. Sf3-d4        Sf6-e4

23. Ld3xe4        Lb7xe4

Nun hat Schwarz in den weitreichenden
Läufern eine ausreichende Kompensation für den geopferten Bauern.

24. Dd1-b3        Td8-b8

25. Tc5-c7        Db4-f8

26. Db3-c4?       a6-a5?

In beiderseitiger Zeitnot übersehen
beide Spieler den möglichen Qualitäts-
gewinn nach 26. ... Tb4 27. Dxa6 Ta8
28. Ta7 Ld3 29. Txa8 (29. Dxd3 Txa7)
29. ... Lxa6 30. Txf8+ Kxf8.

27. Sa4-c5        ...

27. Sc6 hätte Weiß in Vorteil gebracht.
Nun ergibt sich eine ausgeglichene Position, die bald zum Remis führt.

| 27. | ... | Tb8-b4 |
| 28. | Dc4-a6 | Te8-a8 |
| 29. | Tc7-a7 | Ta8xa7 |
| 30. | Da6xa7 | Df8-a8! |

Erzwingt den Damentausch, da Lxg2 droht.

| 31. | Da7xa8+ | Le4xa8 |
| 32. | Tf1-c1 | Lg7xd4 |
| 33. | e3xd4 | La8-d5! |

Nicht 33. ... Txd4? 34. Sb3 Td8 35. Sxa5. Remis.

Nach Kotow könnte noch folgen: 34. Td1 Lxa2 35. d5 Tb1 36. Txb1 Lxb1 37. d6 Kf8 38. Sb7 Ke8 39. Sxa5 La2 40. Sc6 Kd7.

Folgende Partie zeigt ein interessantes Duell der Zentrumsbauern. Im erweiterten Zentrum stehen der c- und d-Bauer dem e- und f-Bauern entgegen. Alle vier Bauern besitzen keine feindlichen Gegenbauern.

### Partie Nr. 64

**Rodriguez – Mednis**, Riga 1979
1. d4 Sf6 2. c4 g6 3. g3 Lg7 4. Lg2 0–0
5. Sf3 d6 6. 0–0 c6 7. Sc3 Da5 8. h3 e5
9. e4 Sbd7 10. Te1 Te8 11. d5 c5 12. a3.
Te7 13. Le3 Se8 14. Dc2 Dd8 15. b4 b6
16. Tab1 Sf8 17. bc5 bc5 18. Sd2 f5
19. f4 Sf6 20. fe5 Txe5 21. Sf3 Te8 22. e5
de5 23. Lxc5

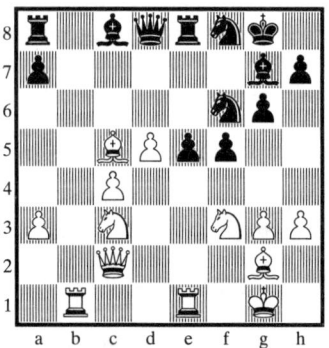

Einschätzung der Stellung:
Weiß hat zwei verbundene Freibauern im

Zentrum. Als Gegengewicht zu diesen Bauern besitzt Schwarz den e- und f-Bauern. Welche Bauern sind nun wertvoller? Die schwarzen Bauern ergänzen sich besser mit dem Spiel der Figuren. Außerdem hat Weiß Bauernschwächen auf c4 und g3. Schwarz steht besser. Er hat die Initiative, und nach wenigen Zügen ist sein Vorteil offensichtlich.

| 23. | ... | e5-e4 |
| 24. | Sf3-d2 | ... |

Nicht 24. Sd4? S6d7.

| 24. | ... | Sf6-h5 |
| 25. | Lc5-f2 | ... |

Das Decken mit 25. Sf1 war wegen 25. ... Dc7 nicht möglich.

| 25. | ... | Lc8-a6! |

Mit dem Angriff auf die Bauernschwäche c4 ist Weiß wiederum zur Verteidigung gezwungen.

| 26. | Sc3-d1 | Lg7-e5 |
| 27. | Dc2-a4 | ... |

Auf 27. Sf1 folgt 27. ... Dc7 mit Doppelangriff auf c4 und g3.

| 27. | ... | Dd8-c8 |
| 28. | Tb1-b3 | Sf8-d7 |

Schwarz bringt mit Tempo eine weitere Figur ins Spiel. Das schwarze Spiel scheint von selbst zu laufen, Weiß ist ständig mit der Abwehr von Drohungen beschäftigt.

| 29. | Kg1-h1 | ... |

Schwarz drohte 29. ... Sc5 30. Lxc5 Dxc5+, und der Bauer g3 fällt. Nun kann Weiß nicht mehr dem Materialverlust entweichen, er gibt die Qualität.

| 29. | ... | Sd7-b6 |
| 30. | Tb3xb6 | a7xb6 |
| 31. | g3-g4 | Sh5-f4 |

Mit der Mehrqualität steht Schwarz auf Gewinn.

Es folgte noch: 32. Lf1 Sd3 33. Lxd3 ed3 34. Lxb6 fg4 35. c5 gh3 36. c6 Df5 37. De4 Ld6 38. Dxf5 Txe1+ 39. Df1 Tae8 40. Le3 Txf1+ 41. Sxf1

Weiß gab auf.

## 3.3. Der Angriff auf die beweglichen Zentrumsbauern

In den ersten Partien dieses Abschnittes betrachten wir eine Etappe des Kampfes, in der die Zentrumsbauern nicht mehr nebeneinader auf der gleichen Reihe stehen. Die Gegenseite hat gewisse Erfolge erzielt, da die Bauern nicht mehr gegenseitig die vor ihnen liegenden Felder decken können. So ist ein Teilerfolg im Kampf gegen die Bauern erzielt. Die vor den Bauern liegenden Felder sind geschwächt. Diese Felder können vom Gegner kontrolliert oder auch besetzt werden.

Damit ist ein Teilziel erreicht. Die Bauern sind nicht mehr so beweglich, ihr Wert ist wesentlich gemindert. Diese Phase des Kampfes gegen die beweglichen Zentrumsbauern betrachten wir am Anfang, um die Bedeutung des Teilziels zu erkennen. So haben wir das Bild vor Augen, das angestrebt werden soll.

### Partie Nr. 65

**Dorfman – Romanischin**, Frunse 1981
1. Sf3 Sf6 2. c4 e6 3. d4 b6 4. a3 Lb7 5. Sc3 d5 6. cd5 ed5 7. g3 Le7 8. Da4+ c6 9. Lg2 0–0 10. 0–0 c5 11. Td1 Sa6 12. Lg5 Sc7 13. dc5 bc5 14. Se5!

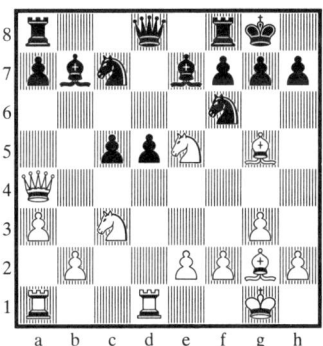

Einschätzung der Stellung:
Schwarz ist im Besitz der hängenden Bauern, die im Kreuzfeuer der weißen Figuren stehen. Die Figuren des Nachziehenden sind ungünstig aufgestellt, so daß keine Möglichkeit eines aktiven Figurenspiels besteht. Mit dem letzten Zug hat Weiß neue Drohungen aufgestellt, es droht sowohl 15. Sc6 als auch 15. Lxf6 nebst 16. Sd7; immer ist der Bauer d5 eine Schwäche.
Weiß steht besser.

| 14. | ... | Dd8-d6 |
|-----|-----|--------|

Dies ist die einzige Abwehr gegen die genannten Drohungen. Nun gibt es allerdings eine andere Möglichkeit, den Vorteil auszubauen, Weiß kann den Läufer b7 abtauschen.

| 15. | Se5-c4! | Dd6-a6 |
|-----|---------|--------|
| 16. | Sc4-a5 | Ta8-d8 |
| 17. | Sa5xb7 | Da6xb7 |
| 18. | Td1-d2 | Db7-b6 |
| 19. | Da4-c2 | ... |

Dies unterstreicht die Schwäche der hängenden Bauern, auf 19. ... Td7 folgt 20. Lxf6 Lxf6 21. Sa4.

| 19. | ... | d5-d4 |
|-----|-----|-------|

Der Figurendruck auf d5 zwang den Bauern zum Vorwärtsbewegen. Nun sind die Bauern unbeweglich und damit entwertet.

| 20. | Sc3-a4 | Db6-a5 |
|-----|--------|--------|
| 21. | Lg5xf6 | g7xf6 |
| 22. | Ta1-d1 | Sc7-e6 |
| 23. | Dc2-c4! | ... |

Weiß blockiert zuerst die Bauern. Ungenau wäre 23. Le4 c4!, und Schwarz käme zum Gegenspiel.

| 23. | ... | Td8-d6 |
|-----|-----|--------|
| 24. | Lg2-e4 | Tf8-b8 |
| 25. | Le4-d3 | Td6-d8 |

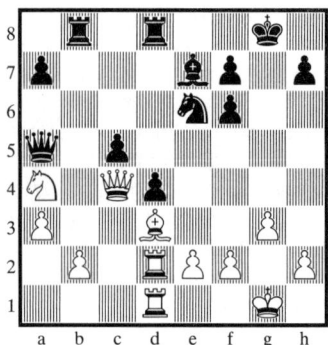

**Karpow – Kortschnoi,** Meran 1981
1. e4 e5 2. Sf3 Sc6 3. Lb5 Sf6 4. 0–0 Sxe4
5. d4 Le7 6. De2 Sd6 7. Lxc6 bc6 8. de5
Sb7 9. Sc3 0–0 10. Te1 Sc5 11. Le3 Se6
12. Tad1 d5 13. ed6 cd6 14. Sd4 Ld7
15. Sf5!

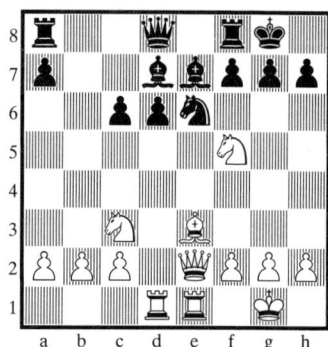

Einschätzung der Stellung:
Schwarz besitzt die hängenden Bauern.
Mit dem letzten Zug verstärkt Weiß den
Druck auf den d-Bauern. So wird
Schwarz zum Vorwärtsbewegen des d-
Bauern gezwungen. Danach folgt der
Kampf um den Besitz der Blockade-
felder c5 und d4. Schwarz behält den
schlechten Läufer übrig.
Weiß steht besser.

Weiß hat sein strategisches Ziel erreicht,
er nutzt die Blockadefelder c4 und d3.
Der Bauer c5 ist schwach.

| | | |
|---|---|---|
| 26. | h2-h4 | Da5-c7 |
| 27. | Dc4-c2 | h7-h6 |

Oder 27. ... Sf8 28. Tc1 Tdc8 29. Lf5.

| | | |
|---|---|---|
| 28. | Ld3-c4 | Kg8-g7? |

Dieser Fehler verliert einen wichtigen
Bauern. Aber auch nach anderen Zügen
steht Weiß deutlich besser.

| | | |
|---|---|---|
| 29. | Lc4xe6 | f7xe6 |
| 30. | Td2xd4 | Td8xd4 |
| 31. | Td1xd4 | f6-f5 |
| 32. | b2-b4 | Dc7-e5 |
| 33. | Sa4xc5 | |

Schwarz gab auf.

| | | |
|---|---|---|
| 15. | ... | d6-d5 |
| 16. | Sf5xe7+ | Dd8xe7 |
| 17. | De2-d2 | ... |

Damit bleibt der Druck auf d5 bestehen.
Gleichzeitig droht Weiß, seinen Springer
besser zu stellen mit Sc3-a4 oder Sc3-
e2-g3. Außerdem wird der drohende
Vorstoß f7-f5-f4 verhindert.

| | | |
|---|---|---|
| 17. | ... | De7-h4 |

Besser war 17. ... Df6.

| | | |
|---|---|---|
| 18. | Sc3-e2 | Tf8-e8? |

Dies ist zu passiv; richtig war 18. ... a5 mit
dem Versuch, nach b2-b3 den Bauern zu
tauschen.

| | | |
|---|---|---|
| 19. | b2-b3 | Te8-e7 |
| 20. | Se2-g3 | Dh4-f6 |

21. f2-f3!          ...

Weiß will die offene e-Linie nutzen und gruppiert seine Figuren um. Die schwarzen Figuren finden keine günstige Aufstellung.

21. ...              Ld7-e8
22. Sg3-e2           ...

Nun soll der Springer über c1 nach d3 gebracht werden. Von dort aus kontrolliert er die Felder c5 und e5.

22. ...              h7-h6
23. Le3-f2           Df6-g6
24. Se2-c1           d5-d4?

Besser war 24. ... f6 nebst Lf7 und Tae8. Nun sind die Bauern getrennt, sie werden auf den Feldern c5 und d3 vom Gegner blockiert.

25. Sc1-d3           ...

Schwarz kommt nicht dazu, c6-c5 zu spielen. Auf 25. ... c5 folgt 26. Sxc5. Weiß kann sich frei zwischen den Bauern bewegen.

25. ...              Dg6-f6
26. Lf2-g3           Te7-d7

Wieder ging nicht c6-c5, diesmal wegen Ld6.

27. Te1-e5!          ...

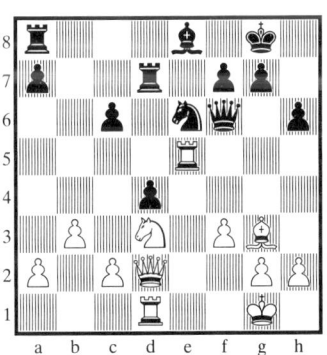

27. ...              Df6-d8
28. Td1-e1           Td7-d5
29. Te5xd5           Dd8xd5
30. Te1-e5           Dd5-d7

Schwarz konnte ein Turmpaar tauschen. Doch seine Figuren stehen immer noch unharmonisch, der weiße Druck bleibt erhalten. Weiß kann mit Erfolg den Versuch abwehren, mit f7-f6 eine bessere Aufstellung des Läufers vorzubereiten.

31. Dd2-e1           ...

Mit dem Verstärken des Druckes auf der e-Linie bleiben die schwarzen Figuren gebunden.

31. ...              Ta8-c8
32. b3-b4            ...

Die schwarzen a- und c-Bauern sind am Vorstoß gehindert, gleichzeitig werden die Felder a5 und c5 kontrolliert.

32. ...              Dd7-d8
33. Te5-a5           Dd8-d7
34. h2-h3            f7-f6?

Verliert ersatzlos einen Bauern.

35. Ta5xa7           Dd7-d5

Die Partie ist nun entschieden, Weiß steht auf Gewinn.

Es folgte noch: 36. Ta5 Dd7 37. Ta7 Dd5 38. Ta5 Dd7 (Zeitnot) 39. De4 Lf7 40. Df5 Te8 41. Kh2 Db7 42. a3 Td8 43. h4 h5 44. Sf2 Dd7 45. Ta6 De8 46. Da5 Lg6 47. Sd3 Kh7 48. Db6 Tc8 49. a4 Lf5 50. a5 c5 51. bc5 Lxd3 52. cd3 Sxc5 53. Ta7 Dg6 54. Tc7 Txc7 55. Lxc7 Sxd3 56. Dxd4 Se5 57. Lxe5

Schwarz gab auf.

Die wichtigste Aufgabe des Anziehenden ist die Verhinderung von c6-c5. Weiß nutzt das Zentrum. Schwarz hat große Probleme mit der Verteidigung seiner schwachen Bauern a7, c6 und d4.

## Partie Nr. 67

**Bisguier – Alburt**, USA 1979
1. c4 c5 2. Sc3 e6 3. Sf3 Sf6 4. e3 d5 5. d4
a6 6. cd5 ed5 7. b3 Sc6 8. Lb2 cd4
9. Sxd4 Lc5 10. Sxc6 bc6 11. Le2 0–0
12. 0–0 Dd6

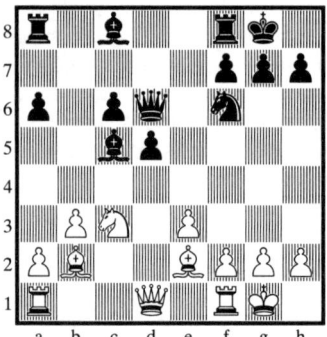

Einschätzung der Stellung:
Schwarz besitzt die hängenden Bauern auf der c- und d-Linie. Der Kampf des Anziehenden richtet sich gegen diese beiden Bauern. Das heißt, Weiß versucht, die Blockadefelder c5 und d4 zu erobern und dabei gleichzeitig die schwarzfeldrigen Läufer zu tauschen. Dieser Kampf geht zugunsten des Anziehenden aus.
Weiß steht besser.

| | | |
|---|---|---|
| 13. | Sc3-a4 | Lc5-a7 |
| 14. | Lb2-d4 | Sf6-e4 |

Nicht 14. ... c5 15. Lxf6.

| | | |
|---|---|---|
| 15. | Ld4xa7 | Ta8xa7 |
| 16. | Ta1-c1 | Ta7-c7 |

Wiederum nicht 16. ... c5 wegen 17. f3.

| | | |
|---|---|---|
| 17. | Dd1-c2 | Tf8-e8 |

Das strategische Ziel ist erreicht, Weiß kann auf c5 die Blockade errichten.

| | | |
|---|---|---|
| 18. | Sa4-c5! | Se4xc5 |
| 19. | Dc2xc5 | Dd6xc5 |
| 20. | Tc1xc5 | d5-d4! |
| 21. | Tf1-d1 | d4xe3 |
| 22. | f2xe3 | Lc8-b7 |

Die Abwicklung führte zu einem für Weiß günstigen Endspiel. Schwarz behält die Bauernschwächen auf a6 und c6. So hat Weiß gute Gewinnchancen.

| | | |
|---|---|---|
| 23. | Kg1-f2 | Tc7-e7 |
| 24. | Td1-d3 | Kg8-f8 |
| 25. | b3-b4 | Te7-e4 |
| 26. | a2-a3 | Te4-e6 |
| 27. | Le2-g4 | Te6-e5 |

Besser war 27. ... Tf6+.

| | | |
|---|---|---|
| 28. | Tc5xe5 | Te8xe5 |
| 29. | Td3-d7 | Te5-e7 |
| 30. | Td7-d8+ | Te7-e8 |
| 31. | Td8xe8+! | ... |

Das gleichfarbige Läuferendspiel bietet die besten Gewinnchancen. Es ist bei exaktem Spiel des Anziehenden gewonnen.
In der Partie folgte: 31. ... Kxe8 32. Lf3 Kd7 33. Ke2 Kc7 34. Kd3 Lc8 35. Kd4 Kd6 36. e4 f6 37. Le2 Lb7 38. a4 a5?! 39. ba5 c5+ 40. Ke3 Kc7 41. a6 La8 42. Lc4
Schwarz gab auf.
Auf 42. ... Kb6 folgt 43. Ld5!

## Partie Nr. 68

**Barlov – Jansa**, Vrnjačka Banja 1982
1. e4 c5 2. Sf3 e6 3. c3 Sf6 4. e5 Sd5 5. d4
cd4 6. cd4 b6 7. Sc3 Lb7 8. Ld3 Sxc3
9. bc3 Dc7 10. Ld2 d6 11. 0–0 Sd7
12. Lf4 Le7 13. ed6 Lxd6 14. Lxd6 Dxd6
15. Sg5 Sf6 16. Da4+ Lc6 17. Lb5 Lxb5
18. Dxb5+ Dd7 19. a4 0–0 20. Dxd7
Sxd7

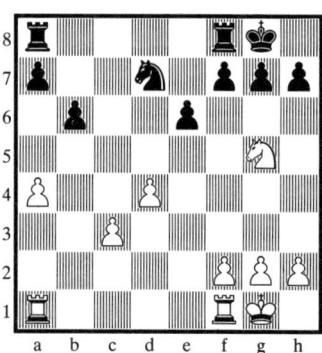

Einschätzung der Stellung:
Weiß besitzt die hängenden Bauern. Sie stellen im Endspiel eine Schwäche dar. Mit dem sofortigen Angriff auf die hängenden Bauern klärt Schwarz die Lage. Er kann die Bauern blockieren, der Nachziehende steht etwas besser.

21. c3-c4     ...

Früher oder später muß Weiß c4 spielen, sonst folgt Tfc8, Tc4 nebst Tac8.

| 21. ... | Ta8-c8 |
| 22. Tf1-c1 | e6-e5! |

Damit wird die weitere Entwicklung forciert. Ruhiger war 22. ... Tc7 nebst Tfc8.

| 23. d4-d5 | Sd7-c5 |
| 24. Ta1-a3 | f7-f6 |
| 25. Sg5-f3 | Sc5-e4 |

Schwarz nutzt die Stützpunktfelder, es droht Tc5, Tfc8 nebst Sd6.

| 26. Ta3-e3 | Se4-d6 |
| 27. Sf3-d2 | Tc8-c5?! |

Exakter war hier Tfe8, um das weiße Gegenspiel zu entkräften.

| 28. f2-f4! | e5xf4 |
| 29. Te3-e6 | Tf8-d8 |
| 30. Kg1-f2 | Kg8-f7 |
| 31. Sd2-b3! | Tc5-c8 |

Nicht 31. ... Txc4? 32. Txd6.

| 32. Sb3-d4 | g7-g5 |

Für den geopferten Bauern hat Weiß Gegenspiel erlangt. Dem Nachziehenden fällt die Realisierung seines Materialvorteils schwer.

| 33. h2-h4 | g5-g4 |
| 34. h4-h5 | g4-g3+ |
| 35. Kf2-f3 | Sd6xc4 |
| 36. Sd4-c6 | Td8xd5 |

Damit ist das Endspiel erreicht, die hängenden Bauern sind erobert. Schwarz steht auf Gewinn.

| 37. Te6-e7+ | Kf7-f8 |
| 38. Tc1xc4 | Tc8xc6 |
| 39. Tc4-e4 | Td5xh5 |
| 40. Te7xa7 | Tc6-c3+ |
| 41. Kf3-g4 | ... |

Nicht 41. Kxf4 Th4+ 42. Kf5 Tc5+.

| 41. ... | f6-f5+ |
| 42. Kg4xh5 | f5xe4 |

Weiß gab auf.

Die beiden nun folgenden Partien zeigen, welche Wirkung mit Figurendruck auf die hängenden Bauern erzielt werden kann. Der Angriff auf einen der beiden Bauern zwingt diesen zum Vorwärtsziehen. So werden die Felder vor den Bauern geschwächt, die Bauern sind nicht mehr so beweglich.

### Partie Nr. 69

**Miles – Sosonko**, Tilburg 1978
1. d4 Sf6 2. Sf3 e6 3. c4 d5 4. e3 c5 5. cd5 ed5 6. Sc3 Sc6 7. Le2 cd4 8. Sxd4 Ld6 9. 0-0 0-0 10. b3 Le5 11. Sxc6 bc6 12. Lb2 Se4

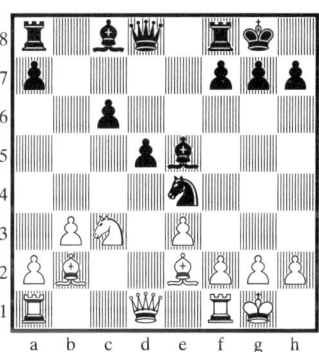

Einschätzung der Stellung:
Schwarz besitzt die hängenden Bauern. Er versucht, mit Figurentausch den Ausgleich zu erreichen. Nach 13. Tc1 oder 13. Dc2 würde er recht behalten. Doch Weiß spielt auf die schwachen Felder c5 und d4. Besser als der Textzug war 12. ... Te8 oder 12. ... Dc7.
Weiß besitzt leichten Vorteil.

| 13. Sc3-a4 | Le5xb2 |
| 14. Sa4xb2 | c6-c5? |

Schwarz sollte 14. ... Sc3 oder 14. ... Le6 ziehen, obwohl Weiß auch nach diesen Fortsetzungen besser steht. Zum Beispiel: 14. ... Sc3 15. Dd2 Sxe2+ 16. Dxe2 Da5 17. Tfc1 mit Druck auf den c-Bauern oder 14. ... Le6 15. Sa4 Da5 16. Tc1 Tac8 17. De1!. Nach dem Textzug hat Schwarz gewaltige Probleme mit dem Schutz der Bauern.

| | | |
|---|---|---|
| 15. | Sb2-a4 | Dd8-d6 |
| 16. | Ta1-c1 | Lc8-d7 |
| 17. | Le2-f3(?) | ... |

Besser war die zwangsläufige Abwicklung mit 17. f3 Lxa4 18. fe4 Lc6 19. ed5 Dxd5 20. Dxd5 Lxd5 21. Txc5, und Weiß hat ein gewonnenes Endspiel.

| | | |
|---|---|---|
| 17. | ... | Ld7xa4 |
| 18. | Lf3xe4 | La4-c6 |
| 19. | Le4-d3 | ... |

Droht 20. Dc2 mit Bauerngewinn, Schwarz versucht noch, das Beste daraus zu machen.

| | | |
|---|---|---|
| 19. | ... | d5-d4 |
| 20. | Dd1-c2 | d4xe3 |
| 21. | f2xe3 | g7-g6 |
| 22. | Tf1-d1 | Dd6-e6 |
| 23. | Dc2xc5 | Ta8-c8 |

Damit hat Schwarz noch die besten Chancen auf ein Gegenspiel; auf 24. La6 folgt 24. ... Lb7, und auf 24. Dxa7 folgt 24. ... Lxg2. Weiß steht etwas besser, nach wechselhaftem Partieverlauf gelingt es ihm, die Partie zu gewinnen. Es folgte: 24. Dg5 Tcd8 25. Lc4 Txd1+ 26. Txd1 De4 27. h3 Te8 28. Tf1 Te7 29. Tf2 Td7 30. Df4 Dxf4 31. ef4 Kg7 32. Tc2 Le4 33. Te2 f5 34. Kf2 Td1 35. Tb2 h6 36. Le2 Ta1 37. Td2 Kf8 38. b4 Ke7 39. b5 g5 40. fg5 hg5 41. Lc4 Tc1 42. Lb3 Tc3? 43. Td4 Tc5 44. Tb4 Kd6 45. Lc4 Ld5 46. Lxd5 Kxd5 47. Kg1! f4 48. h4 Tc1+ 49. Kh2 Kc5 50. Te4 gh4 51. Txf4 Kxb5 52. a4+ Kc6 53. Txh4 Ta1 54. Kh3 a5 55. Tf4 Kd6 56. Kh4 Tb1 57. Kg5

Schwarz gab auf.

## Partie Nr. 70

**Portisch – Karpow**, Tilburg 1979
1. Sf3 Sf6 2. c4 b6 3. g3 Lb7 4. Lg2 e6 5. 0-0 Le7 6. Sc3 0-0 7. Te1 d5 8. cd5 ed5 9. d4 c5 10. Le3 Sa6 11. Tc1 Sc7 12. dc5 bc5

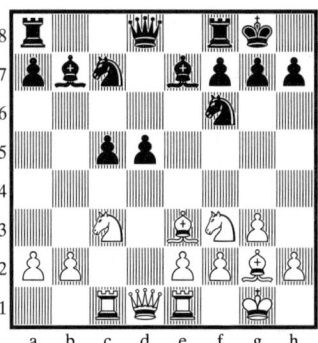

Einschätzung der Stellung:
Schwarz besitzt die hängenden Bauern. Diese sind sehr anfällig. Weiß übt starken Druck aus, so daß einer der beiden Bauern vorwärts ziehen muß. In der Folge kann Schwarz Bauernverlust nicht vermeiden, doch für den Bauern erhält er Gegenspiel.
Weiß steht etwas besser.

| | | |
|---|---|---|
| 13. | Sc3-a4 | d5-d4 |

Dieser Zug ist erzwungen, da 13. ... c4 die schwarzen Bauern völlig unbeweglich macht, zumal Weiß die Felder c3 und d4 unter Kontrolle hat.

| | | |
|---|---|---|
| 14. | Le3-g5 | Sc7-e6 |
| 15. | Lg5xf6 | Le7xf6 |
| 16. | Sf3xd4 | ... |

Weiß hatte noch eine andere Möglichkeit, einen Bauern zu gewinnen. Nach 16. Sxc5 Sxc5 17. Txc5 Db6 18. Tc2 Le4 19. Td2 Tad8 besitzt Weiß einen Bauern mehr, doch Schwarz hat vollwertiges Gegenspiel.

| 16. | ... | Lf6xd4 |
| 17. | Lg2xb7 | Ta8-b8 |
| 18. | Lb7-g2 | ... |

Schwächer ist 18. La6 Df6 nebst Sg5.

| 18. | ... | Ld4xb2 |
| 19. | Tc1-b1 | Lb2-a3 |
| 20. | Dd1-c2 | Se6-d4 |
| 21. | Dc2-c4 | ... |

Weiß steht geringfügig besser, doch er hat Probleme, seinen Randspringer ins Spiel zurückzubringen.

| 21. | ... | La3-b4 |
| 22. | Te1-f1! | ... |

Schwächer ist 22. Ted1 Da5 23. Sb2 Sb5!.

| 22. | ... | Dd8-a5 |
| 23. | Sa4-b2 | Lb4-a3 |
| 24. | Sb2-d3 | Sd4xe2+ |
| 25. | Kg1-h1 | Da5-c3 |
| 26. | Lg2-d5 | Dc3xc4 |
| 27. | Ld5xc4 | Se2-c3 |
| 28. | Tb1-b3 | La3-b4 |
| 29. | Sd3xc5 | |

Remis.

Lájos Portisch

In den folgenden Partien wird der Angriff auf die hängenden Bauern mit den Flügelbauern geführt. Ein gegnerischer Bauer, der sich auf der Linie neben den hängenden Bauern befindet, zieht vor und greift einen der hängenden Bauern

an. So steht die Partei, die die hängenden Bauern besitzt, vor der Wahl, entweder einen Bauern vorzuziehen oder den Tausch zu gestatten und mit einem isolierten Bauern zurückzubleiben.

### Partie Nr. 71

**Bondarewski – Smyslow**, Moskau 1950

1. d4 Sf6 2. c4 e6 3. Sc3 Lb4 4. e3 d5 5. a3 Le7 6. Sf3 0–0 7. Ld3 b6 8. 0–0 c5 9. De2 Sc6 10. Td1 cd4 11. ed4 La6 12. b3 Tc8 13. Tb1 Dc7 14. Sb5 Db8 15. Lg5 h6 16. Lh4 Sh5 17. Lxe7 Sxe7 18. Se5 Sf6 19. a4 Sc6 20. f4 Sb4 21. f5 Sxd3 22. Dxd3 ef5 23. Dxf5 Lb7 24. Tbc1

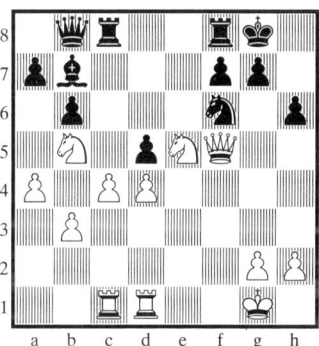

Einschätzung der Stellung:
Schwarz droht beständig, die Spannung im Zentrum aufzulösen und dem Anziehenden die hängenden Bauern auf c4 und d4 zu verschaffen. Weiß kann nicht selbst auf d5 tauschen, da er danach den isolierten Bauern d4 behielte, den Schwarz vorteilhaft auf d5 blockiert. Die weißen Springer stehen günstig, doch Schwarz kann einen von ihnen vertreiben. Nach dem Tausch im Zentrum ist der Läufer dem Springer überlegen. Schwarz steht etwas besser.

| | |
|---|---|
| 24. ... | a7-a6 |
| 25. Sb5-c3 | Db8-d6 |

Schwarz droht, auf b4 mit der Dame einzudringen.

| | |
|---|---|
| 26. a4-a5! | d5xc4 |

Natürlich nicht 26. ... ba5 27. c5!, und Weiß steht besser.

| | |
|---|---|
| 27. b3xc4 | ... |

Oder 27. Sxc4 Dc6, und Schwarz hat das Feld d5 unter Kontrolle.

| | |
|---|---|
| 27. ... | b6-b5! |

Die hängenden Bauern werden sofort attackiert, dies ist der beste Angriff auf die Bauern.

| | |
|---|---|
| 28. c4-c5 | ... |

Der Tausch auf b5 ist noch ungünstiger, bei 28. cb5 ab5 (29. Sxb5? Dd5) behält Weiß den isolierten Bauern zurück. Nun besitzt Weiß zwar verbundene Freibauern im Zentrum, doch Schwarz hat die Lage gut eingeschätzt. Es gelingt ihm, die Bauern zu blockieren, und sein b-Bauer beginnt zu laufen.

| | |
|---|---|
| 28. ... | Dd6-d8 |

Die schwarze Dame zieht sich mit Angriff auf den a-Bauern zurück.

| | |
|---|---|
| 29. Tc1-a1 | b5-b4 |
| 30. Sc3-e2? | ... |

Weitaus bessere Chancen konnte Weiß nach 30. Sa4 erhalten, der Springer kontrolliert von b6 aus das wichtige Feld d5. Zum Beispiel 30. Sa4 Le4 31. Df2 Sd5 32. Sb6 Tc7 mit etwa gleichem Spiel. Nach dem Textzug geht die Initiative auf den Nachziehenden über.

| | |
|---|---|
| 30. ... | Lb7-e4 |
| 31. Df5-h3 | Le4-c2 |
| 32. Td1-f1 | b4-b3 |

Die beiden weißen Freibauern sind aufgehalten, dagegen konnte der schwarze b-Bauer vordringen. Es droht bereits 33. ... b2. Bauer und Läufer behindern nun das Zusammenwirken der weißen Figuren.

| | |
|---|---|
| 33. Dh3-c3 | Sf6-d5 |
| 34. Dc3-b2 | ... |

Die weiße Dame ist damit zur wirkungslosen Blockadefigur degradiert.

| | |
|---|---|
| 34. ... | Sd5-e3 |
| 35. Tf1-e1 | ... |

Nicht 35. Tf3 Sd1!

| | |
|---|---|
| 35. ... | Dd8-d5 |

Auch die schwarze Dame steht auf dem Blockadefeld, doch ist sie ungleich wirksamer postiert.

| | |
|---|---|
| 36. Se5-f3 | ... |

Oder 36. Sf4 De4 37. g3 Tfd8 38. Kf2 Dxd4 39. Dxd4 Txd4 40. Kxe3 Te4+ 41. Kd2 b2, und Schwarz gewinnt (Smyslow).

| | |
|---|---|
| 36. ... | Tf8-e8 |
| 37. Ta1-c1 | Tc8-c6 |
| 38. Se2-c3 | Dd5-f5 |
| 39. Sc3-d1 | ... |

So kann sich Weiß vom Druck entlasten, doch auch nach dem Figurentausch steht Schwarz im Endspiel vorteilhaft.

| | |
|---|---|
| 39. ... | Tc6-e6 |
| 40. Sd1xe3 | Te6xe3 |
| 41. Te1xe3 | Te8xe3 |
| 42. Kg1-f2 | ... |

Die verbundenen Freibauern können immer noch nicht laufen, z. B. 42. c6 Dxa5 nebst Dc3.

| | |
|---|---|
| 42. ... | Df5-e4 |
| 43. Tc1-e1 | Te3xe1 |
| 44. Sf3xe1 | Lc2-d1! |

Ein feiner Zug, es droht 45. ... De2+ 46. Dxe2 Lxe2 47. c6 b2 48. c7 Lg4.

| | |
|---|---|
| 45. c5-c6 | De4xc6 |

Unter Bauernopfer konnte Weiß die genannte Drohung abwehren, dies zögert den Verlust nur etwas hinaus.

| | |
|---|---|
| 46. Se1-d3 | Dc6-c4 |
| 47. Kf2-e3 | Ld1-c2 |
| 48. Sd3-e1 | Lc2-f5 |
| 49. Ke3-d2 | Dc4-b5 |
| 50. Kd2-d1 | Lf5-g4+ |
| 51. Kd1-c1 | Db5-c4+ |

Weiß gab auf.

## Partie Nr. 72

**Rubinstein – Maroczy**, Hamburg 1930
1. d4 Sf6 2. c4 e6 3. Sc3 Lb4 4. e3 c5
5. Se2 cd4 6. ed4 d5 7. a3 Le7 8. c5 b6
9. b4 bc5 10. dc5 e5

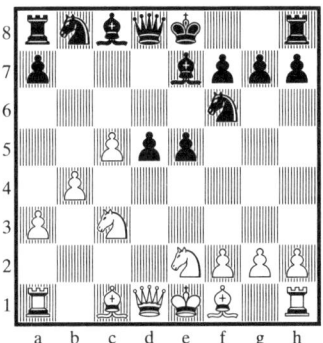

Einschätzung der Stellung:
Beide Parteien besitzen bewegliche
Bauern. So wird ein scharfer Partieverlauf angestrebt, da die gegensätzlichen
Pläne die Unterstützung der eigenen
Bauern und den Kampf gegen die feindlichen Bauern vorsehen. In dieser span-
nungsreichen Stellung kann ein Tempo
den Partieausgang entscheiden. Die
schwarzen Zentrumsbauern sehen wirkungsvoller aus, doch Weiß am Zug kann
die Stellung dieser Bauern schwächen.
Die damit verbundene Öffnung des
Spiels bringt Gefahren für beide Seiten
mit sich.
Weiß steht etwas besser.
11. f2-f4! ...
Weiß kämpft ohne Verzögerung um die
Zentrumsfelder. Mit dem Vorstoß des
Flügelbauern wird die günstige Bauernstellung des Nachziehenden im Zentrum
zerstört. Schwarz kommt hingegen nicht
zum Angriff auf die weißen Damenflügelbauern.
11. ... d5-d4
12. f4xe5 d4xc3
13. Dd1xd8+ Ke8xd8

Besser war 13. ... Lxd8.
14. e5xf6 Le7xf6
Weiß hat seine beweglichen Bauern behalten können. Ein Problem besteht für
beide Seiten im sicheren Aufstellen der
Könige.
15. Lc1-e3 Sb8-c6
16. 0-0-0+ Kd8-c7
17. Le3-f4+ Kc7-b7
18. g2-g3! ...
Mit Lg2 soll die Entwicklung vollendet
werden.
18. ... Lc8-f5
Auf 19. b5 soll 19. ... Sa5 folgen mit der
Mattdrohung Sb3.
19. Lf1-g2 Ta8-e8
Weiß hat Sorgen mit dem Springer e2,
nach 20. The1 kann sich Schwarz mit
20. ... Le4 entlasten.
20. b4-b5 ...
Schlecht wäre der Bauerngewinn mit
20. Sxc3 Lxc3 21. b5 Te2 22. Lxc6+ Kc8
23. Ld2 Td8!.
20. ... Te8xe2
21. Lg2xc6+ Kb7-c8
22. Td1-d5 Lf5-e6?
Richtig war 22. ... Le4 23. b6 ab6 24. cb6
Tb2 25. b7+ Txb7 26. Lxb7+ Kxb7
27. Td7+ Kb6 28. Te1 Lg6. Weiß hat Probleme, seinen Materialvorteil zu verwerten, da Schwarz das Läuferpaar und den
Freibauern c3 besitzt.
23. b5-b6! ...
Die beweglichen Bauern beginnen zu
laufen, und sofort ist die Partie entschieden. Es droht b6-b7+.
23. ... a7xb6
24. c5xb6 Te2-b2
25. Td5-a5
Schwarz gab auf.

## Partie Nr. 73

**Smyslow – Botwinnik**, Moskau 1957
1. e4 e6 2. d4 d5 3. Sc3 Lb4 4. e5 c5 5. a3
Lxc3+ 6. bc3 Dc7 7. Dg4 f6 8. Sf3 Sc6
9. Dg3 Df7 10. dc5 Sge7 11. Ld3 fe5
12. Sxe5 Sxe5 13. Dxe5 0–0 14. 0–0 Sc6
15. Dg3 e5

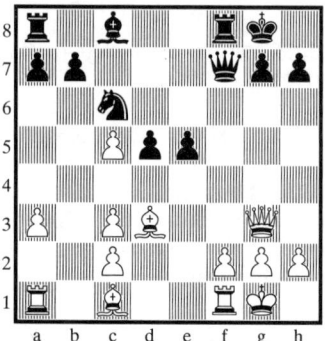

Einschätzung der Stellung:
Schwarz ist im Besitz der hängenden
Bauern im Zentrum. Beide Seiten stehen
kurz vor Abschluß der Entwicklung. Für
den Anziehenden sprechen das Läuferpaar und der Mehrbauer, obwohl dieser
durch die Vertripelung auf der c-Linie
entwertet ist. Nun folgt der Angriff mit
dem Flügelbauern auf das schwarze
Bauernzentrum. Die damit verbundene
Öffnung des Spiels bringt das Läuferpaar besser zur Geltung.
Weiß steht etwas besser.

    16. Lc1-e3    Lc8-f5
    17. Ta1-b1    ...
Nach dem Abschluß der Entwicklung beginnt Weiß, die Schwächen im gegnerischen Lager anzuvisieren. Erstes Objekt
ist der Bauer b7.

    17. ...        Lf5xd3
Damit wird die weiße Bauernstellung
aufgewertet. Auf den passiven Zug
17. ... Tab8 kann später auch f2-f4 folgen.

    18. c2xd3      Ta8-e8
    19. f2-f4!     ...
Der stellungsgerechte Vorstoß des Flügelbauern entwertet das schwarze Zentrum. Damit ist der strategische Plan des
Anziehenden erfolgreich durchgesetzt.

    19. ...        Df7-c7
Schwarz konnte den Kampf verwickeln
mit der Fortsetzung 19. ... e4, z.B.
20. de4 Txe4 21. f5 Tfe8 22. Lg5 Se5
23. h3, und Weiß droht f5-f6 mit starkem
Angriff (Smyslow).

    20. f4xe5      Tf8xf1+
    21. Tb1xf1     Dc7xe5
    22. Dg3xe5     Sc6xe5
    23. Tf1-d1     ...
In dem nun entstandenen Endspiel hat
Weiß einen Mehrbauern und den weitreichenden Läufer gegen den Springer.
Doch die Verwertung des Vorteils bringt
noch Schwierigkeiten.
Es folgte: 23. ... Kf7 24. h3 Sc6 25. Lf4
Te7 26. Ld6 Td7 27. Tf1+ Ke6 28. Te1+
Kf7 29. Kf2 b6 30. Tb1 Ke6 31. Tb5 d4
32. c4 bc5 33. Lh2 Tf7+ 34. Ke2 Te7
35. Txc5 Kd7+ 36. Kd2 Te6 37. Tg5 g6
38. Td5+ Kc8 39. Lg1 Tf6 40. Lxd4 Sxd4
41. Txd4 Tf2+ 42. Kc3
Schwarz gab auf.
Nach beispielsweise 42. ... Txg2 43. Tf4
h5 44. Tf7 Tg3 45. Tg7 sichern die verbundenen Freibauern dem Anziehenden
den Sieg.

Michail Botwinnik

## Partie Nr. 74

**Vokac – Cholmow**, Trencianske Teplice 1979

1. e4 c5 2. Sf3 a6 3. b4 cb4 4. a3 ba3
5. Lxa3 d6 6. d4 Sf6 7. Ld3 g6 8. h3 Lg7
9. 0–0 0–0 10. Sbd2 Sh5 11. Te1 Sc6
12. c3 Dc7 13. Sc4 Sf4 14. Lf1 d5
15. Sce5 Sxe5 16. Sxe5 de4 17. Txe4
Sd5 18. Tc1 Lf5 19. Te1 Tad8 20. Db3
Tfe8 21. c4

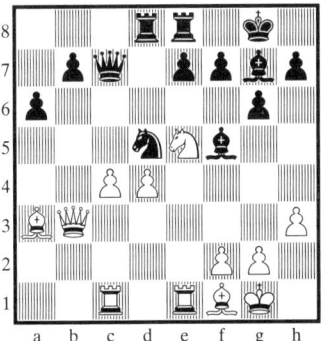

Einschätzung der Stellung:
In der Eröffnung opferte Weiß einen Bauern, um starken Einfluß auf das Zentrum zu erhalten. Die hängenden Bauern c4 und d4 sichern dem Anziehenden einen Raumvorteil. Schwarz steht beengt und kann seinen Mehrbauern nicht zur Geltung bringen. Den Angriff auf die beiden beweglichen Zentrumsbauern kann der Nachziehende mit b7-b5 oder mit e7-e5 versuchen.
Die Stellung ist etwa ausgeglichen.

21. ...      Sd5-b6
22. Se5-f3      ...

Gefährlich ist hier 22. c5 Sd5 23. Lc4, aber Schwarz kann sich mit 23. ... Le6 24. Tb1 Da5! halten (Cholmow).

22. ...      Sb6-c8

Schwarz kann das Bauernopfer mit 22. ... Lxd4 nicht annehmen. Es folgt: 23. c5 Sc8 24. Sxd4 Txd4 25. Lc4 Tf8 26. Lb2 mit starkem Angriff.

23. c4-c5      ...

Droht 24. Lc4.

23. ...      e7-e5!

Der thematische Flankenangriff auf die beweglichen Bauern.

24. d4xe5      ...

Auf 24. Sxe5 folgt 24. ... Le6.

24. ...      Lf5-e6
25. Lf1-c4      Sc8-a7

Das weiße Bauernzentrum ist zerstört. Weiß hat Raumvorteil, doch Schwarz findet viele gute Operationspunkte. Der Anziehende ist an die Verteidigung seiner vorgeschobenen Bauern gebunden. Die Stellung ist etwa ausgeglichen.

26. Sf3-g5?      ...

Weiß überschätzt seine Stellung, positionsgerecht war 26. Db6 mit Ausgleich.

26. ...      Le6xc4
27. Db3xc4      Te8xe5
28. Te1xe5      Lg7xe5
29. Dc4-h4      h7-h5
30. Sg5-f3      ...

Weiß zieht sich zurück. Die Fortsetzung des Angriffs hatte keine Aussicht auf Erfolg: 30. g4 Lf6 31. gh5 De5 32. Sf3 Df5 33. Dg3 Dxh5. Nun besitzt Schwarz einen Mehrbauern, den er sicher verwertet.

Es folgte noch: 30. ... Lg7 31. Te1 Sc6 32. Lc1 Sd4 33. Sxd4 Txd4 34. Dg5 Dd7 35. Te7 Dc6 36. De3 Dxc5 37. Kh2 Dd6+ 38. g3 Dd5 39. Te8+ Kh7 40. La3 Td3 41. Dc5 Df3 42. Lb4 Ld4

Weiß gab auf.

## Partie Nr. 75

**Tempone – Kasparow**, Dortmund 1980
1. Sf3 Sf6 2. g3 g6 3. b3 Lg7 4. Lb2 c5
5. c4 d6 6. Lg2 e5 7. 0–0 Sc6 8. Sc3 0–0
9. d3 Se8 10. Sd2 Sc7 11. e3 Le6 12. Tc1
Dd7 13. Te1 Tad8 14. Sde4 h6 15. f4 f5
16. Sf2 ef4 17. gf4 Df7 18. Dd2 g5
19. Se2 d5 20. Lxg7 Dxg7 21. Kh1 dc4
22. bc4 Se8

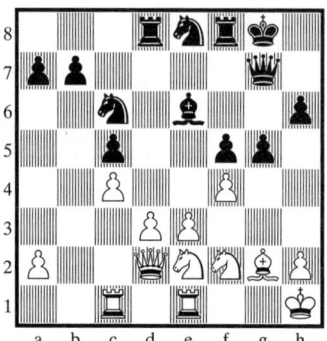

Einschätzung der Stellung:
Der Anziehende ist hier im Besitz von
rückständigen 'hängenden' Bauern.
Schwarz wirkt mit den Flügelbauern c5
und f5 auf das Zentrum, er hat die Möglichkeit, beim Vorziehen der Bauern d3
oder e3 diese abzutauschen. Im weiteren Kampf um das Zentrum können sich
verschiedene Bauernformationen aus-
bilden. Schwarz verstärkt mit Se8-f6 die
Kontrolle über das Zentrum. Der weiße
König steht sicherer als sein schwarzer
Kollege.
Weiß steht etwas besser.
23. Dd2-c3     Se8-f6
Schwarz will nicht die Damen tauschen.
Sobald die Stellung im Zentrum geklärt
ist, strebt er den Angriff am Königsflügel
an.
24. d3-d4     Le6-c8

25. Tc1-d1?!     ...
Richtig war 25. dc5 mit weißem Vorteil,
Weiß hat die wichtigen Felder auf der d-
Linie (d4, d5 und d6) unter Kontrolle. So
wird das Besetzen der d-Linie erleichtert,
z.B. 25. dc5 Se7 26. Tcd1 Sg6 27. Td6
nebst Ted1.
25. ...     c5xd4
26. e3xd4(?)     ...
Nach dem besseren 26. Sxd4 behält
Weiß noch geringen Vorteil.
26. ...     Sc6-e7!
Der Springer macht sich auf den Weg
zum Königsflügel, über g6 soll er nach h4
gelangen. Weiß besitzt durch die beweglichen Bauern Vorteil im Zentrum.
Schwarz spielt auf den Flügeln.
27. d4-d5     ...
Weiß verschafft sich einen Stützpunkt
auf e6, den er mit Se2-d4-e6 erreichen
kann. Doch seine Zentrumsbauern werden dadurch unbeweglich.
27. ...     Se7-g6
28. Sf2-d3     Sg6-h4
Die schwarzen Springer haben sich nun
dem Königsflügel genähert, es beginnt
das Gegenspiel am Königsflügel.
29. Tf1-g1     b7-b5!
Der thematische Flügelbauernangriff auf
die unbeweglichen Zentrumsbauern erweitert die schwarze Initiative auf das
gesamte Brett. Plötzlich hat der
schwarze Läufer eine wichtige Aufgabe
auf der langen Diagonalen erhalten.
30. Sd3-e5     ...
Nach 30. cb5 Sxg2 31. Txg2 Txd5 folgt
Lc8-b7, und Schwarz steht besser.
30. ...     b5xc4
31. Dc3xc4     Lc8-b7
32. d5-d6+     Kg8-h7
33. Lg2xb7     Dg7xb7+
34. Dc4-c6     Db7xc6+
35. Se5xc6     Sf6-e4!
Weiß konnte zwar zum Endspiel abwik-
keln, doch durch die Mattdrohung auf f2
büßt er nun den Bauern d6 ein. Im End-

spiel steht Schwarz aufgrund des Mehr-
bauern und der aktiven Figurenstellung
klar besser.
Es folgte noch: 36. Tgf1 Txd6 37. Txd6
Sxd6 38. fg5 hg5 39. Td1 Te8! 40. Sed4
Te3 41. Kg1 Se4 42. Tb1 Td3 43. a4 Td2
Weiß gab auf.

### Partie Nr. 76

**Gligorić – Keres**, Belgrad 1959
1. d4 Sf6 2. c4 e6 3. Sc3 Lb4 4. e3 c5
5. Ld3 d5 6. Sf3 0–0 7. 0–0 b6 8. cd5 ed5
9. Ld2 Lg4 10. a3 Lxc3 11. Lxc3 c4
12. Le2 Sc6 13. Se5 Lxe2 14. Dxe2 Dd6
15. f3 b5 16. b3 Sd7 17. bc4 bc4
18. Tad1 Sdxe5 19. de5 Dxa3

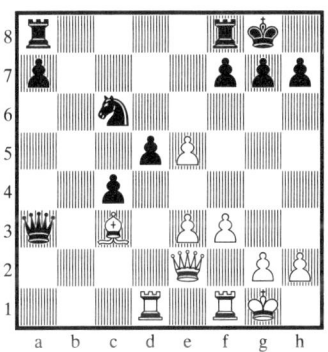

Einschätzung der Stellung:
Weiß opferte einen Bauern, um zum Gegenspiel zu kommen. Schwarz nahm das
Bauernopfer an, da er den weißen Angriff
nicht fürchtete. Die hängenden Bauern
c4 und d5 sind unbeweglich, sie engen
jedoch das Spiel des Anziehenden ein.
Schwarz steht etwas besser, da er den
Angriff des Anziehenden abwehren und
die Stellung seiner hängenden Bauern
behaupten kann.
    20.  De2-e1      Tf8-d8

    21.  f3-f4         Ta8-b8
    22.  f4-f5         Tb8-b3
Mit aktivem Spiel am Damenflügel werden die Figuren des Anziehenden an Verteidigungsaufgaben gebunden. So kann
Weiß nicht ungehindert am Königsflügel
angreifen.
    23.  Td1-c1      Td8-e8!
Bekämpft aktiv die beweglichen Bauern
des Anziehenden. Nicht so gut war
23. ... d4 24. ed4 Sxd4 25. Lxd4 Txd4
26. e6 Te3 27. Df2, und Weiß hat Gegenchancen.
    24.  e5-e6         f7-f6
Weiß hat wohl einen gedeckten Freibauern auf e6 erhalten, doch der weiße Angriff ist abgewehrt. Nun kann sich
Schwarz seinem Spiel am Damenflügel
widmen.
    25.  Kg1-h1     Te8-b8
    26.  h2-h3        Da3-d6
    27.  De1-h4      a7-a5
    28.  Dh4-h5      ...
Weiß versucht es immer noch mit dem
Königsangriff, sonst verwertet Schwarz
seinen Materialbesitz.
    28.  ...            Sc6-e5
    29.  Lc3-d4?     ...
Schlecht wäre auch 29. Lxa5 Txe3, doch
nach Gligorić konnte Weiß noch um das
Remis kämpfen mit der folgenden Fortsetzung: 29. Lxe5 Dxe5 30. Df7+ Kh8
31. e7 h6 32. Tfd1 Txe3 33. Txd5 Dxe7
34. Dxe7 Txe7 35. Txc4 Ta8 36. Ta4 Te5
37. Txe5 fe5 38. g4.
    29.  ...            h7-h6
    30.  g2-g4       ...
Weiß setzt krampfhaft weiter auf seinen
Angriff.
    30.  ...            Tb3-b7
So wird der Springer von der Deckung
des Feldes f7 entlastet.
    31.  g4-g5       ...
Weiß befreit die eingeklemmte Dame mit
einem Bauernopfer. Wenn er den Angriff
mit 31. h4 fortsetzt, kommt Schwarz mit

31. ... Sd3 32. Tc2 Dg3 zum gefährlichen Königsangriff.

| 31. | ... | h6xg5 |
| 32. | Tc1-c2 | Se5-c6 |
| 33. | Dh5-f3 | Sc6xd4 |
| 34. | e3xd4 | Dd6-f4 |

Damit erzwingt Schwarz ein gewonnenes Turmendspiel. Der schwarze König hält den Freibauern e6, während Schwarz mit dem a- oder c-Bauern laufen kann.

| 35. | Df3xf4 | g5xf4 |
| 36. | Kh1-g2 | ... |

Oder 36. Txf4 Tb2 37. Tff2 c3, und der a-Bauer läuft.

| 36. | ... | Tb7-b2 |
| 37. | Tf1-f2 | Tb2xc2 |
| 38. | Tf2xc2 | a5-a4 |
| 39. | Kg2-f3 | a4-a3 |
| 40. | Kf3xf4 | Tb8-b2 |
| 41. | Tc2-c3 | |

Weiß gab auf.

Die hängenden Bauern waren in dieser Partie unbeweglich geblieben, doch sie sicherten dem Nachziehenden den Raumvorteil.

Folgende Partie zeigt den Angriff mit Bauern auf die nebeneinander stehenden beweglichen Bauern. Damit wird die Stellung der Bauern geschwächt. Die Phase des Kampfes gegen die Bauern ist nur kurz, doch sehr lehrreich.

**Partie Nr. 77**

**Kmoch – Rubinstein**, Semmering 1926
1. d4 d5 2. c4 e6 3. Sf3 c6 4. Sbd2 Sf6 5. e3 Sbd7 6. Ld3 g6 7. 0–0 Lg7 8. e4 de4 9. Sxe4 Sxe4 10. Lxe4 0–0 11. Ld2 Dc7 12. Lc3 Sf6 13. Lc2 Td8 14. De2 Ld7 15. Se5 Le8 16. Tfd1 Sd7 17. Sxd7 Txd7 18. De3 Tad8 19. Lb3?

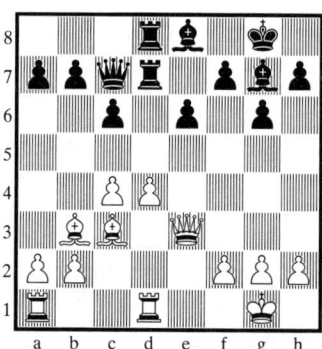

Einschätzung der Stellung:
Weiß besitzt Raumvorteil, doch Schwarz hat Druck auf den Bauern d4, so daß der Anziehende an die Deckung von d4 gebunden ist. Bei dem Kampf um die Zentrumsbauern und um die Zentrumsfelder ließ Weiß die nötige Sorgfalt vermissen. Der letzte Zug 19. Lb3 war ein Fehler in diesem Sinne, da Schwarz zu 19. ... b5 kommt. Richtig war daher 19. a4 mit etwa ausgeglichener Stellung. Nach dem Textzug kämpft der Nachziehende erfolgreich um die Kontrolle der Zentrumsfelder.
Schwarz steht klar besser.

19. ... b7-b5!!

Ein gewaltiger Zug mit vielen Drohungen, das weiße Bauernzentrum wird zerstört. Schwarz droht 20. ... bc4 21. Lxc4 c5 sowie auch 20. ... b4 21. Lxb4 Lxd4. Nach 20. cb5 cb5 21. a3 Db6 erobert Schwarz den Bauern d4.

20. Td1-d2    b5-b4!

Weiß kommt nicht dazu, sein Zentrum zu stabilisieren.

21. Lc3xb4    Lg7xd4
22. De3-f3    c6-c5

Schwarz sichert sich den wichtigen Stützpunkt d4 auf der offenen Linie.

23. Lb4-c3    Td7-d6

Damit beugt Schwarz der Absicht Lb3-a4 vor. Nun steht der Läufer b3 schlecht, während der ehemalige schlechte Läufer des Nachziehenden die Diagonale a8-h1 erreicht.

24. Ta1-d1    e6-e5
25. Lb3-c2    Le8-c6
26. Df3-g3    ...

Natürlich nicht 26. Le4? Lxe4 27. Dxe4 Lxc3, und Schwarz gewinnt eine Figur wegen der weißen Grundreihenschwäche.

26. ...    Dc7-b7
27. Lc3xd4    e5xd4
28. Lc2-d3    ...

Weiß muß den Bauern b2 decken, deshalb kann er nicht als Erster die e-Linie besetzen.

Schwarz steht auf Gewinn, es folgte noch: 28. ... Te6 29. h4 Tde8 30. h5 a5 31. f4 De7 32. Tf1 Te3 33. Dh2 f5 34. hg6 hg6 35. Dh6 Df6 36. Kf2 De6 37. Th1 Tf3+!

Weiß gab auf.

Es folgt 38. Kg1 De1+ 39. Kh2 Dg3+ bzw. 38. gf3 De3+ nebst 39. ... Dxf3+ mit baldigem Matt.

# 4. Offenes Zentrum

Die Betrachtung des offenen Zentrums entzieht sich der bisherigen Betrachtungsweise. Im Zentrum sind keine Bauern vorhanden, daher ist aufgrund der Bauernstruktur noch keine Stellungsbeurteilung möglich. Aus der Bauernstruktur können keine Pläne abgeleitet werden. Alles hängt von der Stellung der Figuren ab.

Bei dem Kampfgeschehen bleiben die Bauern im allgemeinen nur Statisten, sie greifen nicht aktiv ein. Meist ist ihre einzige Aufgabe, den König zu schützen.

Da die Bauern im Zentrum fehlen, können die Figuren schnell von einem Flügel zum anderen Flügel schwenken. Die langschrittigen Figuren sind in der Lage, diesen Umstand besonders gut auszunutzen. Dame, Turm und Läufer können auf dem gesamten Brett wirken, sie besitzen eine große Beweglichkeit. So erleben wir in diesem Stellungstyp schnell wechselnde Angriffsaktionen und blitzartig ausgeführte Angriffe.

## Elemente des Kampfes

Der Kampf beider Seiten gliedert sich meist in die folgenden Etappen:

1. Anstreben einer aktiven Figurenstellung. Diese Verbesserung der Figurenstellung geschieht meist schon vor der Öffnung des Zentrums.
2. Durch schnelle Angriffe wird versucht, Schwächen im Lager des Gegners zu erzeugen.
3. Ist die Schwächung beim Gegner erreicht, dann wird Materialgewinn angestrebt oder der Angriff auf den feindlichen König.

Bei dem Verlauf des Kampfes treten charakteristische Formen auf:
- die schnelle Entscheidung (Partie Nr. 78, Aljechin – Sterk);
- das dynamische Spiel auf dem gesamten Brett (Partie Nr. 87, Tartakower – Lasker);
- die langfristig aktive Figurenstellung (Partie Nr. 90, Keres – Benkö);
- die Chancen beider Seiten sind ausgeglichen, die Partie endet remis oder ein Fehler entscheidet den Ausgang der Partie (Partie Nr. 93, Gligorić – Keres, bzw. Partie Nr. 96, Yates – Ed. Lasker).

Die ersten Partien dieses Kapitels zeigen schnelle Angriffe und schnelle Entscheidungen. Eine Partei kann mit einem kurzen und scharf geführten Angriff (meist Königsangriff) die Partie bald beenden.

### Partie Nr. 78

**Aljechin – Sterk**, Budapest 1921
1. d4 d5 2. Sf3 Sf6 3. c4 e6 4. Sc3 Sbd7 5. e3 Ld6 6. Sb5 Le7 7. Dc2 c6 8. Sc3 0–0 9. Ld3 dc4 10. Lxc4 c5 11. dc5 Lxc5 12. 0–0 b6 13. e4 Lb7 14. Lg5 Dc8 15. De2 Lb4 16. Ld3 Lxc3 17. Tfc1 Sxe4 18. Lxe4 Lxe4 19. Dxe4 Sc5 20. De2 La5

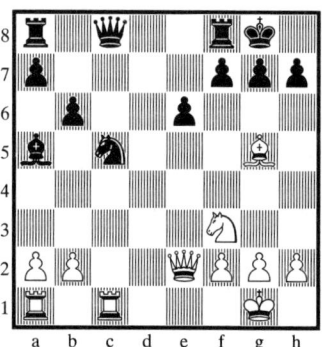

Einschätzung der Stellung:
Aus der Eröffnung hatte Weiß keinen Vorteil herausholen können. So versuchte er, das Spiel zu komplizieren, und Schwarz ging darauf ein, indem er das Bauernopfer annahm. Bei offenem Zentrum stehen die schwarzen Leichtfiguren abseits. Sie sind den Angriffsdrohungen der weißen Bauern ausgesetzt und können schwer zum Königsflügel eilen. Die weißen Figuren stehen deutlich besser, Weiß aktiviert in den folgenden Zügen seine Figuren.
Der Anziehende steht deutlich besser.

21. Ta1-b1 ...

Mit jedem Zug stellt der Anziehende neue Drohungen auf, gleichzeitig wird die Stellung der Figuren verbessert. Der folgende Zug des Nachziehenden ist die einzige Möglichkeit, sofortigen Figurenverlust zu vermeiden.

21. ... Dc8-a6
22. Tc1-c4 ...

Nun hängen beide Damen, diesen Umstand vermag nur der Anziehende auszunutzen. Hängende Figuren sind ein häufig auftretendes Motiv bei Stellungen mit offenem Zentrum.

22. ... Sc5-a4

Um das Schlimmste zu verhindern, sollte Schwarz 22. ... f6 spielen. Auch danach steht Weiß deutlich besser. Mit dem Textzug wurde 23. b4 wegen 23. ... Sc3 verhindert.

23. Lg5-f6!! ...

Damit beginnt der Überfall auf den schwarzen König, die abseits stehenden schwarzen Figuren können ihrem König nicht helfen. Die Hauptdrohung ist nun 24. Tg4 Dxe2 25. Txg7+ Kh8 26. Tg3 matt. Auch 23. ... h5 kann Schwarz nicht retten, es folgt 24. Tg4! Dxe2 25. Txg7+ Kh8 26. Sg5 nebst Th7+ und Th8 matt.

23. ... Tf8-c8!

Der einzige Zug, der die konkreten Mattdrohungen abwendet.

24. De2-e5! Tc8-c5

Auch andere Züge retten nicht mehr. Aljechin gibt dazu die folgenden Varianten an:
1. 24. ... Dxc4 25. Dg5 Kf8 26. Dxg7+ Ke8 27. Dg8+ Kd7 28. Se5+ Kc7 29. Dxf7+ nebst 30. Sxc4.
2. 24. ... Txc4 25. Dg5 Tg4 26. Dxg4 g6 27. Dxa4.
3. 24. ... gf6 25. Tg4+ nebst Matt in zwei Zügen.

25. De5-g3 ...

Dies ist eine einfache und klare Lösung, Weiß gewinnt erst mal eine Figur.

25. ... g7-g6
26. Tc4xa4 Da6-d3
27. Tb1-f1 Dd3-f5
28. Dg3-f4 Df5-c2
29. Df4-h6

Schwarz gab auf.

Die nun folgende Partie Aljechins gegen Bogoljubow weist viele ähnliche Gesichtspunkte auf wie die vorige Partie: offenes Zentrum, aktive weiße Figurenstellung, abseits stehende schwarze Figuren und Angriff auf den schwarzen König.

## Partie Nr. 79

**Aljechin – Bogoljubow**, Triberg 1921
1. d4 Sf6 2. Sf3 e6 3. c4 b6 4. g3 Lb7
5. Lg2 c5 6. dc5 Lxc5 7. 0–0 0–0 8. Sc3
d5 9. Sd4 Lxd4 10. Dxd4 Sc6 11. Dh4
dc4 12. Td1 Dc8 13. Lg5 Sd5 14. Sxd5
ed5 15. Txd5!

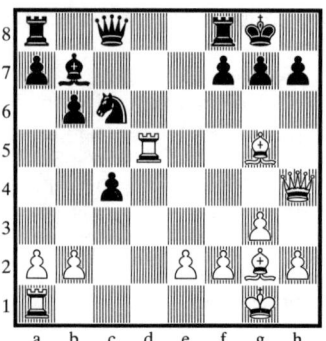

Einschätzung der Stellung:
Bei offenem Zentrum sind die weißen Figuren aktiv aufgestellt. Die Bauernstellung vor dem schwarzen König ist noch
nicht geschwächt, doch mit den folgenden Angriffsoperationen werden Schwächen erzwungen. Die schwarzen Figuren
können vom Damenflügel aus ihrem König nicht zur Hilfe eilen. Mit dem originellen und starken 15. Zug konnte Weiß seinen Vorteil ausbauen.
Auf den ersten Blick scheint es, als
könnte Schwarz mit einem Springerzug
die weißfeldrigen Läufer tauschen. Doch
Weiß hat eine neue Überraschung bereit.

15. ...          Sc6-b4
16. Lg2-e4!!     ...

Der Läufertausch wird nicht erreicht, die
weißen Figuren stürzen sich auf den gegnerischen König. Im Kommentar zu dieser Partie geht Aljechin auf das typische
Verhalten in diesem Stellungstyp ein:

„Die Haupteigenschaften all dieser Partien (u. a. die vorhergehende Partie gegen Sterk, d. Verf.) ist das Unerwartete
der schnell zum Ziel führenden Attacken,
die stets fern von dem Punkt vorbereitet
werden, auf den sie sich stürzen. Jedes-
mal geht ihnen ein mehr oder weniger
kompliziertes Manöver im Zentrum oder
auf dem Damenflügel voran, welches die
Ablenkung der gegnerischen Figuren
von Hauptkampfplatz bezweckt. Und
dann erst wird der blitzartige Schlag ver-
setzt, der gewöhnlich mit Opfern verbunden ist und dem Gegner keinerlei Rettungschancen läßt."

16. ...          f7-f5

Auch andere Züge retten den Nachziehenden nicht: 16. ... g6 17. Lf6 Sxd5
18. Lxd5 Df5 (sonst 19. Dh6) 19. Lxb7
oder 16. ... h6 17. Lxh6 Sxd5 18. Dg5 g6
19. Lxd5 oder 16. ... h6 17. Lxh6 f5
18. Dg5 Dc7 (18. ... Tf7 19. Txf5 Lxe4
20. Txf7 Kxf7 21. Dxg7+) 19. Lxg7 Dxg7
20. Dxg7+ Kxg7 21. Td7+.

17. Le4xf5!      ...

Damit erobert Weiß die Dame, und die
Partie ist entschieden.

17. ...          Tf8xf5
18. Td5-d8+      Dc8xd8
19. Lg5xd8       Ta8-c8

Weiß besitzt nun Dame und Bauern für
Turm und Springer. Aljechin beendet die
Partie in wenigen Zügen.

20. Ta1-d1       Tf5-f7
21. Dh4-g4       Sb4-d3
22. e2xd3        Tc8xd8
23. d3xc4        Td8-f8
24. f2-f4        Tf7-e7
25. Kg1-f2       h7-h6
26. Td1-e1       Lb7-c8
27. Dg4-f3       Te7-f7
28. Df3-d5       g7-g5
29. Te1-e7       g5xf4
30. g3xf4

Schwarz gab auf.

## Partie Nr. 80

**Szabo – Padewski**, Amsterdam 1972
1. Sf3 Sf6 2. c4 e6 3. b3 d5 4. Lb2 Le7
5. g3 0–0 6. Lg2 c5 7. 0–0 Sc6 8. e3 b6
9. De2 Lb7 10. Td1 Dc7 11. Sc3 Tfd8
12. cd5 Sxd5 13. Sxd5 Txd5 14. d4 Td7
15. dc5 Lxc5 16. Sg5!

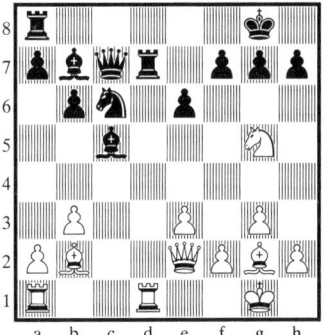

Einschätzung der Stellung:
Die Eröffnungsphase ist beendet, der
Mittelspielkampf beginnt. Das Zentrum
kann als offen betrachtet werden, obwohl die e-Bauern noch vorhanden sind.
Alle Figuren sind frei beweglich, wobei
die weißen Türme etwas aktiver stehen,
günstig sind die weißen Fianchettoläufer
postiert. Weiß eröffnet die Kampfhand-
lungen am Königsflügel mit der Springer-
attacke.
Der Anziehende steht geringfügig besser.

16. ...                         Td7xd1+(?)
Besser war 16. ... Tad8, es könnte folgen
17. Txd7 Dxd7 18. Dc2 f5 19. Dc4 Te8,
und Weiß steht etwas besser.

17. Ta1xd1        h7-h6
Schwarz mußte die Drohung 18. Dh5 h6
19. Dxf7+ Dxf7 20. Sxf7 Kxf7 21. Td7+
abwehren. 17. ... Td8 war auch schlecht
wegen 18. Txd8+ Sxd8 19. Lxb7 Sxb7

(19. ... Dxb7 20. Dd3) 20. Dc2 g6 21. Dc3.

18. Sg5-e4        Lc5-f8?
Auf 18. ... Le7 folgt 19. Dg4. Andere Züge
können auch nicht gefallen, da Schwarz
seinen Läufer bei dem Tausch einbüßt.

19. Se4-f6+        ...
Alle weißen Figuren sind schnell einsetz-
bar, der Anziehende steht auf Gewinn.
Mit dem typischen und doch immer wieder überraschenden Figurenopfer wird
die Bauernstellung des Nachziehenden
aufgerissen.

19. ...                         g7xf6
Auch die Ablehnung des Opfers verliert
schnell: 19. ... Kh8 20. Td7 Dc8 21. Txf7
gf6 22. Dd3 Lg7 23. Dg6 Dg8 24. Txg7.

20. De2-g4+        Kg8-h7
21. Lg2-e4+        f6-f5
22. Le4xf5+        e6xf5
23. Dg4xf5+        Kh7-g8
24. Td1-d7        ...
Die Gewinnabwicklung ist eine zwangsläufige Folge. Ein anderer Weg zum Sieg
war: 24. Df6 Kh7 25. g4 mit der Mattdrohung 26. Dh8+ Kg6 27. Dg8+.

24. ...                         Db7xd7
25. Df5xd7        Ta8-b8
26. Dd7-g4+        Kg8-h7
27. Dg4-f5+
Schwarz gab auf. Die alte Drohung ist
wieder aufgetaucht, 27. ... Kg8 28. Df6,
und Schwarz kann nicht mehr 28. ... Kh7
spielen, da f7 nun ungedeckt ist.

## Partie Nr. 81

**Miles – Olafsson**, Tilburg 1977
1. c4 e6 2. Sc3 d5 3. d4 Lb4 4. e3 Sf6
5. Ld3 c5 6. Sf3 0–0 7. 0–0 Sc6 8. dc5
Lxc5 9. a3 a6 10. b4 La7 11. Lb2 De7
12. De2 Ld7 13. Tad1 Tfd8 14. Lb1 dc4
15. Dxc4 Tac8 16. Dh4 Le8

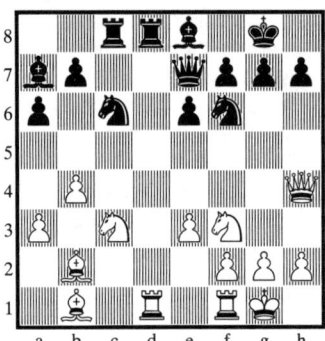

Einschätzung der Stellung:
Bei offenem Zentrum sind beide Parteien
voll entwickelt. Schwarz hat noch keine
Schwäche in der Bauernfront vor seinem
König. Doch er muß auf den Schutz des
Königs achten, da beide weißen Läufer
zum Königsflügel blicken.
Weiß steht etwas besser.
  17. b4-b5!        ...
Mit dem Vorstoß am Damenflügel werden die weißen Figuren weiter aktiviert.
  17.  ...          a6xb5
  18.  Sc3xb5       La7-b8?
Besser war 18. ... h6 zum Schutz des Königsflügels.
  19.  Lb2xf6       De7xf6
  20.  Lb1xh7+      Kg8-f8
  21.  Dh4xf6       g7xf6
  22.  Td1xd8       Tc8xd8
  23.  Lh7-c2       ...
Nach dem Gewinn des Bauern steht
Weiß im Endspiel überlegen. Er verwertet den Mehrbesitz sicher.
In der Partie folgte noch: 23. ... Sa5
24. a4 Tc8 25. Ld3 f5 26. Tb1 Lc6
27. Sfd4 Ld5 28. f3 Le5 29. Kf2 Ke7 30. f4
Lf6 31. Tb2 Kd7 32. Td2 Ke7 33. Tc2
Txc2 34. Lxc2 b6 35. Ld1 Sb7? 36. Sc7!
Le4 37. Sa8 Kd6 38. Sxb6 Ld8 39. Sc4+
Kc5 40. Se5 Kb4 41. Sxf7 Lb6 42. Sxe6
Kc3
Schwarz gab auf.

## Partie Nr. 82

**Westerinen – Szabo**, Helsinki 1979
1. e4 e5 2. Sf3 Sc6 3. Lb5 a6 4. La4 Sf6
5. 0–0 Le7 6. Te1 b5 7. Lb3 d6 8. c3 0–0
9. h3 Sa5 10. Lc2 c5 11. d4 Dc7 12. Sbd2
cd4 13. cd4 Td8 14. Sf1 ed4 15. Lg5 h6
16. Lh4 Sc4 17. Dxd4 Se5 18. Ld1 Lb7
19. S1d2 Sg6 20. Lb3 Tac8 21. Tad1
Sxh4 22. Sxh4 d5 23. ed5 Lxd5 24. Lxd5
Txd5 25. De3

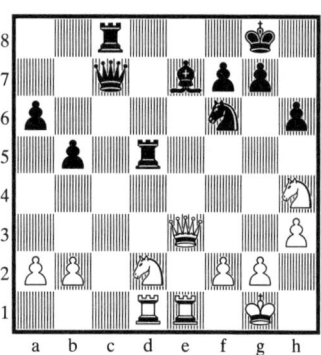

Einschätzung der Stellung:
Die von Schwarz herbeigeführte Öffnung
im Zentrum ist zu seinem Vorteil. Die Figuren des Nachziehenden stehen aktiver, sein Läufer kommt mit Tempo auf
die Diagonale a7-g1. Bei derartigen offe-

nen Stellungen ist immer der Angriff auf ungedeckt stehende Figuren zu beachten (Sh4). So liegen oft Kombinationen in der Luft. Zuerst verbessert Schwarz seine Figurenaufstellung.
Schwarz steht etwas besser.

| 25. | ... | Le7-c5 |
| 26. | De3-f3 | ... |

Weiß verstellt seinem Randspringer das Rückzugsfeld, zumal er die Fesselungsdrohung 26. ... Tcd8 beachten muß. Doch nach dem Textzug kann Schwarz mit einer Kombination, die die hängende Stellung der weißen Figuren ausnutzt, einen Bauern gewinnen.

| 26. | ... | Tc8-d8 |
| 27. | Sd2-b3 | Td5xd1 |
| 28. | Te1xd1 | Lc5xf2+ |
| 29. | Kg1xf2 | Dc7-c2+ |
| 30. | Kf2-e1 | Td8xd1+ |
| 31. | Df3xd1 | Dc2-e4+ |
| 32. | Ke1-f1 | De7xh4 |

Mit dieser zwangsläufigen Zugfolge eroberte Schwarz einen wichtigen Bauern. Neben dem Mehrbauern spricht für den Nachziehenden noch die ungeschützte Stellung des weißen Königs.

| 33. | Dd1-d8+ | Kg8-h7 |
| 34. | Dd8-c7 | Dh4-e4! |
| 35. | Sb3-c1 | ... |

Nicht 35. Dxf7 Db1+ 36. Kf2 Dxa2!, und Schwarz erobert noch einen Bauern.

| 35. | ... | Sf6-d5! |

Schwarz klammert sich nicht an den Mehrbauern, wichtiger ist die Initiative. Es droht Sf4.

| 36. | Dc7-g3 | De4-f5+ |
| 37. | Kf1-g1 | Sd5-f4 |
| 38. | Dg3-e3 | Df5-g5 |
| 39. | De3-e4+ | f7-f5 |
| 40. | De4-c6 | Sf4xh3+ |
| 41. | Kg1-h2 | Sh3-f2 |

Weiß gab auf.

## Partie Nr. 83

**Tal – Stean**, Moskau 1975
1. Sf3 Sf6 2. c4 c5 3. Sc3 e6 4. g3 d5 5. cd5 ed5 6. d4 Sc6 7. Lg2 Le7 8. 0–0 0–0 9. Lg5 cd4 10. Sxd4 h6 11. Le3 Te8 12. Db3 Sa5 13. Dc2 Lg4 14. h3 Ld7 15. Tad1 Tc8 16. Sf5 Lf8 17. Lxd5 Te5

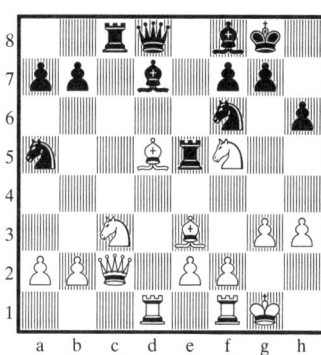

Einschätzung der Stellung:
Mit dem Schlagen des isolierten Bauern auf d5 ist das Zentrum geöffnet worden. Die ursprünglich angestrebte Variante 17. ... Sxd5 18. Txd5 Dc7 verliert wegen 18. Lf4. Der Textzug stellt einen Doppelangriff auf die beiden Leichtfiguren dar. So sind beide Seiten zu der folgenden Opfervariante gezwungen. Die weißen Figuren stehen aktiv. Weiß erhält für die geopferte Figur vorerst drei Bauern bei anhaltendem Angriff.
Der Anziehende steht klar besser.

| 18. | Sf5xh6+ | g7xh6 |
| 19. | Dc2-g6+ | Kg8-h8 |
| 20. | Ld5xf7 | Tc8-c6 |

So weit war die Abwicklung erzwungen. Auf 20. ... Lg7 folgt 21. Lxh6 Lxh6 22. Txd7! Viele Drohungen sind gegen den schwarzen König aufgestellt, so kann der Anziehende bald weiteres Material gewinnen.

21. Td1-d5! ...
Die Mattdrohung auf g8 bindet die schwarzen Figuren.

21. ... Dd8-e7
22. Le3-d4 Sa5-c4
23. f2-f4 Lf8-g7

Nach 23. ... Lf5 kommt 24. Txe5 Lxg6 (24. ... Sxe5 25. Dxf5 Sxf7 26. Sd5) 25. Txe7 Lxe7 26. Lxg6.

24. Ld4xe5 Sc4xe5
25. Td5xe5 De7-f8
26. Lf7-b3 Sf6-g4
27. Dg6-d3 Sg4xe5

Oder 27. ... Lxe5 28. Dxd7.

28. f4xe5 Df8-c5+
29. Kg1-h2 Ld7-e8
30. e5-e6 Tc6-d6
31. Dd3-e4

Schwarz gab auf, gegen die Drohung Lc2 nebst Dh7 matt ist er wehrlos.

### Partie Nr. 84

**Rodriguez – Matanović**, Buenos Aires 1978

1. e4 e5 2. Sf3 Sc6 3. Lb5 a6 4. La4 Sf6 5. 0–0 Le7 6. Te1 b5 7. Lb3 d6 8. c3 0–0 9. h3 Sb8 10. d3 Sbd7 11. Sbd2 Lb7 12. Sf1 Sc5 13. Lc2 Te8 14. Sg3 Lf8 15. b4 Scd7 16. d4 g6 17. Ld2 Lg7 18. Ld3 d5 19. Lg5 h6 20. Lxf6 Dxf6 21. a4 ed4 22. cd4 de4 23. Sxe4 Df4 24. Dc2 ba4 25. Te3 Lxe4 26. Lxe4 Tab8 27. Txa4 Dd6 28. Da2 Te6 29. Ld5 Tf6 30. Se5 Tf8 31. Lb3 Sb6 32. Txa6 Dxd4 33. Ta7 Dd6

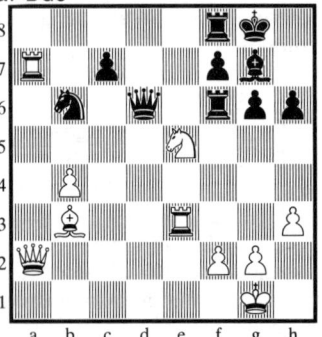

Einschätzung der Stellung:
Die Öffnung des Zentrums ist dem Anziehenden zugute gekommen. Seine Figuren stehen weitaus aktiver als die des Gegners. Im Lager des Nachziehenden sind Schwächen auf c7 und f7 vorhanden. Gegen diese beiden Punkte richtet sich im folgenden auch das Spiel von Weiß. Der Angriff auf c7 und f7 wird kombiniert.
Weiß steht besser.

34. Da2-c2 ...

Schwarz ist einer dreifachen Bedrohung ausgesetzt, dem Angriff auf c7, f7 und g6.

34. ... Tf6-f5

Der Bauer c7 ist nicht mehr direkt zu verteidigen, z.B. 34. ... Sa8 35. Sxf7 T6xf7 36. Lxf7+ Kxf7 37. Dc4+ Kf6 38. Tf3+ Ke7 39. Txf8. Nach 34. ... Sd5 35. Lxd5 Dxd5 36. Txc7 erobert Weiß zwar den c-Bauern, doch bis zum Sieg ist noch ein weiter Weg.

35. Se5xf7! Tf8xf7
36. Ta7xc7 Lg7-e5

Hartnäckiger war hier 36. ... Sd5, doch auch dann gewinnt Weiß nach Analysen von Moisejew: 36. ... Sd5 37. Txf7 Kxf7 38. Td3 Ke6 39. Txd5 Txd5 40. Dxg6+ Lf6 41. De4+ Le5 42. f4 oder 38. ... Kf8 39. Lxd5 Txd5 40. Dc8+ Kf7 41. Db7+ Ke6 42. Txd5 Dxd5 43. Dxg7 oder 38. ... Kf6 39. Dd2 Dxb4 40. Db2+ Te5 41. Txd5 De1+ 42. Kh2.

37. Tc7xf7 Tf5xf7
38. Te3xe5 Kg8-f8
39. Lb3xf7 ...

Schneller gewann 39. Te6.

39. ... Dd6xe5
40. Dc2xg6 De5-e1+
41. Kg1-h2 De1xb4

Oder 41. ... Dxf2 42. La2 Df4+ 43. Dg3 Dxb4 44. Dg8+ Ke7 45. De6+ nebst Dxh6. Im Endspiel hat Weiß neben dem anhaltenden Angriff zwei Bauern mehr, er steht auf Gewinn.

| | | |
|---|---|---|
| 42. | Dg6-f6 | Sb6-d7 |
| 43. | Df6-f5 | Db4-d6+ |
| 44. | g2-g3 | Sd7-f6 |
| 45. | Lf7-c4 | Dd6-d4 |
| 46. | Kh2-g2 | Kf8-g7 |

Schwarz gab auf.

## Partie Nr. 85

**Boleslawski – Flohr**, Moskau 1950
1. e4 c6 2. Sf3 d5 3. Sc3 Lg4 4. h3 Lxf3
5. Dxf3 e6 6. d4 Sf6 7. Ld3 de4 8. Sxe4
Dxd4 9. Le3 Dd8 10. 0–0–0 Sbd7
11. Lc4 Da5 12. Ld2 Db6 13. The1 Sxe4?
14. Txe4 Sf6

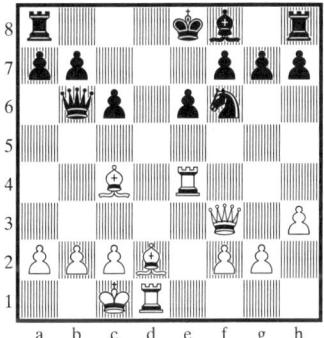

Mit dem Gewinn des Bauern auf d4 hat
Schwarz Zeit verloren. So ist er in der
Entwicklung zurückgeblieben. Weiß ist
voll entwickelt, seine Figuren sind wirkungsvoll aufgestellt. Der König des
Nachziehenden steht noch im Zentrum,
so müssen immer Opfer beachtet werden, die die Stellung öffnen. Der voran-
gegangene Tausch mit dem folgenden
Angriff auf den Turm verlockt den Anziehenden zum Opfer auf e6.
Weiß hat klaren Vorteil.

| | | |
|---|---|---|
| 15. | Lc4xe6! | f7xe6 |
| 16. | Te4xe6+ | Lf8-e7 |

Auf 16. ... Kf7 17. Txf6+ gf6 18. Dh5+ gab
Boleslawski die folgenden Gewinnva-
rianten an:
18. ... Ke7 19. Te1+ Kd6 20. Lf4+ Kd7
21. Df7+ oder 18. ... Kg7 19. Lh6+ Kg8
20. Dg4+ Kf7 21. Td7+ Le7 22. Dg7+
oder 18. ... Kg8 19. Dg4+ Kf7 20. Dc4+
Kg7 (20. ... Kg6 21. De4+ Kf7 22. La5
Lh6+ 23. Kb1 Tad8 24. Dc4+ Kg7
25. Dg4+) 21. Le3 Db4 22. Td7+ Kg6
23. Df7+ Kf5 24. c3 Db5 25. g4+ Ke4
26. Dxf6.

| | | |
|---|---|---|
| 17. | Td1-e1 | Sf6-d5 |

Auf 17. ... 0–0 18. Txe7 Sd5 folgt ein
schönes Turmopfer: 19. Txg7+ Kxg7
20. Lc3+ Sxc3 21. Te7+ Kh6 22. Dxc3 mit
der Drohung Dg7+.

| | | |
|---|---|---|
| 18. | Ld2-g5 | 0–0–0 |

Angesichts der Fesselung auf der e-Linie
kann Schwarz die Mehrfigur nicht retten.

| | | |
|---|---|---|
| 19. | Lg5xe7 | Sd5xe7 |
| 20. | Te6xe7 | Th8-f8 |
| 21. | Df3-g4+ | Kc8-b8 |
| 22. | Dg4xg7 | Db6xf2 |
| 23. | b2-b3 | ... |

Nach 23. Txb7+? Ka8 würde Weiß sogar
verlieren.

| | | |
|---|---|---|
| 23. | ... | Tf8-g8 |
| 24. | Dg7xh7 | Tg8xg2 |
| 25. | Te7xb7+ | Kb8-a8 |
| 26. | Tb7-e7 | ... |

Im Ergebnis der Verwicklungen hat Weiß
zwei Bauern erobert, außerdem steht der
schwarze König immer noch schutzbedürftig. Der Bauer a7 und die Grundreihe
müssen verteidigt werden. Weiß steht
auf Gewinn.

| | | |
|---|---|---|
| 26. | ... | Df2-c5 |
| 27. | h3-h4 | a7-a5 |
| 28. | Te7-e8 | Dc5-d4 |
| 29. | Kc1-b1 | Tg2-d2 |
| 30. | Te8xd8+ | Dd4xd8 |
| 31. | Dh7-e4 | Dd8-f6 |
| 32. | h4-h5 | |

Schwarz gab auf.

In den folgenden Partien demonstriert

eine Partei weiträumiges Spiel. Neben der Vorherrschaft im Zentrum besitzt diese Partei auch die Initiative auf einem Flügel oder auf beiden Flügeln. Die Spielführung im Zentrum und auf den Flügeln wird kombiniert. Ein wichtiger Gesichtspunkt ist hierbei das Erzwingen von gegnerischen Bauern- oder Felderschwächen auf einem Flügel.

### Partie Nr 86

**Ljubojević – Karpow**, Moskau 1977
1. c4 Sf6 2. Sf3 b6 3. g3 Lb7 4. Lg2 e6
5. 0–0 Le7 6. Sc3 0–0 7. Te1 d5 8. cd5
ed5 9. d4 c5 10. Lf4 Sa6 11. Sd2 Dd7
12. Sf1 Tfd8 13. h3 Tac8 14. Tc1 cd4
15. Dxd4 Tc4 16. Dd1 d4 17. Lxb7 Dxb7
18. Se4 Txc1 19. Sxf6+ Lxf6 20. Dxc1
Dd5 21. Db1 Sc5 22. Sh2 h5 23. h4 d3
24. ed3 Sxd3

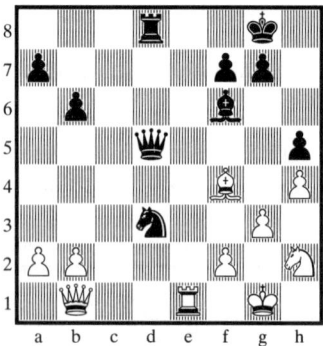

Einschätzung der Stellung:
Nach der Öffnung im Zentrum stehen alle schwarzen Figuren prächtig. Schwarz kontrolliert die d-Linie, und der gewaltige Springer d3 schränkt die weißen Figuren in der Beweglichkeit ein. Neben der Vorherrschaft im Zentrum hat Schwarz auch die Initiative auf beiden Flügeln, die Bau-

ern b2 und f2 sind angegriffen.
Der Nachziehende steht überlegen.
25. Te1-d1      Dd5-b5
Nun sind der Läufer f4 und der Bauer b2 angegriffen, doch Weiß findet noch eine Verteidigung.
26. Lf4-g5!     Lf6xg5
27. h4xg5       Db5-f5
Mit ständigen Drohungen wird der Anziehende beschäftigt, gleichzeitig achtet Schwarz darauf, daß der weiße Springer nicht ins Spiel kommt.
28. Td1-d2      Td8-d4
29. Db1-c2      h5-h4!
30. g3xh4       Dh5-h3
31. Dc2-c6!     ...
Dies ist die einzige Verteidigung gegen die direkten Drohungen Se1, Sf4 und Txh4. Möglich war auch 31. f3 Dg3+ 32. Tg2 De1+ 33. Sf1 Se5, und die weiße Königsstellung ist empfindlich geschwächt.
31. ...         Td4xh4
32. Dc6-g2      Dh3-f5
Nach 32. ... Sf4 33. Dg3 Se6 34. Td3 Dxg3+ 35. Txg3 Tc4 erhält Schwarz ein vorteilhaftes Endspiel.
33. Dg2-g3      Th4-d4
34. g5-g6       ...
Weiß befreit sich freiwillig von dem schwachen Bauern.
34. ...         f7xg6
35. Dg3-e3      Td4-d5
Nun steht auch der schwarze König unsicher. Schwarz bemüht sich daher im folgenden um den Damentausch.
36. Sh2-f1      Sd3-f4
37. De3xf4?     ...
Weiß rechnet auf seine feste Stellung. Besser war 37. Txd5 Sxd5, und der schwarze Materialvorteil ist nur gering.
37. ...         Df5xf4
38. Td2xd5      Df4-g4+!
39. Sf1-g3      Dg4-c4
40. Td5-d8+     Kg8-h7
41. b2-b3       Dc4-c2

42. Kg1-g2    g6-g5
43. Td8-d6    Dc2xa2
Schwarz steht nun auf Gewinn. Es folgte
noch:
44. Se4 Da5 45. Kf3 Df5+ 46. Ke3 Db5
47. Kd4 g4 48. Ke3 Dxb3+ 49. Kf4 Df3+
50. Ke5 Df8 51. Sg5+ Kg8 52. Se4 b5
53. Te6 b4
Weiß gab auf.


**Partie Nr. 87**

**Tartakower – Lasker**, Petersburg 1909
1. c4 e5 2. Sc3 Sf6 3. g3 Le7 4. Lg2 0–0
5. Sf3 d6 6. 0–0 Sbd7 7. d3 c6 8. Se1 Sb6
9. e4 d5 10. cd5 cd5 11. ed5 Sfxd5
12. Sxd5 Sxd5 13. d4 ed4 14. Dxd4 Le6
15. Sc2 Lf6 16. De4 Da5 17. Sd4 Lxd4
18. Dxd4 Tfd8 19. Lg5 Td7 20. a3 Sb6
21. Dh4 Sc4 22. b4 Db6 23. Tfe1 h6
24. Le7 Dc7 25. Lc5 Se5 26. Le3 Sd3

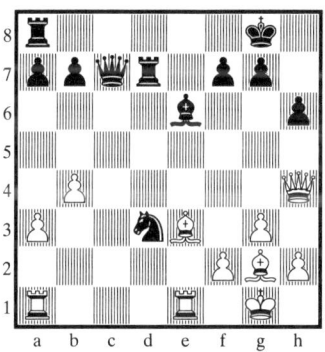

Einschätzung der Stellung:
Bei offenem Zentrum hat Weiß zwar den
Vorteil des Läuferpaares, doch der
schwarze Springer steht auf d3 sehr
stark. Schwarz hat bereits Schwächen in
der weißen Bauernstellung am Damenflügel provoziert. Langfristig wurden die

weißen Felder geschwächt, im Plan des
Nachziehenden liegt der Tausch der
weißfeldrigen Läufer. Nach dem Läufertausch ist der Springer dem Läufer überlegen. Gleichzeitig unterstützt er die
Kontrolle des Nachziehenden über die
offenen Linien. Weiß kommt vorerst nicht
zur Besetzung einer offenen Linie.
Schwarz steht klar besser.
   27. Te1-d1    Le6-b3
Schwarz vertreibt zuerst den Turm von
der d-Linie, auf 28. Td2 dringt die Dame
mit 28. ... Dc3 ein. Nun kann der angestrebte Tausch der weißfeldrigen Läufer
verwirklicht werden.
   28. Td1-f1    Lb3-d5!
   29. Lg2xd5    Td7xd5
   30. Dh4-e4    Dc7-d7
Schwarz hat die Vorherrschaft über die
weißen Felder erreicht. Gleichzeitig wird
verhindert, daß Weiß eine offene Linie
besetzen kann. Aus dieser überlegenen
Stellung heraus sammelt Schwarz weitere Pluspunkte im Zentrum und am Damenflügel (Festlegen der Damenflügelbauern auf der Läuferfeldfarbe).
   31. Ta1-a2    Ta8-e8
   32. De4-g2    b7-b6
   33. Ta2-c2    Te8-d8
   34. Dg2-e4    b6-b5!
Damit erobert Schwarz ein weiteres
weißfarbiges Feld – das Feld c4.
   35. f2-f4?    ...
Ein schlechter Zug, gewiß drohte
Schwarz gelegentlich mit f7-f5-f4, doch
mit dem Textzug wird das Feld e4 entscheidend geschwächt. Nach einigen
weiteren Zügen erkämpft sich Schwarz
auch noch das Zentralfeld e4.
   35. ...    Td8-e8
   36. De4-f3    Dd7-e6
   37. Le3-f2    ...
Nicht 37. Lxa7? Se1.
   37. ...    Td5-d7
   38. Kg1-g2    De6-b3
Schwarz hat eine langanhaltende Initia-

tive im Zentrum und am Damenflügel. Mit dem Angriff auf die Damenflügelbauern wird die weiße Dame abgelenkt. So erobert der Nachziehende die lange Diagonale a8-h1.

| 39. | Df3-c6 | Te8-d8 |
|-----|--------|--------|
| 40. | Dc6-c3 | ...    |

Nach 40. Tc3 Db2 41. Kg1 Sxf2 42. Txf2 Td1+ 43. Kg2 Da1 hat Schwarz starken Angriff.

| 40. | ...    | Db3-d5+ |
|-----|--------|---------|
| 41. | Kg2-g1 | Dd5-e4  |

Die schwarzen Figuren stehen optimal, es droht g7-g5, und auf f4xg5 folgt Se5. Weiß kommt aufgrund seiner unharmonischen Figurenstellung zu keinerlei Gegenspiel.

| 42. | Dc3-b3 | ... |
|-----|--------|-----|

Weiß kann sich auch nicht mit 42. Db6 entlasten, es folgt 42. ... Sxf2 43. Tfxf2 Td1+ 44. Tf1 Txf1+ 45. Kxf1 Td1+ 46. Kf2 Td2+.

| 42. | ...    | g7-g5 |
|-----|--------|-------|

Damit wird die Schlußphase eingeleitet, Schwarz erobert vorerst einen Bauern bei anhaltendem Stellungsdruck.

| 43. | Db3-a2 | g5xf4  |
|-----|--------|--------|
| 44. | Tc2-e2 | De4-g6 |
| 45. | Da2-c2 | Kg8-h7 |
| 46. | Dc2-c3 | Te8-g8 |

Nach dem Kampf am Damenflügel und im Zentrum verlagert sich die Initiative nun zum Königsflügel.

| 47. | Kg1-h1 | Dg6-h5! |
|-----|--------|---------|
| 48. | Te2-d2 | f4xg3   |
| 49. | Lf2xg3 | Tg8xg3  |

Die Partie ist entschieden, Schwarz konnte den Positionsvorteil in siegbringenden Materialvorteil verwandeln.

| 50. | Dc3-c6 | Sd3-e5 |
|-----|--------|--------|
| 51. | Dc6-e4+ | Kh7-g8 |
| 52. | Td2-f2 | Tg3-g5 |
| 53. | Tf2-c2 | Td7-d1 |

Weiß gab auf.

In dieser strategisch interessanten Partie war die Spielführung des Nachziehen-

den besonders lehrreich. Anfangs besaß Schwarz Raumüberlegenheit im Zentrum, danach konnte er die Initiative ausdehnen auf den Damenflügel und dem Anziehenden Schwächen verschaffen. In der Schlußphase der Partie wurde die Initiative auf den Königsflügel ausgeweitet und dort die Partie entschieden.

### Partie Nr. 88

**I. Saizew – Lukacs**, Dubna 1979
1. d4 Sf6 2. c4 e6 3. Sf3 d5 4. g3 Le7
5. Lg2 0–0 6. Sc3 Sbd7 7. 0–0 dc4 8. e4
c6 9. a4 b6 10. De2 La6 11. Td1 Dc8
12. d5 ed5 13. ed5 Te8 14. dc6 Sc5
15. Sb5 Sd3 16. Txd3 cd3 17. Dxd3 Dxc6
18. Sg5 Tad8 19. Db3

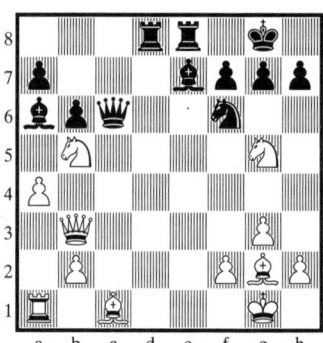

Einschätzung der Stellung:
Bei offenem Zentrum opferte Weiß die Qualität für aktives Figurenspiel. Im Augenblick droht neben dem Schlagen der Dame auch der Angriff auf f7. Schwarz kann diesen Doppelangriff mit Sd5 parieren. Weiß hat noch Entwicklungsrückstand, da Damenläufer und Damenturm noch nicht im Spiel sind. So muß Weiß auch die Schwäche der ersten Reihe beachten. Weiß hat keine ausreichende

Kompensation für die geopferte Qualität. Schwarz steht etwas besser.

| | |
|---|---|
| 19. ... | Sf6-d5 |
| 20. Lc1-e3 | h7-h6? |

Damit übersieht der Anziehende den naheliegenden taktischen Schlag. Die Achillesferse ist wieder einmal der Bauer f7. Richtig war hier, sich mit 20. ... Lxg5 21. Lxg5 f6 zu entlasten. 22. Td1 ist danach keine Drohung wegen 22. ... fg5 23. Lxd5+ Txd5 24. Txd5 Te1+ 25. Kg2 Lb7 26. Sc3 De6.

Auf 22. Lf4 Kh8 23. Td1 Lb7 24. Sc3 Sxc3! 25. Lxc6 Txd1+ 26. Dxd1 (26. Kg2 Lxc6+ 27. Kh3 Se4) 26. ... Sxd1 27. Lxe8 Sxb2 28. Lb8 a6 29. Lc7 Sc4 30. Lf7 Se5 31. Le8 Lc6 32. Lxe5 Lxe8 33. Ld4 kann Weiß die Partie remis halten.

| | |
|---|---|
| 21. Sg5xf7 | ... |

Selbstverständlich nimmt Weiß die Einladung an. Er erhält nun einen Bauern und Königsangriff für die Qualität.

| | |
|---|---|
| 21. ... | Kg8xf7 |
| 22. Ta1-d1 | La6xb5 |
| 23. a4xb5 | Dc6-g6 |
| 24. Lg2xd5+ | Kf7-f8 |
| 25. Td1-d3! | ... |

Damit droht der Einsatz des Turmes gegen den schwarzen König.

| | |
|---|---|
| 25. ... | Td8-d7 |
| 26. Le3-d2 | Td7-d6 |

Oder 26. ... Ted8 27. Tf3+ Lf6 28. Lb4+.

| | |
|---|---|
| 27. Ld2-c3 | Te8-d8 |

Auch nach 27. ... Dxd3 28. Lxg7+ Kxg7 29. Dxd3 Ted8 30. Dd4+ gewinnt Weiß.

| | |
|---|---|
| 28. Td3-f3+ | Le7-f6 |
| 29. Lc3-b4 | Dg6-h5 |

Weiß gewinnt die Qualität zurück bei anhaltendem Angriffsdruck. Der Anziehende steht überlegen.

| | |
|---|---|
| 30. Db3-c4 | Dh5-e5 |
| 31. Ld5-e4 | De5-e7 |
| 32. Le4-g6 | Td6-d1+ |
| 33. Kg1-g2 | Td1-d6 |
| 34. Tf3-e3 | De7-b7+ |
| 35. f2-f3 | Db7-d7 |

| | |
|---|---|
| 36. Lb4xd6+ | |

Schwarz gab auf.

## Partie Nr. 89

**Reti – Capablanca**, New York 1924
1. Sf3 Sf6 2. c4 g6 3. b4 Lg7 4. Lb2 0–0 5. g3 b6 6. Lg2 Lb7 7. 0–0 d6 8. d3 Sbd7 9. Sbd2 e5 10. Dc2 Te8 11. Tfd1 a5 12. a3 h6 13. Sf1 c5 14. b5 Sf8

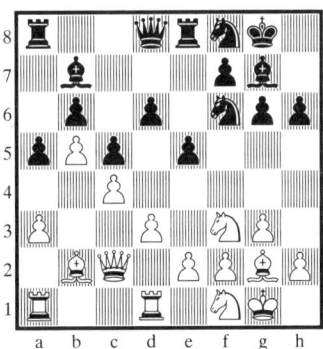

Einschätzung der Stellung:
Nach vorsichtiger Eröffnungsbehandlung ist die Stellung immer noch geschlossen. Die Stellung ist etwa ausgeglichen, nach 15. e4 nebst Se3 liegt der Remisschluß nahe. Weiß hat jedoch anspruchsvollere Ziele, mit e2-e3 und d3-d4 will er das Zentrum öffnen. Dieser scharfe Plan ist angesichts der Bauernschwäche c4 recht zweischneidig.

| | |
|---|---|
| 15. e2-e3 | Dd8-c7 |
| 16. d3-d4 | Lb7-e4 |

Die weiße Dame steht auf c2 günstig. So war es richtig, die Dame zu befragen.

| | |
|---|---|
| 17. Dc2-c3? | ... |

Die Postierung der Dame in der Läuferdiagonalen war nicht günstig, besser war 17. Dc1.

| | |
|---|---|
| 17. ... | e5xd4 |
| 18. e3xd4 | Sf6-d7? |

Schwarz sollte mit der Verstärkung des Drucks den Bauern d4 zur Erklärung zwingen. 18. ... Se6 19. d5 Lxf3 20. Lxf3 Sd4 ist besser für den Nachziehenden, und auch nach 18. ... Se6 19. dc5 dc5 20. Dc1 hat Schwarz leichten Vorteil. Er hat die Zentrumsfelder besser unter Kontrolle. Die Öffnung des Spiels nach dem Textzug bringt dem Anziehenden Vorteil. Er kommt in den Besitz der d-Linie, und mit dem Tausch der schwarzfeldrigen Läufer wird die Königsstellung des Nachziehenden geschwächt.

| | | |
|---|---|---|
| 19. | Dc3-d2 | e5xd4 |
| 20. | Lb2xd4 | Dc7xc4 |
| 21. | Ld4xg7 | Kg8xg7 |
| 22. | Dd2-b2+! | ... |

Mit diesem Zwischenschach kommt die Dame auf die lange Diagonale und der Bauer b5 wird gedeckt.

| | | |
|---|---|---|
| 22. | ... | Kg7-g8 |
| 23. | Td1xd6 | ... |

Nun erhält Weiß gewaltigen Druck auf der d-Linie und auf der langen Diagonalen.

| | | |
|---|---|---|
| 23. | ... | Dc4-c5 |

Auch im Endspiel nach 23. ... Dc2 24. Dxc2 Lxc2 25. Sd4 steht Weiß deutlich besser.

| | | |
|---|---|---|
| 24. | Ta1-d1 | Ta8-a7 |
| 25. | Sf1-e3 | ... |

Die weißen Figuren werden weiter aktiviert, Schwarz muß nun immer die Drohung Sg4 beachten.

| | | |
|---|---|---|
| 25. | ... | Dc5-h5 |
| 26. | Sf3-d4! | ... |

Dies ist stärker als der Damengewinn mit 26. T1d5! Lxd5 27. g4 Lxf3 28. gxh5 Lxh5.

| | | |
|---|---|---|
| 26. | ... | Le4xg2 |
| 27. | Kg1xg2 | Dh5-e5? |

Natürlich nicht 27. ... Txe3 28. fe3 Dxd1 29. Sf5. Besser war aber 27. ... Se5, und nun kann Weiß nicht auf b6 schlagen wegen Se5-c4.

| | | |
|---|---|---|
| 28. | Se3-c4 | De5-c5 |

| | | |
|---|---|---|
| 29. | Sd4-c6 | Ta7-c7 |
| 30. | Sc4-e3 | ... |

Die weißen Figuren beherrschen das Brett, während Schwarz auf den Grundreihen versammelt ist. Und die schwarze Dame muß bei ihrem Ausflug mit ständigen Angriffen rechnen.

| | | |
|---|---|---|
| 30. | ... | Sd7-e5 |
| 31. | Td1-d5! | |

Schwarz gab auf.
Auf 31. ... Sc4 könnte folgen: 32. Txc5 Sxb2 33. Tc2 Sa4 34. Sd5 mit Angriff auf c7 und der Drohung Sf6+.

Die nun folgenden Partien zeigen bei offenem Zentrum das aktive Figurenspiel. Dabei sichert die Initiative einer Partei einen dauernden Vorteil. In der nächsten Partie kann bei hängender Figurenstellung im Zentrum der Vorteil überraschend schnell verwertet werden.

Richard Réti

## Partie Nr. 90

**Keres – Benkö**, Zagreb 1959
1. e4 e5 2. Sf3 Sc6 3. Lb5 a6 4. La4 Sf6
5. 0–0 Le7 6. Te1 b5 7. Lb3 d6 8. c3 0–0
9. h3 Sb8 10. d4 Lb7 11. de5 de5
12. Dxd8 Lxd8 13. Sxe5 Sxe4

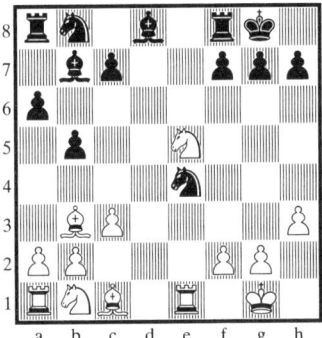

Einschätzung der Stellung:
Weiß war bereit zur Abwicklung in ein
Endspiel. Es sind keine Bauernspannun-
gen mehr vorhanden. Der Anziehende ist
etwas besser entwickelt. Er hat die offene e-Linie in Besitz, und mit seinen
Leichtfiguren ist der Bauer f7 anvisiert.
Weiß steht besser.
14. Lc1-e3      ...
Dieser natürliche Entwicklungszug behindert die Entwicklung des Nachziehenden.
14. ...          Ld8-f6
Schwarz möchte natürlich den Springer
e5 vertreiben, um die Entwicklung zu
vollenden. Möglich war auch 14. ... Sc6
15. Ld5 Sa5 16. Lxe4 Lxe4 17. Lc5 Te8
18. Txe4 f6, und Weiß steht besser.
15. Se5-g4      Sb8-d7
16. Sb1-d2      Se4xd2
17. Le3xd2      Tf8-e8
Schwarz strebt den Abtausch an, um
den weißen Druck zu vermindern. Weiß

hat jedoch eine Schwäche im Lager des
Nachziehenden erspäht, den Bauern c7.
18. Ld2-f4!      Te8xe1+?
Nach 18. ... c5 19. Txe8+ Txe8 20. Td1
Sf8 21. Sxf6+ gf6 hat Schwarz noch gewisse Remischancen. Nun folgt ein – angesichts dieser einfachen Stellung –
schneller Schluß.
19. Ta1xe1      Ta8-c8
20. Lb3-c2!      ...
Dieser Zug unterstreicht die Bedeutung
des aktiven Figurenspiels bei einem offenen Zentrum – sogar im Endspiel. Weiß
steht auf Gewinn.
20. ...          g7-g6
Auch nach 20. ... h5 21. Lf5 hg4 22. Lxd7
Td8 23. Lxg4 oder 20. ... Ld5 21. Lf5 Le6
22. Txe6 ist Weiß im Vorteil.
21. Te1-d1
Schwarz gab auf.
Er verliert eine Figur, z.B. 21. ... h5
22. Sh6+.

## Partie Nr. 91

**Kovacs – Farago**, Ungarn 1982
1. d4 Sf6 2. c4 e6 3. Sc3 Lb4 4. Dc2 0–0
5. Sf3 c5 6. a3 cd4 7. Sxd4 Lxc3+ 8. Dxc3
d5 9. cd5 Sxd5 10. Dc2 e5 11. Sf3

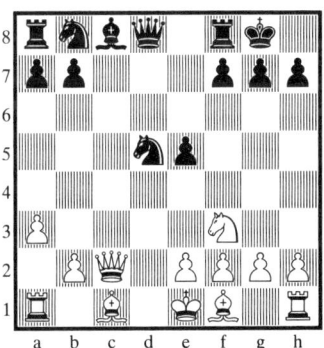

Einschätzung der Stellung:
Die c- und d-Bauern fehlen beidseits, die Stellung kann als offen betrachtet werden. Da die Entwicklung noch nicht abgeschlossen ist, sind Tempogewinne von großer Bedeutung. Schwarz hat bereits rochiert, während der weiße König noch viel Zeit benötigt, um sich in Sicherheit bringen zu können. Mit energischem Spiel kann Schwarz seinen Trumpf ausspielen, den Entwicklungsvorsprung. Die folgenden Opfer unterstreichen die Bedeutung des Zeitfaktors in offenen Stellungen.
Schwarz steht besser.

| 11. | ... | e5-e4! |
| 12. | Dc2xe4 | ... |

Auch nach 12. Sd4 Sb4 oder 12. Sd2 e3 steht Schwarz besser.

| 12. | ... | Tf8-e8 |
| 13. | De4-c2 | Sb8-c6 |
| 14. | h2-h3? | ... |

Weiß wollte die Entwicklung des schwarzen Läufers nach g4 verhindern, doch diesen Tempoverlust konnte er sich nicht mehr erlauben. Auch nach 14. e3 Lg4 15. Le2 Tc8 hat Schwarz die Initiative.

| 14. | ... | Sd5-b4! |
| 15. | a3xb4 | Sc6xb4 |
| 16. | Dc2-d2 | ... |

Nach allen anderen Zügen ist Weiß sofort verloren.

| 16. | ... | Sb4-d3+ |
| 17. | Ke1-d1 | Sd3xf2+ |
| 18. | Kd1-e1 | Dd8xd2+ |
| 19. | Lc1xd2 | Sf2xh1 |
| 20. | Ld2-f4 | ... |

Wenn Weiß den Ecksspringer fangen kann, dann ist etwa ein materielles Gleichgewicht erreicht. Schwarz muß versuchen, seinen Springer so teuer wie möglich zu verkaufen.

| 20. | ... | Lc8-d7 |
| 21. | g2-g4 | Ld7-c6? |

Richtig war 21. ... Te4, und Schwarz

steht besser, z.B. 22. e3? Tae8! oder 22. Lh2 Tc8.

| 22. | Lf1-g2 | Te8-e4 |
| 23. | e2-e3 | Ta8-e8 |
| 24. | Ke1-f1 | Te4xf4 |
| 25. | e3xf4 | Sh1-g3+ |
| 26. | Ke1-f2 | Sg3-e2 |
| 27. | f4-f5 | a7-a6 |

Nach dieser Abwicklung ist die Partie wieder innerhalb der Remisbreite. Auch bei 27. ... Sf4 28. Txa7 Sxg2 oder 28. ... Te2+ ist die Stellung annähernd ausgeglichen. Mit 27. ... Sf4 28. Txa7 Sd3+ 29. Kg3 Sxb2 konnte Schwarz noch Gewinnversuche unternehmen.
In der Partie folgte noch:
28. Lf1 Lxf3 29. Kxf3 Sd4+ 30. Kf4 f6 31. Td1 Sc6 32. Lg2 h6 33. Td6 Tc8 34. Ld5+ Kh7 35. Lxc6 bc6 36. h4 a5 37. g5 hg5+ 38. hg5 fg5+ 39. Kxg5 Tb8 40. Txc6 Txb2 41. Ta6 Tg2+ 42. Kh5 Ta2 43. Ta7 Kg8 44. Kg6 Tg2+ 45. Kh5 Remis.

### Partie Nr. 92

**Tukmakow – Kasparow**, Frunse 1981
1. d4 Sf6 2. c4 g6 3. Sc3 Lg7 4. e4 d6 5. Le2 0–0 6. Lg5 c5 7. d5 b5 8. cb5 a6 9. a4 h6 10. Ld2 e6 11. de6 Lxe6 12. Sf3 ab5 13. Lxb5 Sa6 14. 0–0 Sc7 15. Te1 Sxb5 16. Sxb5 d5 17. ed5 Sxd5 18. Se5!

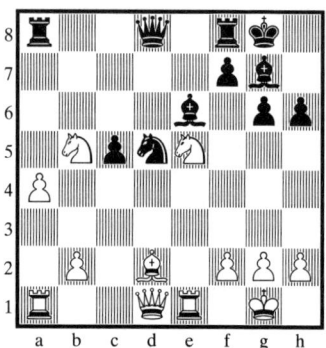

Einschätzung der Stellung:
Schwarz hat einen Bauern geopfert, um gutes Figurenspiel zu erlangen. Bei offenem Zentrum stehen die Figuren des Nachziehenden günstig, doch er besitzt kein ausreichendes Äquivalent für den Minusbauern. Weiß steht besser, doch er muß sehr sorgfältig spielen. Nach dem letzten weißen Zug droht Sxg6.

| 18. ... | Tf8-e8 |
| 19. Ta1-c1 (?) | |

Dieser Zug liegt nahe, da der Turm mit der Drohung des Bauerngewinns in den Kampf geführt wird. Genauer war 19. Sc4, und Weiß droht evtl. auf d6 einzudringen.

| 19. ... | Le6-f5 |

Das Wichtigste ist die Verbesserung der Figurenstellung. Schwarz hält sich an diesen Grundsatz, ohne sich an den Bauern c5 zu klammern.

| 20. Se5-c6 | ... |

Auch nach 20. Sc4 Txe1+ 21. Lxe1 Sf4! 22. Dxd8+ Txd8 hat Schwarz vollwertiges Gegenspiel.

| 20. ... | Dd8-d7! |

Wieder ein starker Zug. Schwach wäre das Decken des Bauern c5 gewesen, nach 20. ... Db6 21. Sa5! steht Weiß besser.

| 21. Tc1xc5 | ... |

Danach entsteht eine weitere Schwäche im weißen Lager – die Grundreihe.

| 21. ... | Te8xe1+ |
| 22. Dd1xe1 | ... |

Oder 22. Lxe1 Te8 nebst Sf4.

| 22. ... | Ta8-e8 |

Natürlich nicht 22. ... Txa4? 23. Txd5.

| 23. De1-c1 | Sd5-b6! |
| 24. b2-b3 | ... |

Auf 24. a5 folgt 24. ... Sa4.

| 24. ... | Te8-e2 |

Die Stellung ist bereits schwierig geworden für den Anziehenden. Schwarz hat in der aktiven Stellung seiner Figuren eine ausreichende Kompensation für die beiden Bauern, zumal die weißen Figuren unharmonisch aufgestellt sind.

| 25. Ld2-a5 | ... |

Nach 25.. Le3 zeigt sich die Schwäche der Grundreihe mit 25. ... Lb2 26. Df1 Ld3 27. Dd1 (sonst Txe3) 27. ... Lxb5.

| 25. ... | Lf5-e4! |

Schwarz kann den Angriff auf den Springer ignorieren, 26. Lxb6 Dg4 27. Df1 Te1!

| 26. Sc6-e5 | Dd7-e7 |
| 27. Sb5-d4? | ... |

Hiernach steht Schwarz auf Gewinn. Notwendig war 27. Df1. Nach der Analyse von Kasparow konnte Schwarz danach ein effektvolles Remis erzielen mit 27. ... Ta2 28. Lxb6 Lxe5 29. Sc3 Lxh2+ 30. Kxh2 Dh4+ 31. Kg1 Lxg2 32. Kxg2 Dg4+ und Dauerschach. Ansonsten muß er sich auf 29. ... Lxc3 30. Txc3 Df6 31. La5 Dg5 32. f3 einlassen mit der möglichen Folge: 32. ... Dxa5 33. Tc8+ Kg7 34. fe4 Db6+ 35. Kh1 Dxb3.

| 27. ... | Te2-a2 |
| 28. La5xb6 | Lg7xe5 |
| 29. Dc1-e3? | ... |

Weiß hat keine Zeit zu 29. h3? Df6. Aber mit 29. De1 konnte er noch kämpfen, z.B. 29. ... Dd6 30. Txe5 Dxe5 31. f3.

| 29. ... | De7xc5 |

Plötzlich entscheidet die Grundreihenschwäche.
Weiß gab auf.

Im letzten Teil dieses Kapitels betrachten wir Stellungen, in denen die beiderseitigen Chancen etwa gleich verteilt sind. Bei fehlerfreiem Spiel enden diese Partien mit Remis. Wir sehen aber auch, wie dynamisch das Gleichgewicht in diesem Stellungstyp ist. Fehler werden schnell und nachhaltig bestraft. Eine ungenaue Fortsetzung ist oft entscheidend für den Ausgang der Partie.
Beginnen wir mit den Partien, die sich im Gleichgewicht befinden und auch mit Remis enden.

## Partie Nr. 93

**Gligorić – Keres**, Zagreb 1959
1. d4 Sf6 2. c4 e6 3. Sc3 Lb4 4. e3 0–0
5. Ld3 c5 6. Sf3 d5 7. 0–0 b6 8. cd5 ed5
9. dc5 bc5 10. Se2 Sc6 11. b3 Lg4
12. Lb2 d4 13. ed4 Lxf3 14. gf3 Sxd4
15. Sxd4 cd4 16. Lxd4 Sh5

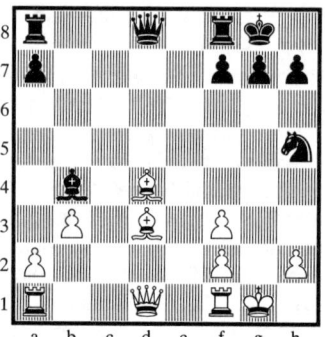

Einschätzung der Stellung:
Mit dem Opfer eines Bauern hat sich
Schwarz der hängenden Bauern entledi-
gen können. Dafür konnte er die Bauernstellung am weißen Königsflügel schwächen. Der f-Bauer ist verdoppelt, so können die schwarzen Figuren eindringen.
Insbesondere sind das Feld f4 und der
Bauer h2 schwach. Weiß kann versuchen, aktives Gegenspiel mit dem Läuferpaar und auf der halboffenen g-Linie
zu erreichen. Schwarz hat ausreichende
Kompensation für den geopferten Bauern.

| 17. | Kg1-h1 | Dd4-h4 |
|---|---|---|
| 18. | Tf1-g1 | Lb4-d6 |
| 19. | f3-f4! | ... |

Die aktive Verteidigung verdient den Vor-
zug. Nach dem passiven 19. Tg2 Tad8
hat Weiß auch noch Probleme in der
d-Linie.

| 19. | ... | Sh5-f6! |

Dies ist notwendig und stark. Auf
19. ... Lxf4? folgt 20. Dxh5 Dxh5
21. Txg7+ Kh8 22. Txh7+. Oder 19. ... g6
20. Tg4 De7 (20. ... Dh3? 21. Lf1!)
21. Df3.

| 20. | Dd1-f3 | Ld6xf4 |
| 21. | Tg1-g2 | ... |

Das Rückopfer des Bauern nutzte der
Anziehende, um seine Stellung am
Königsflügel zu konsolidieren. Möglich
war hier auch 21. h3.

| 21. | ... | Ta8-d8 |

Schwarz ist bereit, den Bauern a7 zu
geben für die schnelle Aktivierung seiner
Figuren. Keres gibt den Bauern für ein
Tempo, da 21. ... a5 22. Tag1 g6 23. h3
mit der Drohung Tg4 dem Anziehenden
die Initiative gibt.

| 22. | Ld4-b2? | ... |

Weiß mußte sich auf 22. Lxa7 einlassen.
Zum Beispiel: 22. ... Td5 23. Le3 Lxe3
24. Dxe3 Sg4 25. Lxh7+. Nach dem Textzug neigt sich die Waage zugunsten des
Nachziehenden.

| 22. | ... | Tf8-e8 |
| 23. | Ta1-g1 | g7-g6 |
| 24. | Ld3-c4 | Sf6-e4 |
| 25. | Lb2-c1 | ... |

Weiß muß sich gegen die Drohung Td2
verteidigen.

| 25. | ... | Se4-d2 |
| 26. | Df3-c6! | ... |

Droht 27. Txg6+.

| 26. | ... | Kg8-g7 |
| 27. | Lc4-d5 | Dh4-f6? |

Der weiße Läufer steht auf d5 optimal,
daher mußte Weiß den Läufer mit Dh5
vertreiben. Danach ist die Stellung annähernd im Gleichgewicht.

| 28. | Tg2-g4 | Df6-e5 |
| 29. | Lc1-b2! | ... |

Schwarz bedrohte den Läufer d5 um
einen Zug zu spät, nun hat Weiß wieder
die Initiative.

| 29. | ... | De5xb2 |
| 30. | Tg4xf4 | Te8-e7 |

Schwarz gibt einen Bauern, um das Spiel zu vereinfachen.

| 31. | Tf4xf7+ | Te7xf7 |
|---|---|---|
| 32. | Lc4xf7 | Db2-f6 |

Natürlich nicht 32. ... Kxf7? 33. Dc7+.

| 33. | Lf7-d5 | Df6xc6 |
|---|---|---|
| 34. | Ld5xc6 | Td8-c8 |

Weiß findet für seinen Läufer keinen Stützpunkt im Zentrum, so versucht er, seinen Turm zu aktivieren.

| 35. | Tg1-d1 | Sd2xb3 |
|---|---|---|
| 36. | Td1-d7+ | ... |

Auf 36. Ld7 hat Schwarz 36. ... Tc1 parat.

| 36. | ... | Kg7-h6 |
|---|---|---|
| 37. | Lc6-d5 | Sb3-c5 |
| 38. | Td7xa7 | Sc5-d3 |

Droht sowohl 39. ... Sxf2+ als auch 39. ... Tc1+ 40. Kg2 Sf4+.

| 39. | Ta7-f7 | ... |
|---|---|---|

Weiß ist zwar materiell im Vorteil, doch der passiv stehende König bereitet ihm Sorgen.

| 39. | ... | Kh6-g5 |
|---|---|---|
| 40. | h2-h4+ | Kg5xh4 |
| 41. | Ld5-e4 | Tc8-c3 |

Besser war die Deckung des Springers von d8 aus. 41. ... Td8 42. Txh7+ Kg4 43. Lxg6 Sxf2+ oder 43. Lxd3 Txd3 44. a4 Ta3 45. Ta7 Kf3.

| 42. | Kh1-h2! | ... |
|---|---|---|

Nun ist der Unterschied (seitliche Deckung) zu erkennen. Weiß droht 43. Tf3 mit der Fesselung des Springers.

| 42. | ... | Sd3-c5 |
|---|---|---|
| 43. | Tf7xh7+ | Kh4-g5 |
| 44. | Le4-b1 | Tc3-c1 |
| 45. | Th7-c7 | Tc1xb1 |
| 46. | Tc7xc5+ | Kg5-f4 |
| 47. | Kh2-g2 | Tb1-b4 |
| 48. | Tc5-a5 | g6-g5 |
| 49. | Ta5-a8 | Kf4-f5 |
| 50. | a2-a4 | Kf5-g6 |
| 51. | a4-a5 | Tb4-a4 |

Das Turmendspiel kann Schwarz remis halten.

Es folgte noch: 52. Kf3 Kg7 53. a6 Tf4+

54. Ke3 Ta4 55. f3 Kh7 56. Kd3 Tf4!
57. Tc8 Txf3+ 58. Kc4 Ta3 59. Kb5 Kg6
60. Tc4 Kf5 61. Ta4 Tb3+ 62. Kc6 Tb8
63. a7 Ta8 64. Kb7 Txa7+ 65. Txa7 g4
66. Kc6 Ke4 67. Ta3 Kf4 68. Kd5 g3
69. Ta4+ Kf3 70. Ta3+ Kf2 71. Ta2+ Kf3
72. Ta3+ Kf2
remis.

## Partie Nr. 94

**Stean – Gligorić**, Skara 1980
1. c4 c5 2. Sf3 Sf6 3. Sc3 e6 4. g3 d5
5. cd5 ed5 6. d4 Sc6 7. Lg2 Le7 8. 0–0
0–0 9. Lg5 cd4 10. Sxd4 h6 11. Le3 Te8
12. Da4 Ld7 13. Tad1 Lf8 14. Sxd5 Sxd5
15. Lxd5 Sb4

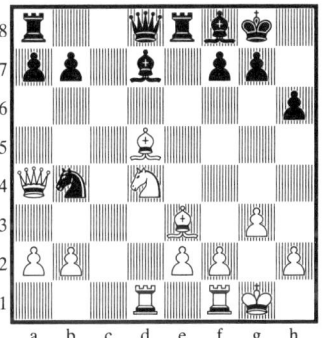

Einschätzung der Stellung:
Mit dem Schlagen des Bauern d5 ist das Zentrum geöffnet worden, danach sind die Gegenüberstellungen Ld7 - Da4 und Td1 - Dd8 zu beachten. Die Taktik bestimmt die weitere Spielführung, Weiß mußte den Abzug des Springers vorausberechnen. Da das Decken des Läufers für den Anziehenden ungünstig ausgeht, ist die folgende Abwicklung eingeplant. Die Stellung ist etwa ausgeglichen.

| 16. | Ld5xf7+ | ... |
|---|---|---|

Nach 16. Db3 Sxd5 17. Dxd5 Lh3 18. Dxd8 Taxd8 19. Tfd1 Lb4 gewinnt Schwarz die Qualität.

| 16. | ... | Kg8xf7 |
| 17. | Da4-b3+ | Kf7-g6 |
| 18. | a2-a3 | Ld7-h3 |

Schwarz muß den Springer stehen lassen, auf 18. ... Sc6 folgt 19. Dd3+ Kf7 20. Sxc6 Lxc6 21. Dc4+.

| 19. | a3xb4 | ... |

Auf 19. Tfe1 Dd5 20. Dxd5 Sxd5 kommt Schwarz in Vorteil.

| 19. | ... | Lh3xf1 |
| 20. | Sd4-e6 | ... |

Weiß konnte hier remis erreichen durch Zugwiederholung mit 20. Dd3+ Kf7 21. Dc4+ Kf6 (21. ... Kg6 22. Dd3+) 22. Kxf1 Dd7 23. Dc3 Kf7 24. Dc4+, und der schwarze König kommt nicht zurück.

| 20. | ... | Dd8-f6 |
| 21. | Se6-f4+ | Kg6-h7 |
| 22. | Kg1xf1 | Df6-f5 |

Nach Abschluß der Kombination besitzt Weiß zwei Bauern für die Qualität, allerdings ist der b-Doppelbauer etwas entwertet. Schwarz konnte mit 22. ... Df5 die Diagonale b1-h7 besetzen, so ist der König gegen unliebsame Schachgebote geschützt. Weiß steht etwas besser.

| 23. | f2-f3 | Ta8-c8 |

Besser war 23. ... b6, um den Bauern a7 zu decken.

| 24. | Le3xa7 | g7-g5 |

Der schwarze König verträgt diesen schwächenden Bauernzug, nach Lg7 steht der Läufer auf der langen Diagonalen günstig. Auch die schwarzen Schwerfiguren nehmen aktive Positionen ein.

| 25. | Sf4-d5 | Lf8-g7 |
| 26. | La7-c5 | Tc8-d8 |
| 27. | Sd5-e3 | ... |

Mit dem Entfernen des Springers aus dem Zentrum verliert Weiß seinen Vorteil; 27. Kf2 hätte folgen sollen mit der Drohung 28. e4 Txe4 29. Sf6+ Dxf6

30. Txd8. Mit dem Textzug strebt Weiß g4 nebst Sf5 an.

| 27. | ... | Df5-g6 |
| 28. | Se3-c4 | ... |

28. g4 bestätigt die Ausgeglichenheit der Stellung, nach 28. g4 b6 29. Txd8 Txd8 30. Le7 Db1+ 31. Kf2 Td2 32. De6 Dh1 muß Weiß das Remis mit Dauerschach forcieren.

| 28. | ... | g5-g4! |

Nun übernimmt Schwarz die Initiative, er öffnet die Bauernstellung am Königsflügel.

| 29. | Sc4-d6 | g4xf3 |
| 30. | e2xf3 | ... |

Weiß hat keine Zeit zu 30. Sxe8, es folgt 30. ... fe2+ 31. Kxe2 Dh5+ 32. Df3 Txe8+.

| 30. | ... | Te8-f8 |
| 31. | Sd6-c4 | b7-b5 |

Schwarz konnte hier mit 31. ... Tfe8 oder 31. ... De4 32. Lxf8 Txd1+ 33. Dxd1 Dxc4+ 34. Kg2 Lxf8 35. Dd7+ nebst Dxb7 das Remis anstreben. Nun erhält Weiß wieder Gewinnchancen.

| 32. | Sc4-a3 | Tf8-e8 |
| 33. | Sa3xb5 | Dg6-a6 |
| 34. | Td1xd8 | Te8xd8 |
| 35. | Db3-c4 | ... |

Genauer war 35. Dc2+ Kh8 36. De2, und Weiß steht besser.

| 35. | ... | Da6-a1+ |

Mit 35. ... Td2 36. Lf2 Da1+ 37. Kg2 Dxb2 konnte Schwarz stärker fortsetzen.

| 36. | Kf1-g2 | Da1xb2+ |
| 37. | Kg2-h3 | Db2-d2 |
| 38. | Dc4-e6 | Dd2-d1 |
| 39. | Sb5-d6? | ... |

Mit 39. Df5+ nebst Sc7 blieb Weiß im Vorteil.

| 39. | ... | Dd1xf3 |
| 40. | De6-e4+ | Df3xe4 |
| 41. | Sd6xe4 | |

remis.

## Partie Nr. 95

**Polugajewski – Kotschiew**, Leningrad 1977

1. c4 g6 2. d4 Lg7 3. e4 d6 4. Sc3 e5 5. Sf3 Sd7 6. Le2 Sgf6 7. 0–0 0–0 8. Te1 c6 9. Lf1 a5 10. Tb1 ed4 11. Sxd4 Te8 12. f3 d5 13. cd5 cd5 14. Sdb5 de4 15. Sd6

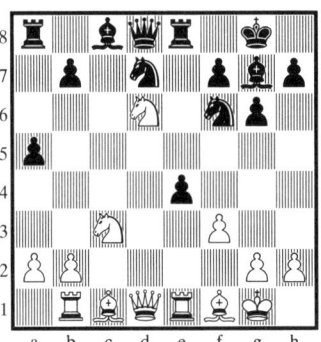

Einschätzung der Stellung:
In den letzten Zügen wurde durch Bauerntausch das Zentrum geöffnet. Weiß verläßt sich darauf, auf e4 mit dem Springer wiedernehmen zu können. Doch Schwarz bringt ein überraschendes Turmopfer für den Königsangriff. Trotz der rückständigen Entwicklung kann der Nachziehende schnell Drohungen aufstellen. Die kommende Partiephase wird ausschließlich durch die Taktik bestimmt.
Die Stellung ist etwa ausgeglichen.

15. ...          e4xf3!!
16. Sd6xe8       Sf6-g4

Damit werden die Drohungen Db6+, f2+ und Dh4 aufgestellt.

17. Sc3-e4       ...

Nach 17. gf3 Db6+ 18. Le3 Sxe3 19. Dd6 Ld4 hat Schwarz gute Chancen.

17. ...          Dd8-h4

18. h2-h3        f3-f2+
19. Se4xf2       Dh4xf2+
20. Kg1-h1       Lg7-d4(?)

Der Zug sieht stark aus, doch besser war 20. ... Le5.

21. Lf1-e2       Sd7-c5
22. Lc1-g5!      ...

Damit wird der schwarze Angriff abgewehrt.

22. ...          Sg4-e3?

Für den Ausgleich war 22. ... Se4 23. Lxg4 Lxg4 24. Dxg4 f5 25. Df4 Txe8 notwendig.

23. Lg5xe3       Ld4xe3
24. Te1-f1       Df2-g3

Nicht 24. ... Se4 25. Sf6+.

25. Se8-f6+      Kg8-g7
26. Sf6-d5?      ...

Genauer war 26. Tf3 Dg5 27. Sd5; nun geht die Initiative wieder an den Nachziehenden über. In dieser von der Taktik geprägten Stellung sehen wir, wie oft Großmeister straucheln, wie schwer dieser Stellungstyp zu behandeln ist.

26. ...          Sc5-e4
27. Le2-f3!      Se4-f2+
28. Tf1xf2       Le3xf2
29. Dd1-d2       Lc8xh3

Die Stellung sieht gefährlich aus für den Anziehenden, es droht 30. ... Lxg2+ 31. Lxg2 Dh4+.

30. Dd2-c3+      Kg7-h6
31. Tb1-f1       Lf2-a7
32. Dc3-c1+      g6-g5

Schwarz spielt auf Sieg, er will kein Dauerschach.

33. Dc3-c7!      Dg3-h4
34. g2xh3        Dh4xh3+
35. Dc7-h2       Dh3xh2+
36. Kg1xh2       f7-f5!

Die Bauern werden in Bewegung gesetzt, das ist die beste Chance des Nachziehenden.

37. Sd5-e7       g5-g4
38. Se7xf5+      Kh6-g5
39. Lf3xb7       Ta8-d8

| 40. | Sf5-g3 | Td8-d2+ |
| 41. | Kh2-h1 | Td2xb2 |
| 42. | Lb7-g2 | ... |

Bei dem reduzierten Material ist auch nach 42. Ld5 Td2 nichts zu gewinnen.

| 42. | ... | Tb2xa2 |

remis.

## Partie Nr. 96

**Yates – Ed. Lasker**, New York 1924
1. e4 e5 2. Sf3 Sc6 3. Lb5 a6 4. La4 Sf6 5. 0–0 Le7 6. Te1 b5 7. Lb3 d6 8. c3 0–0 9. d4 Lg4 10. Le3 Sa5 11. Lc2 Sc4 12. Lc1 ed4 13. cd4 c5 14. b3 Sb6 15. Lb2 Tc8 16. Sbd2 Sfd7 17. h3 Lh5 18. e5 cd4 19. ed6 Lxd6 20. Lxd4 Lb4

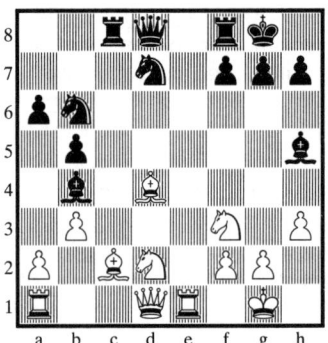

Einschätzung der Stellung:
In den letzten Zügen hat Weiß die Öffnung der Stellung forciert. Doch der Nachziehende hat daraus Nutzen ziehen können, seine Figuren stehen aktiver. Beide weiße Springer sind gefesselt, auch die Schwäche des Feldes c3 fällt auf. Die weiße Dame ist an die Deckung des Läufers c2 gebunden.
Schwarz verfügt über mehr Raum, er steht etwas besser.

| 21. | Te1-e2 | ... |

Dieser Turmzug sieht nicht gesund aus, doch der Nachziehende drohte bereits 21. ... Lxf3.

| 21. | ... | Sb6-d5 |
| 22. | Lc2-f5! | ... |

Mit diesem interessanten Zug kann Weiß den Druck abschütteln und sich durch Tausch entlasten.

| 22. | ... | Sd5-c3 |

Nach Analysen von Aljechin konnte Schwarz auch mit 22. ... Lc3 keinen Vorteil erzielen: 23. Se4! Lxf3 24. gf3 Lxa1 25. Lxa1 Sf4 26. Td2 Sb6 27. Lxg7! (nicht 27. Txd8 Tfxd8 nebst 28. ... Tc1) 27. ... Kxg7 28. Txd8 Tcxd8 29. Da1+ f6 ist günstig für Weiß.

| 23. | Ld4xc3 | Lb4xc3 |
| 24. | Ta1-c1 | Tc8-c7 |
| 25. | Te2-e3 | Lc3xd2 |

Nicht 25. ... b4 26. Se4.

| 26. | Tc1xc7 | Dd8xc7 |
| 27. | Dd1xd2 | Sd7-f6 |

Die Spannungen sind aufgelöst, die Stellung ist völlig ausgeglichen.

| 28. | Te3-c3 | Dc7-a5 |
| 29. | g2-g4 | Lh5-g6 |
| 30. | Lf5xg6 | h7xg6 |
| 31. | Tc3-c6 | Da5xd2? |

Dies ist der erste Schritt vom Wege, nach 31. ... Da3 bleibt die Stellung im Gleichgewicht. Nun werden die Damenflügelbauern zum Angriffsobjekt.

| 32. | Sf3xd2 | Tf8-a8 |
| 33. | a2-a4! | b5xa4 |
| 34. | b3xa4 | ... |

Der Bauer a6 bleibt als Schwäche, die schwarze Stellung ist allerdings noch verteidigungsfähig.

| 34. | ... | Kg8-f8 |
| 35. | Sd2-c4 | Kf8-e7? |

Dies ist der letzte Fehler, nun ist Schwarz verloren. Mit 35. ... Sd5 konnte der Nachziehende seine Remis-Chancen wahren, denn nach 36. Sb6 Sxb6 37. Txb6 Ta7 ist kein Gewinn für Weiß zu erkennen.

| 36. | Sc4-b6 | Ta8-d8 |

| 37. | Tc6-c7+ | Ke7-e6 |
| 38. | Tc7-a7 | Ke6-e5 |
| 39. | Ta7xf7 | Sf6-d5 |
| 40. | Sb6xd5 | Td8xd5 |
| 41. | Tf7xg7 | ... |

Mit zwei Mehrbauern steht Weiß auf Gewinn.

In der Partie folgte noch: 41. ... Kf6 42. Tb7 Kg5 43. Tb4 Kh4 44. Kg2 a5 45. Tb6 Td4 46. Txg6 Txa4 47. Th6+ Kg5 48. Th5+ Kf4 49. Tf5+ Ke4 50. h4 Kd3 51. Kg3 Ta1 52. h5 a4 53. h6 Th1 54. Th5 Schwarz gab auf.

### Partie Nr. 97

**Alburt – Kasparow**, Daugawpils 1978
1. c4 Sf6 2. Sc3 g6 3. d4 Lg7 4. e4 d6 5. Le2 0–0 6. Lg5 c5 7. d5 h6 8. Lf4 e6 9. de6 Lxe6 10. Lxd6 Te8 11. Sf3 Sc6 12. 0–0 Da5 13. Sd2 Ted8 14. Sb3 Db6 15. Sa4 Db4 16. Sbxc5 Lxc4 17. Lxc4 Dxc4 18. Sxb7 Sxe4 19. Tc1 Db5 20. Sxd8 Txd8 21. Dc2 Sd4 22. Dxe4 Se2+ 23. Kh1 Sxc1 24. Txc1 Txd6

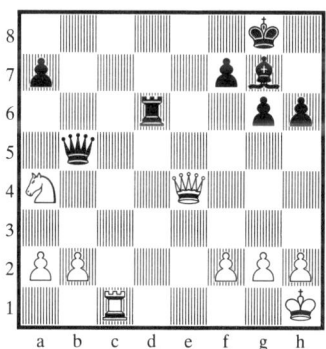

Einschätzung der Stellung:
Nach dem umfassenden Schlagabtausch in den vergangenen Zügen ist eine endspielartige Stellung entstanden.

Da aber noch die Schwerfiguren vorhanden sind, müssen Mattangriffe beachtet werden. Weiß besitzt einen Bauern mehr, doch bei dem offenen Zentrum fällt dieser Mehrbesitz nicht so sehr ins Gewicht. Der Nachziehende hat die aktiver stehenden Figuren, und die Grundreihe des Anziehenden ist geschwächt. Schwarz steht geringfügig besser.

| 25. | De4-c2? | ... |

Weiß sollte 25. b3 spielen, um die Dame nicht mit Deckungsaufgaben zu belasten.

| 25. | ... | Db5-g5 |
| 26. | Tc1-d1? | ... |

Dieser naheliegende Fehler verliert bereits. Richtig war 26. Dc5, denn Weiß sollte den Damentausch anstreben, nicht den Turmtausch.

| 26. | ... | Dg5-f5! |

Die Schwäche der Grundreihe wird genutzt. Schwarz gewinnt ein Tempo und einen Bauern.

| 27. | Dc2-c1 | Td6xd1+ |
| 28. | Dc1xd1 | Df5xf2 |
| 29. | Dd1-g1 | ... |

Nun stehen die schwarzen Figuren überlegen. Falls Weiß mit 29. Db1 die Damenflügelbauern deckt, folgt h6-h5-h4-h3 mit Angriff auf den weißen König.

| 29. | ... | Df2-c2 |
| 30. | b2-b3 | ... |

Nicht 30. Dxa7? Dd1+ 31. Dg1 Dxa4.

| 30. | ... | Dc2xa2 |
| 31. | Sa4-c5 | ... |

Auf 31. Dxa7 folgt nun 31. ... Dxb3 32. g3 (32. h3 Le5) 32. ... Df3+ 33. Kg1 De4 mit der Drohung Ld4+.

| 31. | ... | Da2-d2 |

Etwas genauer war 31. ... Dc2, um den Springer abseits zu halten.

| 32. | Dg1-b1 | Lg7-d4 |
| 33. | Sc5-d3 | Dd2-e3 |
| 34. | Sd3-b4 | h6-h5 |

Die weißen Figuren sind in der Beweglichkeit eingeschränkt, auch die Königsflügelbauern können sich nicht bewegen. Um die Stellung weiter zu verbessern, nutzt der Nachziehende den Vorstoß des h-Bauern.

35. Db1-d1    h5-h4!

Mit der folgenden Abwicklung hat Schwarz das entstehende Endspiel richtig eingeschätzt.

36. Sb4-c2    De3xb3
37. Dd1xd4    Db3-b1+!

Das Zwischenschach ist wichtig, auf 37. ... Dxc2 folgt 38. Dd8+ Kg7 39. Dd4+.

38. Dd4-g1    Db1xc2
39. Dg1xa7    Dc2-d1+
40. Da7-g1    Dd1xg1+
41. Kh1xg1    ...

Das Bauernendspiel ist für Schwarz gewonnen, auch dieser technische Teil der Partie wird von Kasparow exakt erledigt. Es folgte noch: 41. ... Kg7 42. Kf2 Kf6 43. Ke3 Ke5 44. Kf3 f5 45. Ke3 g5 46. h3 Kd5 47. Kd3 Kc5 48. Kc3 g4 49. Kd3 gh3 50. gh3 Kd5 51. Ke3 Ke5 52. Kf3 f4 53. Kf2 Ke4 54. Ke2 f3+ 55. Kf1 Kf5 56. Kg1 Ke5

Weiß gab auf.

Nach 57. Kf1 Ke4 (wieder Fernopposition!) 58. Kf2 Kf4 59. Kf1 Kg3 erobert Schwarz den Bauern h3.

**Partie Nr. 98**

**Romanischin – Kusmin**, Riga 1979
1. e4 c5 2. Sf3 Sc6 3. d4 cd4 4. Sxd4 Sf6 5. Sc3 d6 6. Lc4 e6 7. Lb3 Le7 8. Le3 a6 9. f4 Da5 10. 0–0 0–0 11. Kh1 Ld7 12. f5 Sxd4 13. Lxd4 ef5 14. ef5 Lc6 15. Dd3 Tae8 16. Tad1 Sd7 17. Dg3 Lf6

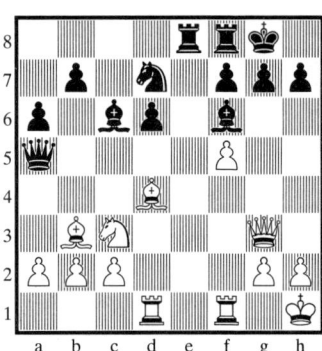

Einschätzung der Stellung:
Nach Abschluß der Eröffnung hat Schwarz den isolierten Bauern auf d6 behalten. Weiß hat mehr Raum, er droht mit der Besetzung des Feldes d5 den isolierten Bauern d6 zu blockieren. Schwarz versucht, die schwarzfeldrigen Läufer zu tauschen und unter Ausnutzung der schwarzen Felder zum Gegenspiel zu kommen. Er bietet das Opfer des Bauern d6 an, um seine Figuren aktivieren zu können.
Weiß steht besser.

18. Dg3xd6?    ...

Nun kann sich der Anziehende befreien und seine Figuren besser postieren. Nach 18. Ld5 Lxd4 19. Txd4 steht Weiß im Zentrum überlegen, und er stellt Drohungen am Königsflügel auf. Auch bei 18. Ld5 Db4 19. Lxc6 bc6 20. Lxf6 Sxf6 21. Txd6 steht Weiß besser angesichts der Bauernschwächen auf a6 und c6.

| | |
|---|---|
| 18. ... | Lf6xd4 |
| 19. Dd6xd4 | Sd7-f6 |
| 20. Dd4-f4 | Te8-e5 |

Weiß besitzt einen Mehrbauern, daher strebt er nach weiteren Tauschmöglichkeiten. Schwarz besitzt eine aktive Figurenstellung, in der Kontrolle der Zentrumsfelder hat er leichte Vorteile. Auch der vorgeschobene Bauer f5 erleichtert die Aufgabe des Nachziehenden. Weiß hat nur noch geringen Vorteil.

| | |
|---|---|
| 21. Td1-e1 | Tf8-e8 |
| 22. Te1xe5 | Te8xe5 |
| 23. h2-h3 | Da5-c5 |
| 24. Kh1-h2 | ... |

Weiß hat keinen Plan zur Verstärkung seiner Stellung. Der König steht auf h2 nicht besser, er muß auf Diagonalschachs achten. Schwarz kann am Damenflügel aktiv werden.

| | |
|---|---|
| 24. ... | b7-b5 |
| 25. Tf1-d1 | Te5-e8 |

Schwarz kann auf f5 schlagen bei ausgeglichener Stellung, z.B. 25. ... Txf5 26. Db8+ Se8 27. Td8 Kf8 28. Ld5 Tf1 29. Lxc6 Dg1+ 30. Kg3 Df2+ mit Dauerschach (Michaltischischin).

| | |
|---|---|
| 26. a2-a3 | ... |

Das Eindringen der Dame auf c7 bringt keinen Erfolg: 26. Dc7 Df2! 27. Dxc6 Sg4+ 28. hg4 Dh4+ 29. Kg1 Te1+ mit Dauerschach.

| | |
|---|---|
| 26. ... | Lc6-b7 |
| 27. Td1-d2 | h7-h6 |
| 28. Td2-e2 | ... |

Damit verzichtet Weiß auf die Möglichkeit, seine Leichtfiguren zu aktivieren. Besser war die Überführung des Springers zum Königsflügel mit Sc3-d1-f2-g4. Nun kommt Schwarz in den Besitz der d–Linie, und die weißen Leichtfiguren können ihre Aufstellung nicht verbessern.

| | |
|---|---|
| 28. ... | Te8-d8 |
| 29. Df4-e5 | Dc5-c8 |
| 30. De5-e7 | Td8-d7! |

| | |
|---|---|
| 31. De7-e3 | ... |

31. Lxf7+ ging nicht wegen 31. ... Kh8 32. De6 Dc7+.

| | |
|---|---|
| 31. ... | Dc8-c6 |
| 32. De3-e5 | Kg8-h7 |
| 33. De5-e3 | a6-a5 |

Weiß befindet sich in Zeitnot. Er sieht keinen Plan zur Verstärkung der Stellung und wiederholt daher die Züge. Doch der Nachziehende läßt sich nicht darauf ein, er übernimmt die Initiative am Damenflügel.

| | |
|---|---|
| 34. De3-e5 | a5-a4 |
| 35. Lb3-a2 | Lb7-a6 |
| 36. Te2-f2 | Dc6-b6 |
| 37. Tf2-f3 | ... |

Besser war 37. Dg3 oder 37. Df4, um die Stellung beizubehalten.

| | |
|---|---|
| 37. ... | La6-b7 |
| 38. Tf3-g3 | Db6-f2 |
| 39. De5xb5 | Td7-e7 |

Alle schwarzen Figuren stehen aktiv, die beiden weißen Mehrbauern besitzen im Moment keine Bedeutung. Schwarz droht bereits 40. ... Te1.

| | |
|---|---|
| 40. Sc3-d1 | Df2-f4 |
| 41. Db5-b4 | Sf6-e4 |
| 42. Db4-e1 | Te7-d7 |
| 43. Sd1-c3 | Se4xg3 |
| 44. De1xg3 | Df4-f1 |
| 45. Dg3-g4 | Td7-d4 |
| 46. Dg4-e2 | Df1-f4+ |
| 47. g2-g3 | ... |

Oder 47. Kg1 Td2.

| | |
|---|---|
| 47. ... | Df4-c1 |

Weiß gab auf.

## Partie Nr. 99

**Mieses – Aljechin**, Scheveningen 1913
1. e4 e5 2. d4 ed4 3. Dxd4 Sc6 4. De3 Le7
5. Ld2 Sf6 6. Sc3 0–0 7. 0–0–0 d5 8. ed5
Sxd5 9. Dg3 Lh4 10. Df3 Le6 11. Le3

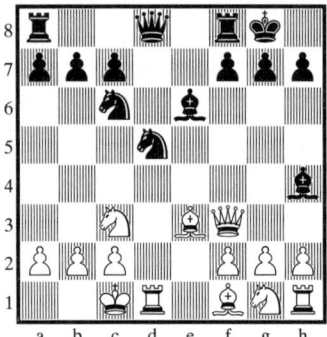

Einschätzung der Stellung:
In dieser materiell ausgeglichenen Stellung ist Schwarz besser entwickelt. Bei offenem Zentrum hat der Anziehende starken Druck auf der d-Linie. Die Turm-Dame-Gegenüberstellung zwingt nun den Nachziehenden zu der folgenden Abwicklung. Mit dem Tausch der Dame gegen Turm, Springer und Bauern bleibt das materielle Gleichgewicht etwa erhalten. Doch der Nachziehende erhält die Initiative.
Schwarz steht besser.

| 11. | ... | Sd5xc3! |
|---|---|---|
| 12. | Td1xd8 | Sc3xa2+ |
| 13. | Kc1-b1 | Ta8xd8 |
| 14. | Lf1-e2 | Sa2-b4 |
| 15. | Sg1-h3 | Tf8-e8 |

Die schwarzen Figuren stehen harmonisch, sie kontrollieren das Zentrum. Der Anziehende hat dagegen Mühe, seine Entwicklung zu vollenden und die Figuren wirkungsvoll zu postieren.

| 16. | Sh3-f4 | Le6-f5 |
|---|---|---|

| 17. | Th1-c1 | g7-g6 |
|---|---|---|

Schwarz deckt den Läufer f5, um die Drohung Sxc2 aufzustellen.

| 18. | g2-g4 | ... |
|---|---|---|

Weiß geht sofort gegen den unangenehmen Läufer vor.

| 18. | ... | Lf5-e4 |
|---|---|---|
| 19. | Df3-h3 | Lh4-f6 |
| 20. | Le2-f3 | Le4xf3 |
| 21. | Dh3xf3 | ... |

Weiß konnte sich mit dem erzwungenen Läufertausch etwas entlasten, doch die Initiative bleibt beim Nachziehenden.

| 21. | ... | Sc6-e5! |
|---|---|---|
| 22. | Df3-e2 | ... |

Nach einem Schlagen auf b7 käme die b-Linie dem Nachziehenden zugute.

| 22. | ... | c7-c5 |
|---|---|---|

Damit gewinnt Schwarz weiteren Raum. Nach 23. Lxc5 Sed3 kommt Schwarz materiell in Vorteil.

| 23. | Tc1-g1 | c5-c4 |
|---|---|---|
| 24. | h2-h4 | Sb4-d5 |

Mit diesem Abtausch kann der Nachziehende eine Schwäche im weißen Lager aufdecken, den Bauern b2. Damit erfolgt die Einleitung zum Königsangriff.

| 25. | Sf4xd5 | Td8xd5 |
|---|---|---|
| 26. | f2-f4 | Se5-d3! |

Dem Läufer e3 ist die Deckung entzogen, Schwarz nutzt dies sofort taktisch aus. Im vergangenen Partieabschnitt fällt besonders das schwarze Spiel im Zentrum auf. Der Nachziehende hatte ständig die Kontrolle über das Zentrum und nutzte die Zentrallinien für die Operationen seiner Figuren.

| 27. | De2-f3 | ... |
|---|---|---|

Auf die etwas bessere Fortsetzung cd3 gibt Aljechin die folgende Variante an:
27. cd3 Txd3 28. Tg3 Ld4 29. Dc2 (29. Dxd3 cd3 30. Lxd4 Te1+ 31. Ka2 d2) 29. ... Lxe3 30. Dxc4 Ted8 mit schwarzem Vorteil.

| 27. | ... | Td5-b5 |
|---|---|---|

Nun ist Schwarz an die Schwäche b2

herangekommen, es gibt keine Verteidigung mehr.

| 28. | c2xd3 | ... |

Auch nach 28. b3 Ta5 29. cd3 cd3 30. Kc1 Lc3 31. Kd1 Ta1+ gewinnt Schwarz leicht.

| 28. | ... | Tb5xb2+ |
| 29. | Kb1-c1 | c4xd3 |
| 30. | Kc1-d1 | Te8-c8 |
| 31. | g4-g5 | ... |

Es ist erstaunlich, daß der Turm und der Bauer d3 bei der offenen Königsstellung die weiße Dame aufwiegen. Nach 31. Tg2 Tb1+ 32. Kd2 Tb3 gewinnt Schwarz, 33. Kd1 Lc3 34. Lc1 Lb4 mit den Drohungen Tb1, Txc1+ und d2+; oder 33. Ke1 Tc1+! 34. Lxc1 (34. Kf2 Lxh4+) 34. ... d2+.

| 31. | ... | Tc8-c2 |
| 32. | Kd1-e1 | Tb2-b1+ |
| 33. | Df3-d1 | Lf6-c3+ |

Weiß gab auf.

# 5. Der Minoritätsangriff

## 5.1. Allgemeine Gesichtspunkte

Eine häufig auftretende Form der Bauernstruktur im Zentrum ergibt sich aus dem abgelehnten Damengambit. Nach dem Bauerntausch c4xd5 und e6xd5 besitzt der Nachziehende die Bauernmehrheit am Damenflügel. Meist werden die Bauernmajoritäten genutzt, um aktiv zu werden und einen Freibauern zu erlangen.
In diesem Stellungstyp verhält es sich genau umgekehrt, Weiß mit der Bauernminderheit am Damenflügel greift an. Die Ausgangsstellung ist in folgendem Diagramm dargestellt.

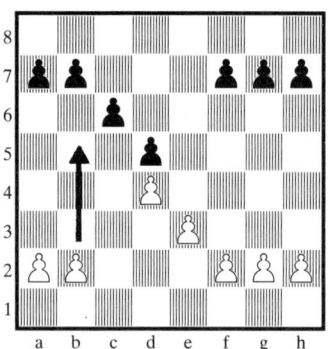

Die beidseitige Stellung der g- und h-Bauern besitzt in diesem Zusammenhang keine große Bedeutung. Wichtig ist die Position auf dem Damenflügel, die Stellung der Bauern auf der a- bis zur d-Linie.
Die Ausgangsstellung kann auch aus anderen Eröffnungen entstehen, so z.B. aus bestimmten Varianten der Nimzoindischen Verteidigung, der Grünfeldindischen Verteidigung oder des Caro-Kann.

In der Ausgangsstellung strebt Weiß den Vorstoß des b-Bauern mit b2-b4-b5 an. Falls Schwarz a7-a6 zieht, wird der Vorstoß durch a2-a4 mit unterstützt. Danach kann der Nachziehende zwischen zwei Möglichkeiten wählen:
– Er tauscht nicht auf b5, sondern er läßt Weiß auf c6 tauschen, wobei er mit dem b-Bauern wiederschlägt. So bleibt ein rückständiger Bauer auf c6 zurück, siehe nächstes Diagramm.

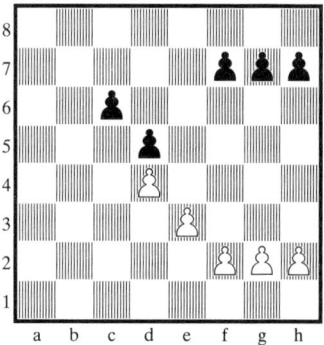

– Er tauscht auf b5. Hiernach behält er einen isolierten (Frei-)Bauern auf b7 und einen isolierten Bauern auf d5.

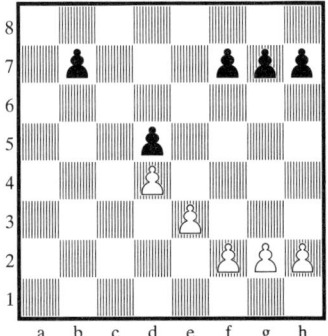

Beide Bauern sind Schwächen, die vom Anziehenden angegriffen werden können. Der Freibauer b7 ist für den Anziehenden ein Angriffsobjekt, aber keine Gefahr.

In beiden Fällen besitzt der Anziehende nach dem Abschluß der Operationen am Damenflügel die insgesamt gesündere Bauernstruktur. Schwarz bleibt weiterhin im Besitz der Bauernmehrheit am Damenflügel, doch die Bauern sind schwach.

Weiß hat in diesem Stellungstyp meist einen geringen Vorteil, er besitzt aber eine langfristige Initiative. Schwarz nimmt eine feste Stellung ein, muß jedoch mit einer langfristigen Verteidigung rechnen. Doch Schwarz ist in dieser Stellung nicht ohne Gegenchancen. Der aufgrund der Bauernstruktur typische Gegenstoß f7-f5-f4 mit dem Angriff auf die Basis der weißen Bauernkette läßt sich allerdings nur selten verwirklichen. Meist stehen die Figuren dafür ungeeignet oder mit dem weißen Minoritätsangriff sind nachhaltige Drohungen verbunden. Folgendes Diagramm stellt diesen möglichen Plan dar.

b-Bauern nach b4 das Feld c4 geschwächt wird. Schwarz versucht danach, die Schwäche des Feldes c4 zu nutzen mit einer Springerwanderung d7-b6-c4 oder f6-e8-d6-c4. Von strategischer Bedeutung ist dabei der Tausch der weißfeldrigen Läufer. Zum einen ist dieser Läufer der schlechte Läufer des Nachziehenden. Andererseits wird mit dem Tausch der weißfeldrigen Läufer dem Anziehenden eine Figur genommen, die das Feld c4 kontrolliert. Die Idealstellung der schwarzen Besetzung des Feldes c4 ist im nächsten Diagramm dargestellt. Der Springer c4 wird durch die Bauern b5 und d5 gestützt.

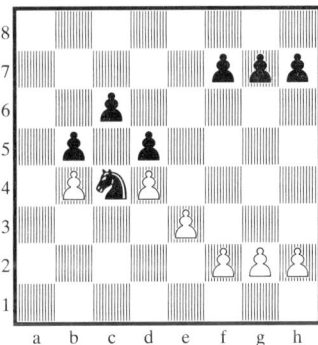

Nach der Besetzung von c4 ist der Anziehende auch nicht mehr in der Lage, mit seinen Schwerfiguren auf der c-Linie den c-Bauern zu belagern. Die halboffene c−Linie ist vom Springer c4 blockiert.

Die wichtigste Möglichkeit für ein Gegenspiel des Nachziehenden besteht meist im Angriff auf den Königsflügel. Weiß benötigt seine Kräfte, um die Bauernschwächen festzulegen und dann anzugreifen. Damit sind seine Figuren dem Königsflügel entzogen. Schwarz kann diesen Umstand nutzen, indem er seine Bauernschwächen noch verteidigt, aber

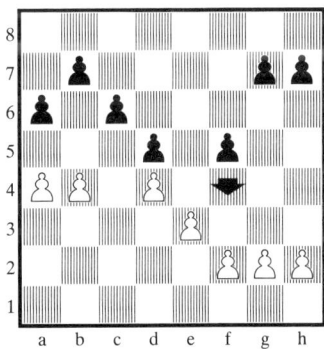

Ein weiterer Gegenplan ergibt sich daraus, daß mit dem Vorziehen des weißen

gleichzeitig die Verteidigungsmaßnahmen mit dem Angriff am Königsflügel verbindet.

Die genannten Ziele beider Seiten sind unterschiedlich in ihrer Wertigkeit, der Eroberung eines schwachen Bauern steht der Mattangriff auf den weißen König gegenüber. So besitzt der Nachziehende auch reale Chancen auf einen Erfolg, wenn Weiß dem Schutz des eigenen Königs nicht genügende Aufmerksamkeit widmet.

## 5.2. Die Bauernschwäche c6

In der ersten Partie dieses Abschnitts sehen wir eine schnelle Eroberung des rückständigen c-Bauern. Schwarz verlor in der Eröffnung viele Tempi durch eine ungünstige Figurenaufstellung. Sein Gegenangriff am Königsflügel kommt nach dem Verlust des c-Bauern zu spät.

### Partie Nr. 100

**Pachman – Cardoso**, Portoroz 1958
1. c4 Sf6 2. Sc3 e6 3. Sf3 d5 4. d4 Lb4
5. cd5 ed5 6. Lg5 0–0 7. e3 c6 8. Dc2
Sbd7 9. Ld3 h6 10. Lh4 Te8 11. 0–0 Ld6
12. Tab1 Sf8

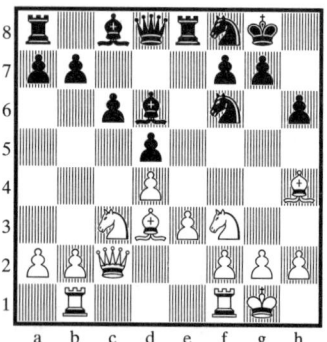

Einschätzung der Stellung:
Schwarz vermischte die Systeme des Nimzo-Indisch mit dem Damengambit. Dadurch verlor er ein wichtiges Tempo (Lf8-b4-d6), wobei der schwarzfeldrige Läufer immer noch nicht richtig postiert ist, er gehört nach e7. Weiß hat sich für den Minoritätsangriff vorbereitet, er strebt b2-b4-b5 an. Dabei stehen die Türme auf b1 und c1 günstig für die Unterstützung des b-Bauern und für den Druck auf den Bauern c6.
Weiß steht besser.

| 13. | b2-b4 | Lc8-g4 |
| 14. | Sf3-d2 | a7-a6 |
| 15. | Tf1-c1 | Lg4-h5 |

Da der schwarzfeldrige Läufer nicht auf e7 steht, ist der Königsspringer immer noch gefesselt. Schwarz versucht, mit dem Manöver Lg4-h5-g6xd3 nebst Sf8-g6 aus der Fesselung herauszukommen, doch damit verliert er viel Zeit. In dieser Zeit verstärkt Weiß seine Figurenstellung am Damenflügel erheblich, so kann der Vorstoß b4-b5 unter sehr günstigen Umständen durchgesetzt werden.

| 16. | Sd2-f1 | Lh5-g6 |
| 17. | Sc3-a4 | Lg6xd3 |
| 18. | Dc2xd3 | Sf8-g6 |
| 19. | Lh4xf6! | ... |

In derartigen Stellungen ist es fast immer richtig, den Läufer gegen den Königsspringer zu tauschen. Das eventuelle Manöver Sf6-e8-d6-c4 ist damit unterbunden. Und der zurückbleibende schwarze Läufer ist unbeholfen bei der Verteidigung der schwachen Bauern.

| 19. | ... | Dd8xf6 |
| 20. | Sa4-c5 | Te8-e7 |

Nach 20. ... Lxc5 21. bc5 bleibt der Bauer b7 als ständige Schwäche zurück, die Weiß mit der Vertripelung der Schwerfiguren auf der b-Linie vorteilhaft belagern kann.

| 21. | a2-a4 | Sg6-f8 |
| 22. | Tc1-c2 | h6-h5 |

Der Versuch des Gegenangriffs kommt zu spät. Die schwarzen Bauernschwächen sind bereits anvisiert.

| | | |
|---|---|---|
| 23. | b4-b5 | a6xb5 |
| 24. | a4xb5 | Sf8-e6 |

Nach 24. ... cb5 25. Txb5 bleiben die unheilbar schwachen Bauern b7 und d5 zurück.

| | | |
|---|---|---|
| 25. | b5xc6 | b7xc6 |

Der Zwischentausch auf c5 ist nicht möglich, 25. ... Lxc5? 26. cb7.

| | | |
|---|---|---|
| 26. | Sc5-b7 | ... |

Nach 26. Sxe6 Txe6 wäre der Bauer c6 indirekt gedeckt.

| | | |
|---|---|---|
| 26. | ... | Se6-d8 |

Nach 26. ... Sf8 wird ebenfalls der c-Bauer belagert mit 27. Sxd6 Dxd6 28. Tb6 nebst Dc3, und dann folgt der Springer f1-d2-b3-a5.

| | | |
|---|---|---|
| 27. | Sb7xd8 | Ta8xd8 |
| 28. | Dd3-a6 | Te7-e6(?) |

Mit 28. ... Tc7 konnte sich Schwarz auf eine langwierige Verteidigung einrichten. Nun geht der Bauer c6 verloren, und der isolierte Bauer d5 bleibt als weitere Schwäche zurück. Der schwarze Angriff hat keine Aussicht auf Erfolg, da der Springer die folgende Attacke leicht abwehrt.

| | | |
|---|---|---|
| 29. | Tb1-b6 | h5-h4 |
| 30. | Tb6xc6 | ... |

Gut war hier auch 30. h3, und die weiße Bauernstellung bleibt intakt.

| | | |
|---|---|---|
| 30. | ... | h4-h3 |
| 31. | Sf1-g3 | h3xg2 |
| 32. | Kg1xg2 | Df6-h4 |
| 33. | Tc6-c8 | ... |

Mit jedem Tausch kommt der Anziehende dem Sieg näher.

| | | |
|---|---|---|
| 33. | ... | Ld6xg3 |
| 34. | Tc8xd8+ | Kg8-h7 |

Das Turmendspiel nach 34. ... Dxd8 35. Tc8 Txa6 36. Txd8+ Kh7 37. hg3 bietet dem Anziehenden ausgezeichnete Gewinnchancen.

| | | |
|---|---|---|
| 35. | Da6-d3+ | |

Das Zwischenschach ist wichtig, Weiß muß De4+ verhindern.

| | | |
|---|---|---|
| 35. | ... | Te6-g6 |
| 36. | h2xg3 | Dh4xd8 |
| 37. | Dd3-f5 | Dd8-g5 |
| 38. | Df5xg5 | ... |

Weiß kann einfach tauschen, da der d-Bauer erobert wird.

| | | |
|---|---|---|
| 38. | ... | Tg6xg5 |
| 39. | Tc2-c5 | Kh7-g6 |
| 40. | f2-f4 | Tg5-h5 |
| 41. | g3-g4 | |

Schwarz gab auf.

Die folgende Partie stammt aus dem gleichen Turnier, sogar aus der gleichen Runde. Der Nachziehende verteidigt sich hier anfangs sorgfältiger, so daß Weiß nur einen minimalen Vorteil erzielen kann.

**Partie Nr. 101**

**Petrosjan – Rosetto**, Portoroz 1958
1. d4 Sf6 2. Sf3 d5 3. c4 e6 4. Sc3 Le7
5. cd5 ed5 6. Lf4 c6 7. Dc2 Sa6 8. a3 0–0
9. e3 Sc7 10. Ld3 Se6 11. Le5 g6 12. 0–0
Sg7 13. b4 a6 14. Lxf6 Lxf6 15. a4

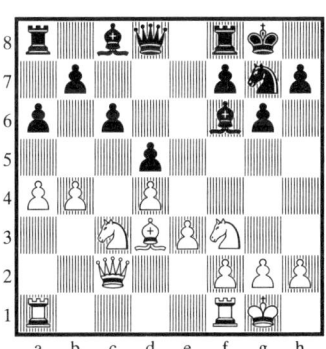

137

Einschätzung der Stellung:

Mit dem stellungsgerechten Tausch auf f6 hat Weiß den Vormarsch seiner Damenflügelbauern beschleunigen können. Der Nachziehende erreicht sein strategisches Teilziel, den Tausch der weißfeldrigen Läufer, um das Feld c4 zu schwächen. Die Deckung von f5 mit dem langfristigen Manöver Sb8-a6-c7-e6-g7 gehörte dazu. Weiß ist gut aufgestellt für den Minoritätsangriff, er steht etwas besser.

| 15. | ... | Lc8-f5 |
| 16. | Ld3xf5 | Sg7xf5 |
| 17. | b4-b5!? | ... |

Dieser Vorstoß ist zweischneidig. Doch Schwarz drohte bereits, sich mit b7-b5 nebst Sf5-d6-c4 aufzustellen. Danach besäße Weiß keinen Vorteil mehr.

| 17. | ... | a6xb5(?) |

Richtig war 17. ... c5 18. dc5 Tc8, und Schwarz erzielt Ausgleich. Nach dem Auslassen dieser Möglichkeit bleibt die Bauernschwäche c6 zurück.

| 18. | a4xb5 | Dd8-d6 |
| 19. | b5xc6 | b7xc6 |

Nach 19. ... Dxc6 20. Db3 muß Schwarz zwei schwache Bauern verteidigen.

| 20. | Sc3-a4 | Tf8-b8 |
| 21. | Sa4-c5 | Dd6-e7 |

Der weiße Vorteil ist gering geblieben. Für den Anziehenden sprechen der rückständige Bauer c6 und das schwache Feld c5. Dies allein genügt noch nicht zum Sieg. Schwarz bereitet mit seinem letzten Zug die Überführung des Springers von f5 über d6 nach c4 vor.

| 22. | Sc5-d3 | De7-b7 |
| 23. | Sf3-e5 | Lf6xe5 |
| 24. | Sd3xe5 | Ta8xa1 |
| 25. | Tf1xa1 | ... |

Weiß hat nun mit Dame, Turm und Leichtfigur die vermutlich günstigste Figurenverteilung erhalten. Doch auf direktem Wege ist nichts zu erreichen. Daher versucht er, die schwarzen Figuren an den schwachen Bauern c6 zu binden und dann auf dem Königsflügel die Initiative zu erlangen.

| 25. | ... | Sf5-e7 |
| 26. | g2-g3 | Db7-b2 |

Schwarz sollte auf diese Scheininitiative verzichten und besser mit f7-f6 den weißen Springer vertreiben. Dies wäre auch in den folgenden Zügen möglich gewesen.

| 27. | Dc2-d1 | h7-h5 |
| 28. | Ta1-c1 | Tb8-b6 |
| 29. | h2-h3 | Kg8-g7 |
| 30. | Kg1-g2 | Db2-a3 |
| 31. | Tc1-a1 | Da3-b2 |

Mit dem ständigen Angriff auf den weißen Turm will Schwarz die gegnerische Dame an dessen Verteidigung binden. Der Rest der Partie geschieht in Zeitnot.

| 32. | g3-g4 | h5xg4 |
| 33. | h3xg4 | Tb6-b7 |
| 34. | Ta1-c1 | Db2-b5(?) |

34. ... Tb6 war besser.

| 35. | Dd1-f3! | f7-f6 |
| 36. | g4-g5! | ... |

Auf 36. ... fe5 37. Df6+ Kg8 38. Th1 wird Schwarz matt.

| 36. | ... | Se7-f5 |
| 37. | g5xf6+ | Kg7xf6 |
| 38. | Tc1xc6+ | Kf6-e7 |
| 39. | Df3-f4 | |

Schwarz gab auf.

138

## Partie Nr. 102

**Kotow – Pachman**, Venedig 1950
1. d4 Sf6 2. c4 e6 3. Sc3 d5 4. Lg5 Le7
5. e3 0–0 6. Sf3 Sbd7 7. Tc1 a6 8. cd5
ed5 9. Ld3 Te8 10. 0–0 c6 11. Dc2 Sf8
12. a3 g6 13. b4 Se6

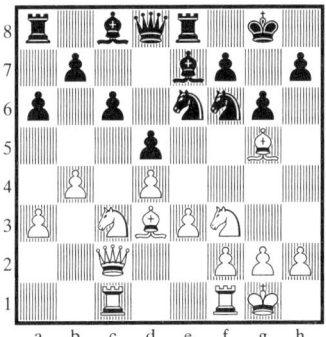

Einschätzung der Stellung:
Wie in der vorigen Partie tauscht Weiß
den Läufer gegen den Springer f6, um
den Vormarsch der Damenflügelbauern
zu beschleunigen. Schwarz bereitet
ebenfalls den Tausch der weißfeldrigen
Läufer auf f5 vor mit einem langfristigen
Springermanöver b8-d7-f8-e6-g7. Danach kann der Springer das Idealfeld d6
erreichen, von dem aus er die wichtigen
Punkte c4 und e4 kontrolliert. Weiß hat
den Minoritätsangriff gut vorbereitet, er
steht etwas besser.

| | | |
|---|---|---|
| 14. | Lg5xf6 | Le7xf6 |
| 15. | a3-a4 | Se6-g7 |
| 16. | b4-b5 | a6xb5 |
| 17. | a4xb5 | Lc8-f5 |
| 18. | Ld3xf5 | Sg7xf5 |
| 19. | b5xc6 | b7xc6 |

Damit erreichten beide Seiten die genannten Ziele. Weiß konnte mit dem Vorstoß der Damenflügelbauern die
schwarze Bauernstellung schwächen.

Der rückständige Bauer c6 ist geblieben.
Schwarz verwirklichte seinen Plan des
Läufertausches, und sein Springer steht
bereit, um von d6 aus die Felder c4 und
e4 zu kontrollieren. Der Vorteil des Anziehenden ist gering, da die eine Schwäche
des Nachziehenden bequem verteidigt
werden kann.

| | | |
|---|---|---|
| 20. | Sc3-a4 | Ta8-c8 |
| 21. | Dc2-c5 | ... |

Die weißen Figuren haben nicht die
günstigste Stellung eingenommen. Besser war Tb1 nebst Tfc1, um die offene
b-Linie zu nutzen.

| | | |
|---|---|---|
| 21. | ... | Sf5-d6 |
| 22. | Sf3-d2 | Te8-e7! |

Dieser aktive Verteidigungszug wehrt die
Drohung 23. Sb6 mit 23. ... Tcc7 ab.
Außerdem droht der Königsturm, mit
Te7-b7-b5 aktiv zu werden.

| | | |
|---|---|---|
| 23. | Tc1-b1 | Te7-b7 |
| 24. | Tb1xb7 | Sd6xb7 |
| 25. | Dc5-a7 | Sb7-d6 |
| 26. | Da7-a6! | ... |

Hier steht die weiße Dame recht lästig.
Nun droht 27. Tc1 mit Angriff auf den
Bauern c6.

| | | |
|---|---|---|
| 26. | ... | Dd8-c7 |
| 27. | Tf1-c1 | Lf6-d8! |

Schwarz verteidigt sich stark, so ist b6
gedeckt, und es droht 28. ... Da5 mit
Damentausch.

| | | |
|---|---|---|
| 28. | Sa4-c5 | Dc7-a5 |
| 29. | Da6-d3 | Da5-b5 |
| 30. | g2-g3 | ... |

Eine Verstärkung des Angriffs auf c6 ist
nicht zu sehen, daher läßt sich Weiß auf
den Damentausch ein.

| | | |
|---|---|---|
| 30. | ... | Ld8-b6 |
| 31. | Tc1-b1 | Db5xd3 |
| 32. | Sc5xd3 | Lb6-a5 |
| 33. | Sd2-b3 | La5-d8 |
| 34. | Sb3-c5 | Ld8-e7 |
| 35. | Sc5-d7 | Tc8-c7 |
| 36. | Sd7-b8 | Sd6-c4 |

Nun hat Schwarz seine strategische Idee

verwirklichen können, der Springer erreichte c4. Der weiße Vorteil ist minimal, da c6 verteidigt werden kann.

| 37. | Tb1-a1 | Tc7-c8 |
|---|---|---|
| 38. | Sb8-d7 | Tc8-c7 |
| 39. | Ta1-a8+ | Kg8-g7 |
| 40. | Sd7-e5 | Sc4xe5 |
| 41. | Sd3xe5 | Le7-d6 |
| 42. | Se5-d3 | ... |

Die Stellung ist etwa ausgeglichen, Schwarz sollte 42. ...f5 oder 42. ...h5 spielen. Danach kann Weiß seine Stellung nicht verstärken.

| 42. | ... | Kg7-f6(?) |
|---|---|---|
| 43. | g3-g4! | ... |

Stellt die strategische Drohung g4-g5 auf mit dem Festlegen des Bauern h7 als weitere Schwäche.

| 43. | ... | Kf6-e6 |

Schwarz kann sich nicht auf 43. ...Kg5 44.h3 Kh4 45.Kg2 h5 46.f4 einlassen, da sein König dann auf Matt steht.

| 44. | Kg1-g2 | Tc7-b7 |
|---|---|---|
| 45. | Ta8-e8+ | Td7-e7 |
| 46. | Te8-h8 | f7-f6 |
| 47. | h2-h4! | ... |

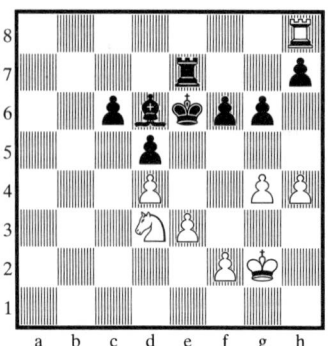

Nun kann der Nachziehende in keiner Weise aktiv werden. Er muß mit dem Turm auf der 7. Reihe bleiben.

| 47. | ... | Te7-b7 |
|---|---|---|
| 48. | Kg2-f3 | Tb7-f7 |
| 49. | Th8-e8+ | Tf7-e7 |
| 50. | Te8-d8! | Te7-a7 |
| 51. | Sd3-c5+! | ... |

Dieses Springerschach wurde langfristig vorbereitet. Schwarz muß tauschen, das entstehende Turmendspiel ist verloren. Die Bauernstellung des Nachziehenden ist so weit geschwächt, daß die Gewinnführung technisch keine Schwierigkeiten mehr bereitet. Der Bauer c6 ist immer noch eine Schwäche, die Schwäche des Bauern h7 ist hinzugekommen. Mit g4-g5 macht Weiß das Feld e5 frei, so kann der weiße König über f4 und e5 eindringen.

| 51. | ... | Ke6-e7 |
|---|---|---|
| 52. | Td8-c8 | Ld6xc5 |

Auf 52. ...Tc7 oder 52. ...Lc7 folgt 53.Th8.

| 53. | d4xc5 | Ke7-d7 |
|---|---|---|
| 54. | Tc8-h8 | Kd7-e6 |
| 55. | Th8-d8! | ... |

So erreicht Weiß das Eindringen des Turmes auf d6.

| 55. | ... | Ke6-e7 |

Auf 55. ...Tc7 kann Weiß mit Kf4 fortsetzen und nach Td6+ nebst g4-g5 mit dem König auf e5 eindringen.

| 56. | Td8-d6 | Ta7-a6 |
|---|---|---|
| 57. | g4-g5! | f6xg5 |

Auf 57. ...f5 kann Weiß zwischen der Partiefortsetzung Kf3-f4-e5 und h4-h5 wählen.

| 58. | h4xg5 | Ke7-f7 |
|---|---|---|
| 59. | Kf3-g3 | ... |

Natürlich nicht 59.Kf4 Ta4+ 60.Ke5?? Te4 matt.

| 59. | ... | Kf7-e7 |
|---|---|---|
| 60. | f2-f3 | Ta6-a3 |
| 61. | Kg3-f4 | Ta3-a4+ |
| 62. | Kf4-e5 | Ta4-a3 |

Nach 62. ...Ta6 63.Te6+ dringt der weiße König über d6 oder f6 ein.

| 63. | Td6xc6 | Ta3xe3+ |

64. Ke5xd5    Te3-d3+
Oder 64. ... Txf3 65. Tc7+ Ke8 66. Txh7
Tf5+ 67. Ke6 Kd8 68. Kd6 nebst c6 mit
Gewinn für Weiß.

| | | |
|---|---|---|
| 65. | Kd5-e4 | Td3-c3 |
| 66. | f3-f4 | Tc3-c1 |
| 67. | Tc6-c7+ | Ke7-d8 |
| 68. | Tc7xh7 | Tc1xc5 |
| 69. | Th7-f7 | |

Schwarz gab auf.
In dieser Partie war die Langfristigkeit
der Bauernschwäche c6 gut zu erkennen. Trotz des nur geringen Vorteils, den
der Anziehende besaß, mußte sich
Schwarz ständig sehr sorgfältig verteidigen. Und erst die Unaufmerksamkeit im
Endspiel (42. ... Kf6) gab den Ausschlag
zugunsten des Anziehenden. Mit der Eroberung des Bauern c6 war dann die
Partie entschieden.

Ludek Pachmann

## Partie Nr. 103

**Rubinstein – Spielmann**, Semmering
1926
1. c4 c6 2. d4 d5 3. e3 Sf6 4. Sf3 e6
5. Sbd2 g6 6. b3 Da5 7. Le2 Lg7 8. 0–0
0–0 9. Dc2 Sbd7 10. Lb2 Td8 11. a3 Se8
12. Tfc1 Dc7 13. b4 Sb6 14. a4 Sxc4
15. Sxc4 dc4 16. Dxc4

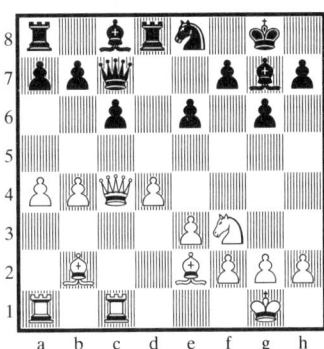

Einschätzung der Stellung:
Im Vergleich zu den vorhergehenden
Stellungen hat Schwarz keinen Bauern
auf d5. So besitzt Weiß größeren Einfluß
auf die Zentrumsfelder, er verfügt über
deutlichen Raumvorteil. Aus der Bauernstellung ergibt sich ein weiterer Unterschied: Da der Nachziehende noch einen Bauern auf e6 hat, kann der weißfeldrige Läufer nicht die Diagonale c8-h3
nutzen, das Feld f5 ist ihm nicht zugänglich. Ein dritter Unterschied besteht in
der Entwicklung des Königsläufers. Die
Entwicklung des Läufers nach g7 ist ungünstig, er steht auf der langen Diagonale nicht sehr wirkungsvoll, und die Felder der Diagonalen a3-f8 sind schlechter
geschützt.
Die Entscheidung des Anziehenden, mit
14. a4! den Minoritätsangriff einzuleiten,
entsprach der Figurenaufstellung. So

kann die künftige Linienöffnung besser genutzt werden, nach 14. c5 wäre der weiße Vorteil schwieriger zu realisieren gewesen.

Der Anziehende steht klar besser.

|     |        |        |
| --- | ------ | ------ |
| 16. | ...    | Lc8-d7 |
| 17. | b4-b5! | Ta8-c8 |
| 18. | Sf3-e5 | Se8-d6 |

Nach einem Schlagen auf b5 bliebe der Bauer a7 als unheilbare Schwäche zurück, z.B. 18. ... cb5 19. Dxc7 Txc7 20. Txc7 Sxc7 21. Sxd7 Txd7 22. ab5.

|     |        |        |
| --- | ------ | ------ |
| 19. | Dc4-b3 | Ld7-e8 |
| 20. | Tc1-c2 | ...    |

Weiß verstärkt den Druck auf die künftige Bauernschwäche.

|     |     |        |
| --- | --- | ------ |
| 20. | ... | Sd6-f5 |

Ziel ist das Feld e7, um auf c6 mit Leichtfiguren zurückschlagen zu können.

|     |        |        |
| --- | ------ | ------ |
| 21. | b5xc6  | b7xc6  |
| 22. | Ta1-c1 | Sf5-e7 |
| 23. | Le2-f3 | Tc8-b8 |

Etwas besser wäre 23. ... Sd5 gewesen.

|     |        |        |
| --- | ------ | ------ |
| 24. | Db3-a2 | Lg7xe5 |

Schwarz mußte bereits diesen Springer beseitigen.

|     |        |        |
| --- | ------ | ------ |
| 25. | d4xe5  | Se7-d5 |

Der Nachziehende setzte alles auf diesen Zug, der allerdings auch erzwungen ist wegen der Drohung La3 nebst Ld6 bzw. Lxe7.

|     |         |     |
| --- | ------- | --- |
| 26. | Lf3xd5! | ... |

Weiß muß diesen gewaltigen Springer tauschen. So hat Schwarz scheinbar sein Ziel erreicht – die ungleichfarbigen Läufer. Doch die ungleichfarbigen Läufer sind hier keine Garantie für das Remis. Die schwarzen Felder sind beim Nachziehenden geschwächt (c5, d6, f6 und h6), zudem stehen die schwarzen Figuren unharmonisch.

|     |        |        |
| --- | ------ | ------ |
| 26. | ...    | Td8xd5 |
| 27. | Lb2-d4 | Dc7-a5 |
| 28. | h2-h3  | Da5-a6 |

Auch der Versuch, in ein Turmendspiel mit ungleichfarbigen Läufern abzuwik-

keln, kann die Partie nicht halten. Im Endspiel nach 28. ... c5 29. Txc5 Txc5 30. Txc5 Dxa4 31. Dxa4 Lxa4 32. Ta5 Lb3 33. Txa7 Ld5 kann sich Weiß folgendermaßen aufstellen (nach Löwenfisch): Der Läufer wird nach f6 gebracht, damit ist der schwarze Turm an die Grundreihe gebunden; dann folgt f3 nebst e4, der König wandert nach f4, und mit h3-h4-h5 wird die g- oder h-Linie geöffnet. Nach der Öffnung dringt der weiße Turm ein.

|     |        |       |
| --- | ------ | ----- |
| 29. | Tc2-c4 | h7-h5 |
| 30. | Da2-a3! | ...   |

Droht das Eindringen auf den schwarzen Feldern über e7.

|     |     |        |
| --- | --- | ------ |
| 30. | ... | Tb8-b7 |
| 31. | e3-e4! | ...    |

Dem eigenen Läufer wird die Deckung entzogen, doch nun kann die weiße Dame auf der dritten Reihe zum Königsflügel schwenken. Schwarz kommt nicht zur günstigen Aufstellung seiner Figuren, auch daran hat der Bauer c6 seinen Anteil, denn der weißfeldrige Läufer bleibt eingeschlossen.

|     |     |        |
| --- | --- | ------ |
| 31. | ... | Td5-d8 |
| 32. | Da3-c3! | ...    |

Exakt wird der Plan verwirklicht, nach 32. De3 könnte sich Schwarz mit 32. ... Tb1 entlasten.

|     |     |        |
| --- | --- | ------ |
| 32. | ... | Tb7-d7 |
| 33. | Dc3-e3! | ...    |

Nun droht das Eindringen auf den schwarzen Feldern mit Kh2, Lc5, Dh6 nebst Lf8 (dies ist nur durch die unglückliche Stellung des Le8 möglich!).

|     |        |        |
| --- | ------ | ------ |
| 33. | ...    | Kg8-h7 |
| 34. | Ld4-c5 | Td7-d1+ |
| 35. | Kg1-h2 | Td1xc1? |

Hartnäckiger war 35. ... Kg7, doch auch dann gewinnt Weiß.

|     |          |
| --- | -------- |
| 35. | Lc5-f8!! |

Schwarz gab auf, es gibt keine Verteidigung gegen Dh6 nebst Dg7 matt.

## Partie Nr. 104

**Bobozow – Padewski**, Bulgarien 1969
1. Sf3 e6 2. c4 d5 3. d4 Sf6 4. cd5 ed5
5. Sc3 Le7 6. Lg5 c6 7. e3 Lf5 8. Ld3 Lxd3
9. Lxf6 Lxf6 10. Dxd3 a5 11. 0–0 0–0
12. Sa4 Sd7 13. Dc2 Le7 14. a3 Te8

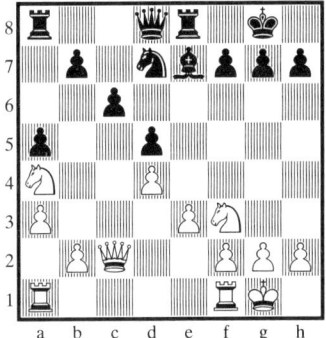

Einschätzung der Stellung:
Weiß bereitet den Minoritätsangriff vor,
doch Schwarz hat vorerst das Feld b4
unter Kontrolle. Auch die Felder c5 und
e5 sind geschützt, sie können vom Anziehenden nicht besetzt werden. Mit
dem folgenden Zug wird die Drohung
b2-b4-b5 erneuert. Schwarz sollte sich
mit Ld6 und De7 aufbauen, um den Vorstoß b2-b4 weiterhin zu erschweren.
Die Stellung ist etwa ausgeglichen.
  15. Tf1-b1        b7-b5!?
Ein interessanter Zug. Schwarz versucht
den Kampf um die Eroberung des Feldes
c4 zu forcieren. Die Absicht besteht in
a5-a4, Sd7-b6-c4, und der Nachziehende hat die weißen Felder unter Kontrolle. Doch nach dem Überführen des
Springers nach c4 kann Weiß im Zentrum operieren.
  16. Sa4-c3        ...
Nach 16. Sc5 Lxc5 17. dc5 kann
Schwarz mit a4 nebst De7 die Schwäche

c5 angreifen.
  16. ...          a5-a4
Damit wird b2-b3 dauerhaft verhindert.
  17. e3-e4        ...
Weiß beginnt sofort mit der Gegen-
aktion, bevor Schwarz die Idealstellung
einnimmt. Nur mit diesem Hebel ist die
schwarze Bauernfront aufzulösen.
  17. ...          d5xe4
  18. Sc3xe4       Ta8-c8
  19. Tb1-e1       Sd7-f6
Sonst kann Weiß ruhig seine Stellung
verstärken mit Tad1 und der Nutzung der
Vorpostenfelder c5 bzw. e5. Auf 19. ... c5
folgt 20. d5.
  20. Ta1-c1       Sf6xe4
  21. Dc2xe4       ...
Der Druck auf den zurückgebliebenen
Bauern c6 nimmt konkrete Formen an.
Die Vereinfachung der Stellung kommt
dem Anziehenden zugute.
  21. ...          Le7-f6
  22. De4xe8+      Dd8xe8
  23. Te1xe8+      Tc8xe8
  24. Kg1-f1       ...
Natürlich nicht 24. Txc6? Lxd4.
  24. ...          Te8-c8
  25. Kf1-e2       Kg8-f8
  26. Tc1-c2       ...
Weiß verhindert einen eventuellen Vorstoß, der nach 26. Kd3 c5 27. Txc5 Txc5
28. dc5 Lxb2 drohte.
  26. ...          Kf8-e7
  27. Ke2-d3       g7-g6
  28. Kd3-e4       Ke7-d6
Schwarz besitzt nur die Bauernschwäche
auf c6, Weiß hat geringen Vorteil.
  29. Sf3-e5       Tc8-c7(?)
Schwarz sollte besser die Leichtfiguren
tauschen. Das Turmendspiel ist zwar ungünstig, doch es ist zu halten.
  30. f2-f4        Lf6-g7
  31. Tc2-c5       f7-f6
  32. Se5-d3       f6-f5+
  33. Ke4-e3       Lg7-f8
  34. Sd3-e5       ...

Nun steht der weiße Springer gewaltig, er ist nicht mehr zu vertreiben. Weiß steht klar besser.

| | 34. | ... | Kd6-e6 |

Falls Schwarz nichts unternimmt, hat Weiß den folgenden Plan: h3, g4, g5, h4 und h5 mit weiterem Ausbau des Vorteils. Nach dem Aufgeben des schwachen Bauern ist die Partie allerdings schnell beendet.

| 35. | Tc5xc6+ | Tc7xc6 |
|---|---|---|
| 36. | Se5xc6 | Ke6-d5 |
| 37. | Sc6-e5 | Lf8xa3 |
| 38. | b2xa3 | b5-b4 |
| 39. | Ke3-d3 | b4xa3 |
| 40. | Se5-c4 | a3-a2 |
| 41. | Sc4-e3+ | |

Schwarz gab auf.

## Partie Nr. 105

**Polugajewski – Ivkov**, Petropolis 1973
1. c4 Sf6 2. Sc3 e6 3. Sf3 d5 4. d4 Lb4 5. cd5 ed5 6. Lg5 h6 7. Lxf6 Dxf6 8. Da4+ Sc6 9. e3 0–0 10. Le2 Td8 11. 0–0 a6 12. Tac1 Le6 13. Se5 Lxc3 14. Sxc6 Ld7 15. Txc3 Lxc6 16. Da5 Dd6 17. Tfc1 Td7 18. Da3 Df6 19. b4 Dd8 20. Db3 Lb5 21. Lf1 Lxf1 22. Kxf1 c6

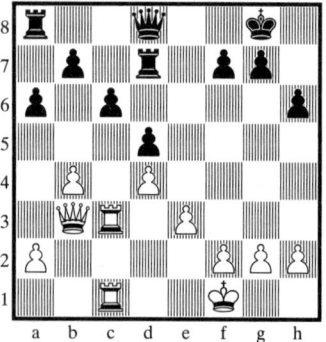

Einschätzung der Stellung:
Mit einiger Verzögerung hat sich die für das Damengambit typische Bauernformation ergeben, die den Ausgangspunkt für den Minoritätsangriff darstellt. Nach dem Tausch aller Leichtfiguren sind nur noch die Schwerfiguren verblieben. Weiß besitzt die Initiative im Spiel auf die Bauernschwäche c6. Doch der Angriff läßt sich schwer verschärfen im Hinblick auf das vorhandene Figurenmaterial. Schwarz kann den c-Bauern seitlich mit dem Turm decken und diesen Turm gleichzeitig für den Gegenangriff am Königsflügel nutzen.
Weiß steht etwas besser.

| 23. | a2-a4 | Td7-d6 |
|---|---|---|
| 24. | Tc2-c5 | Dd8-h4 |
| 25. | Kf1-g1 | Td6-g6 |
| 26. | g2-g3 | ... |

Nach diesem Verteidigungszug kann Schwarz auf längere Zeit keine Drohungen aufstellen. Die Schwäche der Felder f3 und h3 ist in der Folge nur schwer nutzbar.

| | 26. | ... | Dh4-e4 |

Droht h6-h5-h4-h3, doch mit dem Damentauschangebot kann Weiß seine Königstellung sichern. Der Damentausch wäre günstig für den Anziehenden.

| 27. | Db3-c2 | De4-f3 |
|---|---|---|
| 28. | Dc2-d1 | Df3-e4 |
| 29. | b4-b5 | a6xb5 |
| 30. | a4xb5 | Ta8-a2?! |

Schwarz versucht die Verteidigung aktiv zu führen.

| 31. | b5xc6 | Tg6-f6 |
|---|---|---|
| 32. | Tc1-c2? | ... |

Zum Gewinn führte 32. cb7 Taxf2 33. b8D+ Kh7 34. Dc2 Txc2 35. T5xc2 Dxe3+ 36. Kh1 De4+ 37. Tg2 Tf2 38. Db1 bzw. 32. ... Tfxf2 33. b8D+ Kh7 34. Db1 Tg2+ 35. Kf1 Taf2+ 36. Ke1.

| 32. | ... | Ta2xc2 |
|---|---|---|
| 33. | Dd1xc2 | De4xc2 |
| 34. | Tc5xc2 | b7xc6 |

Weiß hat seinen geringen Vorteil in das Turmendspiel hinübergebracht. Die Bauernschwäche c6 ist als einzige Schwäche im schwarzen Lager geblieben. Bei beiderseits exaktem Spiel müßte die Partie remis enden.

35. Tc2-a2    g7-g5?

In Zeitnot greift Schwarz fehl, eine weitere Bauernschwäche entsteht auf h6. Der Nachziehende sollte sich mit g6, h5 und Kg7 aufstellen.

36. g3-g4!    Kg8-g7
37. Ta2-a7    Kg7-g6
38. Ta7-a8    Tf6-e6
39. Kg1-g2    Kg6-g7
40. Kg2-g3    Kg7-g6
41. h2-h4     Kg6-g7
42. h4-h5     Kg7-f6
43. Ta8-g8    Te6-e7

Weiß hat seinen Vorteil vergrößert, er konnte am Königsflügel Raumgewinn erzielen. Als nächstes wird der Vorstoß des f-Bauern angestrebt. Einige Zugwiederholungen lassen die Suche nach dem Plan erkennen.

44. Kg3-g2    Te7-e6
45. Kg2-g3    Te6-e7
46. Kg3-f3    Te7-e4
47. Tg8-c8    Te4-e6
48. Kf3-e2    Kf6-g7
49. f2-f3     Kg7-h7
50. Tc8-a8    Kh7-g7
51. Ta8-a1    Kg7-g8
52. Ke2-d3    Te6-f6
53. Ta1-f1    Kg8-g7
54. Tf1-f2    Kg7-f8
55. f3-f4     g5xf4

Nach 55. ... Kg7 56. f5 würde sich der weiße Vorteil weiter vergrößern.

56. e3xf4     Kf8-g7
57. f4-f5     Tf6-d6
58. Kd3-e3    ...

Nach Ivkov konnte Weiß hier ein Damenendspiel mit Minimalvorteil erhalten: 58. Kc3 Kf6 59. Kb4 Kg5 60. Kc5 Tf6 61. Tg2 Kf4 62. Kb6 Ke3 63. Kc7 Kxd4

64. Kd7 c5 65. Ke7 Tc6 66. Kxf7 c4 67. f6 c3 68. Kg7 c2 69. Txc2 Txc2 70. f7 Tc8 71. f8D Txf8 72. Kxf8 Kc5 73. g5 d4 74. gh6 d3 75. h7 d2 76. h8D d1D.

58. ...        Kg7-f6
59. Ke3-f4    Td6-d8
60. Tf2-c2    Td8-c8
61. g4-g5     h6xg5+
62. Kf4-g4    Kf6-g7
63. Kg4xg5    f7-f6+
64. Kg5-h4    Kg7-h7
65. Tc2-e2    c6-c5

remis.

### Partie Nr. 106

**Hernandez – Keres**, Tallinn 1975
1. c4 e6 2. Sc3 Sf6 3. Sf3 d5 4. d4 Sbd7 5. Lg5 c6 6. cd5 ed5 7. e3 Le7 8. Ld3 Sf8 9. 0–0 Lg4 10. h3 Lh5 11. Le2 S6d7 12. Lxe7 Dxe7 13. Tb1 a5

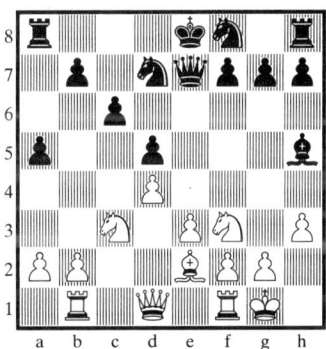

Einschätzung der Stellung:
Weiß hat sich auf den Minoritätsangriff vorbereitet, nach a3 und b4 ist er für b5 bereit. Der Nachziehende stellte seine Rochade zurück, um die Figuren zu aktivieren, sein weißfeldriger Läufer ist gut herausgekommen. Mit der Postierung der Springer auf d7 und e6 können die

wichtigen Felder c5 und d4 überwacht werden. Weiß steht geringfügig besser.

| | | |
|---|---|---|
| 14. | a2-a3 | Sf8-e6 |
| 15. | b2-b4 | a5xb4 |
| 16. | a3xb4 | 0–0 |
| 17. | b4-b5 | De7-d6 |
| 18. | b5xc6 | b7xc6 |

Schwarz nimmt eine feste Stellung ein. Der Bauer c6 ist sicher geschützt, und das wichtige Feld c5 befindet sich unter seiner Kontrolle. Im Kampf um die Zentrumsfelder kann der Nachziehende gut mithalten.

| | | |
|---|---|---|
| 19. | Sf3-e1 | Lh5xe2 |
| 20. | Sc3xe2 | c6-c5 |
| 21. | d4xc5 | Sd7xc5 |

Die Bauernstruktur hat sich gewandelt. Schwarz tauschte die Schwäche des rückständigen Bauern c6 gegen die Schwäche des isolierten Bauern d5. Der weitere Kampf geht nun nicht ausschließlich um den Vorstoß des isolierten Bauern. Schwarz erstrebt vor allem die weitere Aktivierung seiner Figuren sowie die Kontrolle des Zentrums.

| | | |
|---|---|---|
| 22. | Se2-g3 | ... |

Etwas genauer war 22. Sf3 mit der Kontrolle und der evtl. folgenden Besetzung des Blockadefeldes d4. Die Stellung ist nun ausgeglichen.

| | | |
|---|---|---|
| 22. | ... | g7-g6 |
| 23. | Se1-f3 | Ta8-a3 |
| 24. | Dd1-d2 | Sc5-d3 |
| 25. | Tb1-a1 | ... |

Weiß muß den Tausch eines Turmpaares anstreben, um die schwarze Initiative am Damenflügel einzudämmen.

| | | |
|---|---|---|
| 25. | ... | Tf8-a8 |
| 26. | Ta1xa3 | Ta8xa3 |
| 27. | Sf3-e1 | ... |

Schwarz drohte bereits, mit Sec5 nebst Se4 seine Figuren besser zu stellen. Der Anziehende muß mit Tauschangeboten den Druck abschütteln. Die Schwäche des isolierten Bauern ist durch das aktive Figurenspiel kompensiert.

| | | |
|---|---|---|
| 27. | ... | Sd3-e5! |
| 28. | Se1-c2 | ... |

Nach 28. Se4? Sc4! 29. Dxd5 Dxd5 30. Sf6+ Kg7 31. Sxd5 Sd2 erobert Schwarz die Qualität.

| | | |
|---|---|---|
| 28. | ... | Ta3-d3 |
| 29. | Dd2-b4 | Dd6-c7 |

Nach dem Damentausch 29. ... Dxb4 30. Sxb4 Td2 31. Tb1 hat Schwarz mit dem Turm Sorgen, der an den Bauern d5 gebunden ist. 31. ... d4 ist nicht möglich wegen 32. Se4 Te2 33. Kf1.

| | | |
|---|---|---|
| 30. | Tf1-a1 | Kg8-g7 |
| 31. | Sc2-e1 | Td3-c3 |
| 32. | Sg3-e2 | Tc3-c4 |
| 33. | Db4-b2 | ... |

Die weißen Springer decken die Einbruchsfelder auf der c-Linie, Schwarz kann die Figurenstellung nicht weiter verstärken. Und nach einem Vorstoß des d-Bauern mit einem Abtausch gegen den e-Bauern wären die Spannungen völlig beseitigt.

| | | |
|---|---|---|
| 33. | ... | f7-f6 |
| 34. | Ta1-a8 | |

remis.

Die letzte Partie dieses Abschnittes zeigt den Druck auf den Bauern c6. Doch dies ist nur die ständige Nebendrohung der weißen Initiative, die das Zentrum wie auch den Königsflügel erfaßt.

## Partie Nr. 107

**Jussupow – Georgadse**, UdSSR 1979
1. d4 d5 2. c4 e6 3. Sc3 Le7 4. Sf3 Sf6
5. Lg5 0–0 6. e3 h6 7. Lxf6 Lxf6 8. Tc1 c6
9. Ld3 Sd7 10. cd5 ed5

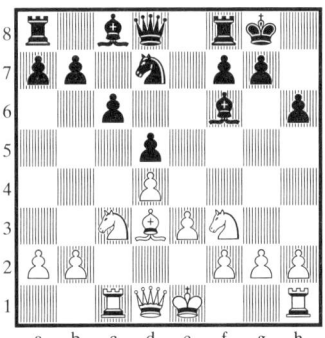

Einschätzung der Stellung:
Mit dem Tausch auf f6 konnte der Läufer von der Diagonalen a3-f8 abgelenkt werden. So wird der Minoritätsangriff ohne Verzögerung vorgetragen. Weiß stellt die Rochade zurück, um den Zug a2-a3 einzusparen. Schwarz besitzt das Läuferpaar.
Die Stellung ist etwas besser für den Anziehenden.

| | | |
|---|---|---|
| 11. | b2-b4 | Lf6-e7 |
| 12. | b4-b5 | Le7-a3 |
| 13. | Tc1-c2 | Sd7-f6 |
| 14. | 0–0 | La3-d6 |

Weiß drohte 15. Sb1 nebst 16. bc6 bc6 17. Txc6.

| | | |
|---|---|---|
| 15. | b5xc6 | b7xc6 |
| 16. | e3-e4 | ... |

Dieser Zug ist schärfer als 16. Sa4.

| | | |
|---|---|---|
| 16. | ... | d5xe4 |
| 17. | Sc3xe4 | Ld6-c7! |

Schwächer ist 17. ... Le6 18. Txc6 Sxe4 19. Lxe4 Lxa2 20. Da4 Le6 21. Ta6, und Weiß steht klar besser.

| | | |
|---|---|---|
| 18. | Sf3-e5 | ... |

Natürlich nicht 18. Txc6? Sxe4 19. Lxe4 Lb7. Bei 18. Sxf6+ Dxf6 19. Le4 Ld7 20. Dc1 Tac8 erreicht Schwarz Ausgleich durch das Gegenspiel gegen den Bauern d4.

| | | |
|---|---|---|
| 18. | ... | Lc7xe5 |
| 19. | d4xe5 | Sf6-g4 |
| 20. | Tc1-c5! | ... |

Nach 20. Txc6 Dh4 21. h3 Sxe5 22. Tc5 Sxd3 23. Dxd3 erreicht Schwarz Ausgleich. Dem Nachziehenden ist es immer noch gelungen, seine Schwäche auf c6 dynamisch zu verteidigen.

| | | |
|---|---|---|
| 20. | ... | Tf8-e8 |
| 21. | Ld3-b1! | ... |

Nun ist der Bauer e5 indirekt gedeckt, 21. ... Dxd1? 22. Txd1 Sxe5? 23. Txe5 Txe5 24. Td8+ Kh7 25. Sf6 matt.

| | | |
|---|---|---|
| 21. | ... | Dh8-h4 |
| 22. | h2-h3 | Sg4xe5 |
| 23. | f2-f4 | Lc8-a6? |

Richtig war das einfache 23. ... Sd7 24. Txc6 Sf6 mit geringem weißen Vorteil.

| | | |
|---|---|---|
| 24. | f4xe5 | La6xf1 |
| 25. | Dd1xf1 | Ta8-b8 |
| 26. | Lb1-c2 | Te8-e6 |
| 27. | Df1-d3 | g7-g6 |
| 28. | Lc2-b3 | Te8-e7 |
| 29. | Dd3-d6 | Tb8-b4 |
| 30. | Se4-f6+ | |

Schwarz gab auf.

## 5.3. Die Bauernschwächen b7 und d5

Die folgenden Partien zeigen die Bekämpfung der schwachen Bauern b7 oder d5 oder den Kampf gegen beide Bauernschwächen. Die Bauernschwächen entstanden infolge des Minoritätsangriffs. Im allgemeinen ist das Schlagen des Nachziehenden auf b5, wonach die beiden genannten Schwächen entstehen, ungünstiger für den Nachziehenden als die Bauernstruktur im vorangegangenen Abschnitt.

## Partie Nr. 108

**Timman – Kavalek**, Bugojno 1982
1. d4 Sf6 2. c4 e6 3. Sf3 d5 4. Sc3 Le7
5. Lg5 h6 6. Lxf6 Lxf6 7. cd5 ed5 8. g3
0–0 9. Lg2 c6 10. 0–0 Le7 11. Dc2 Le6
12. e3 Sd7 13. Se2 g6 14. Sf4 Lf5 15. De2
Te8 16. Tfd1 Sf6 17. Sd3 Ld6 18. Tac1
Tc8

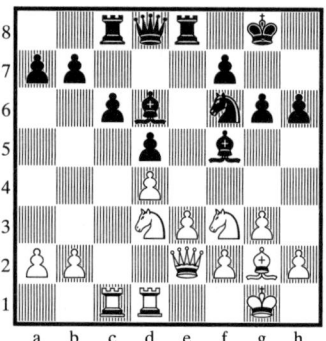

Einschätzung der Stellung:
Weiß steht bereit für den Minoritätsangriff. Dabei sind die weißen Springer
günstig aufgestellt, sie beherrschen die
wichtigen Felder c5 und e5.
Der Nachziehende konnte seine Figuren
aktiv postieren, sein Damenläufer erreichte die wichtige Diagonale b1-h7.
Weiß steht geringfügig besser.
19. a2-a3 Dd8-e7
20. b2-b4 a7-a5
Nach 20. ... Lxd3 21. Dxd3 a6 kann Weiß
die Stellung weiter verstärken mit Sf3-
d2-b3-c5, Lf1 und a4 nebst b5.
21. Dd2-b2 a5xb4
Auch nach 21. ... Sd7 22. Sc5 steht Weiß
besser. Schwarz kann nicht auf c5 schlagen, da b7 und a5 zu schwach werden.
22. a3xb4 Sf6-d7
Wenn Schwarz auf b4 schlägt, erhält der
Anziehende eine starke Initiative; z. B.

22. ... Lxd3 23. Txd3 Lxb4 24. Tb3 Ld6
25. Txb7, und Schwarz behält den
schwachen Bauern auf c6 zurück.
23. Sd3-c5 b7-b6
Falls der Nachziehende auf c5
schlägt, bleibt die Bauernschwäche b7,
und Weiß kann die offene a-Linie nutzen.
24. Sc5xd7 Lf5xd7
25. Tc1-a1 Ld7-g4
Auch 25. ... Lxb4 26. Ta7! Ld6
(26. ... La5? 27. Se5 Ted8 28. Lh3)
27. Dxb6 geht zum Vorteil des Anziehenden aus.
26. b4-b5 De7-f6
27. Db2-e2 c6xb5
28. h2-h3 Lg4-d7
29. Ta1-a6 b5-b4
Auch nach 25. ... Tb8 26. Se1 Lc6 27. Tc1
zeigen sich die schwarzen Bauernschwächen.
30. Sf3-d2 Ld6-f8?
Nach Timman konnte Schwarz die Stellung im Gleichgewicht halten:
30. ... Dxd4 31. Se4 Lb5! 32. Txd4 Lxe2
33. Sxd6 Lxa6 34. Sxe8 Txe8 35. Txb4
Te6 36. Lxd5 Td6 nebst La6-c8-e6.
31. Lg2xd5 Ld7xh3
Auf 31. ... Dxd4? folgt nun 32. Sc4.
32. Sd2-c4 ...
Schwarz kann die Stellung nicht mehr
halten, die weißen Figuren wirken im
Schlußangriff prächtig zusammen.
32. ... Df6-d8
33. Sc4xb6 Tc8-b8
34. De2-f3 Lh3-e6
35. Ld5-c6 Te8-e7
36. Sb6-d5 Le6xd5
37. Lc6xd5 Tb8-b6
38. Ta6-a8 Dd8-d7
39. Td1-c1 Te7-e8
40. Tc1-c6 Tb6-b5
41. Tc6xg6+
Schwarz gab auf.

## Partie Nr. 109

**Rubinstein – Takacs**, Budapest 1926
1. c4 Sf6 2. d4 e6 3. Sc3 d5 4. Lg5 Sbd7
5. e3 Le7 6. Sf3 0–0 7. Tc1 c6 8. Dc2 a6
9. cd5 ed5 10. Ld3 Te8 11. 0–0 Sf8
12. Tfe1 Lg4 13. Sd2 S6d7 14. Lf4 Lg5
15. h3 Lh5 16. Lh2 Lg6 17. Lxg6 hg6
18. Db3 Db6 19. Sa4 Dxb3 20. Sxb3 Se6
21. Sa5 Ta7

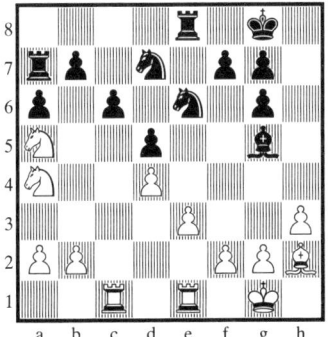

Einschätzung der Stellung:
Dem Nachziehenden ist es gelungen, die Damen und die weißfeldrigen Läufer zu tauschen. Doch seine Probleme mit den Damenflügelbauern sind geblieben. Die Bauernstruktur ist unbeweglich geworden. Besonderen Anteil haben dabei die beiden prächtigen Randspringer auf a4 und a5. Sie kontrollieren die Felder b6/c5 und greifen die Bauern b7/c6 an. So wurde der Turm gezwungen, die ungünstige Stellung auf a7 einzunehmen. Der weiße Läufer hat auf der Diagonalen b8-h2 einen gewaltigen Wirkungsbereich. Weiß steht besser.

22. Kg1-f1    ...
Weiß deckt den Turm e1, um freie Hand für den anderen Turm zu haben, der über c3 nach b3 soll.

22. ...    Lg5-d8

23. b2-b4!    ...
Nur so bleibt der Druck erhalten, nach 23. ... Lxa5 24. ba5 ist die schwarze Bauernkette erstarrt, und Weiß kann sein Spiel auf die Bauernschwäche b7 ausrichten.

23. ...    f7-f5
Auch nach 23. ... Lc7 24. Lxc7 Sxc7 25. Sc5 Sxc5 26. bc5 steht Weiß überlegen.

24. Sa4-b2!    ...
Angesichts der schwarzen Wehrlosigkeit kann Weiß in Ruhe seine Pläne verwirklichen, jetzt wird der Springer von a4 nach d3 überführt. Dann kann Weiß wählen, ob er den Springer auf c5 oder auf e5 einsetzt.

24. ...    g6-g5
Der Bauernvormarsch des Nachziehenden stellt keine Gefahr dar, da die Unterstützung durch die Figuren fehlt.

25. Sb2-d3    Kg8-f7
26. Tc1-c2    Ld8-b6
27. Lh2-d6    Se6-d8
Schwarz will den Bauern b7 mit dem Springer decken, um den Turm a7 wieder ins Spiel zu bringen.

28. Sd3-c5!    ...
Früher oder später muß Schwarz auf c5 schlagen, damit wird der Bauer b7 als Schwäche markiert.

28. ...    Sd7xc5
29. Ld6xc5    Lb6xc5
30. b4xc5    ...

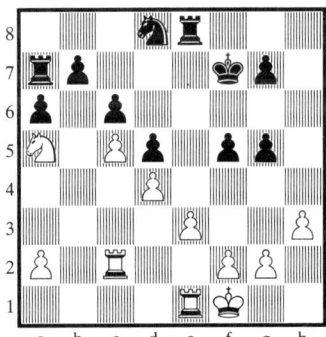

Im Ergebnis des Angriffs ist die Bauernschwäche b7 geblieben. Die folgende Partiephase zeigt die Verstärkung des weißen Drucks, damit werden die schwarzen Figuren an die Verteidigung gebunden. Zum Schutz des Bauern b7 führt Schwarz seinen König mit zum Damenflügel, doch auch danach kann er seinen Damenturm nicht befreien.

| 30. ... | Kf7-e7 |
| 31. Tc2-b2 | Ke7-d7 |
| 32. Te1-b1 | Kd7-c8 |
| 33. Kf1-e2 | Te8-e7 |

33. ... f4? käme den weißen Plänen entgegen, der König könnte an die geschwächten Bauern herankommen.

| 34. Ke3-f3 | Te7-e4 |
| 35. g2-g4! | ... |

Dies ist das typische Verfahren. Nachdem die schwarzen Figuren an die Verteidigung des b-Bauern gebunden wurden, beginnt die Initiative am anderen Flügel. Die weißen Figuren nutzen den Vorteil ihrer größeren Beweglichkeit.

| 35. ... | g7-g6 |
| 36. Tb1-g1 | Sd8-f7 |
| 37. h3-h4! | ... |

Nach dieser Öffnung können die weißen Figuren ungehindert eindringen.

| 37. ... | g5xh4 |
| 38. g4xf5 | g6xf5 |
| 39. Tg1-g7 | Sf7-d8 |
| 40. Tg7-g8 | f5-f4 |

Schwarz versucht, weiter zu vereinfachen, um die Schwäche f5 loszuwerden.

| 41. Tg8-h8 | ... |

41. Sxb7 bringt dem Anziehenden nichts ein.

| 41. ... | f4xe3 |
| 42. f2xe3 | Kc8-d7 |
| 43. Tb2-g2 | Te4-e8 |
| 44. Th8xh4 | Te8-e7 |
| 45. Th4-h8 | Kd7-c7 |
| 46. Tg2-g8 | Te7-d7 |

Schnell hat sich das Bild gewandelt. Die weißen Türme wendeten sich von der Belagerung der Bauernschwäche b7 ab und schwenkten zum Königsflügel. Der Vorteil des Anziehenden besteht in der aktiven Figurenstellung; der schwarze Turm a7 muß noch in seinem Gefängnis bleiben.

| 47. Sa5-b3 | ... |

Der Springer verstärkt den Druck. Es droht beispielsweise Sb3 - c1 - e2 - f4 nebst Txd8 und Se6+.

| 47. ... | a6-a5 |
| 48. Sb3-c1 | Ta7-a8 |
| 49. Sc1-d3 | b7-b5 |

Schwarz ist wehrlos gegen die Drohung Sd3-f4-e6+.

| 50. c5xb6+ | Kc7xb6 |
| 51. Sd3-c5 | Td7-d6 |
| 52. a2-a4 | Ta8-c8 |
| 53. Kf3-g4 | |

Schwarz gab auf.
Nach 53. ... Ta8 54. Kf5 Tc8 55. Tf8 Ta8 56. Ke5 oder 53. ... Tb8 54. Tg7 Ta8 55. Txd8 oder 53. ... Kc7 54. Tg7+ Kb8 55. Thh7 mit Sa6+ nebst Ta7 matt siegt immer Weiß.

Akiba Rubinstein

150

## Partie Nr. 110

**Taimanow – Rantanen**, Tallinn 1975
1. d4 d5 2. c4 e6 3. Sf3 Sf6 4. Sc3 Le7
5. Lg5 0–0 6. e3 h6 7. Lxf6 Lxf6 8. Dd2 c6
9. Ld3 Sd7 10. cd5 ed5 11. 0–0 Le7
12. Tab1 a5 13. a3 Ld6

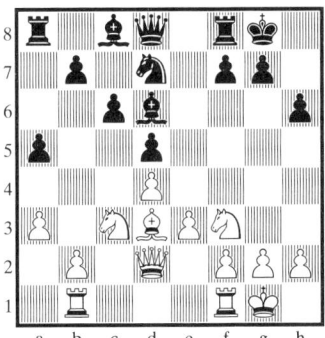

Einschätzung der Stellung:
Weiß ist vorbereitet für den Vormarsch des b-Bauern, Schwarz kann ihn nicht mehr aufhalten. Damit steht Schwarz vor der Entscheidung, wie er sich dieser Drohung gegenüber verhalten soll. Der Tausch auf f6 gewann für Weiß ein Tempo. Der Anziehende steht geringfügig besser, da eine Bauernschwäche beim Nachziehenden entstehen wird.
14. b2-b4       Dd8-e7!
Schwarz erlangt die Kontrolle über die Diagonale a3-f8. Durch den verstärkten Druck auf a3/b4 werden die weißen Bauern unbeweglich. Das Ausführen des Minoritätsangriffs ist erschwert.
15. Sc3-e2       Sd7-f6
16. b4xa5       ...
Weiß kann nicht auf dem Vorstoß b4-b5 beharren, auf 16. Tb3 folgt 16. ... Se4 17. Lxe4 de4 18. Se1 Le6, und die Initiative geht auf Schwarz über. In der Partiefortsetzung erhält Schwarz den schwachen Bauern b7, doch die aktiven schwarzen Figuren kompensieren die Schwäche.
16.       ...       Sf6-e4
Nach 16. ... Lxa3 17. Se5 behält Weiß einen geringen Vorteil.
17. Dd2-e1       ...
17. Lxe4 de4 18. Se1 Lxa3 ist günstig für den Nachziehenden.
17.       ...       Lc8-g4
18. Sf3-e5       ...
18. Sd2 Lxe2 19. Lxe2 Sc3 20. Tb3 Sxe2+ 21. Dxe2 Txa5 ergibt schwarzen Vorteil.
18.       ...       Ld6xe5
19. d4xe5       Dd6xa3
20. Ld3xe4       d5xe4
21. Tb1xb7
Damit ist die Bauernschwäche b7 gefallen, die Schwächen werden beidseits beseitigt. So verflacht die Stellung, und die Remisbreite wird nicht überschritten.
21.       ...       Ta8xa5
22. Se2-d4       Ta5xe5
23. Sd4xc6       Te5-c5
24. Sc6-d4       Tf8-c8
25. Tb7-b1       Da3-a6
26. De1-b4       Da6-f6
Die Stellung ist ausgeglichen, Schwarz konnte seine Bauernschwächen beseitigen. Der weitere Verlauf der Partie hat keine Bedeutung mehr für unser Thema.
27. Db7 Lh5 28. Tb6 Dg5 29. Dxe4 Lg6 30. Db7 Ld3 31. Sc6 Te8 32. Dd7 Txe3 33. h4 Df6 34. Td1 Tc2 35. Dd8+ Dxd8 36. Sxd8 Le2 37. fe3 Lxd1 38. Tb8 f6 39. Se6+ Kf7 40. Sf4 Tc7 41. h5 Lc2 42. Tb4 g5 43. hg6+ Lxg6 44. Tb6 Le4 45. Sh5 Tc1+ 46. Kh2 Tc2
remis.

## Partie Nr. 111

**Smyslow – Keres**, Moskau 1948
1. d4 d5  2. c4 e6  3. Sc3 Sf6  4. Lg5 c6
5. e3 Sbd7  6. cd5 ed5  7. Ld3 Le7  8. Sf3
0–0  9. Dc2 Te8  10. 0–0 Sf8  11. Tab1 Sg6

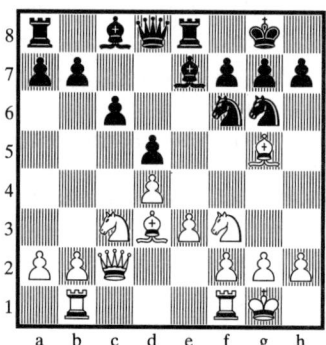

Einschätzung der Stellung:
Weiß ist bereit zum Beginn des Minoritätsangriffs. Schwarz hat nichts dagegen unternommen (Sg6). So kann der Minoritätsangriff mühelos anlaufen.
Weiß steht etwas besser.
12. b2-b4        Le7-d6
Dieser Zug paßt nicht recht in den Aufbau, besser ist 12. ... a6 13. a4 Se4.
13. b4-b5        Lc8-d7
14. b5xc6        Ld7xc6(?)
Besser ist 14. ... bc6, wonach Schwarz nur die Bauernschwäche c6 besitzt, die er gut verteidigen kann. Nun sind die Bauernschwächen b7 und d5 entstanden. Weiß verstärkt den Druck auf die Schwächen, gleichzeitig achtet er darauf, daß der Nachziehende nicht zum Gegenspiel auf dem Königsflügel kommt.
15. Dc2-b3        Ld6-e7
16. Lg5xf6!        ...
Dieser wichtige Abtausch kommt im vorliegenden Stellungstyp oft vor. Der schwarzfeldrige Läufer ist schlechter geeignet zur Verteidigung der Schwächen als der Springer f6. In der folgenden Partiephase steht dieser Läufer recht nutzlos auf f6.
16. ...        Le7xf6
17. Ld3-b5!        ...
Auch dies gehört zum Plan. Schwarz kann nicht selbst auf b5 tauschen. Weiß bestimmt den günstigsten Zeitpunkt des Tausches.
17. ...        Dd8-d6
18. Tf1-c1        h7-h5
19. Sc3-e2        h5-h4
20. Lb5xc6        b7xc6
Die Vorzüge der weißen Stellung sind offensichtlich. Schwarz hat zwar nur noch die eine Bauernschwäche auf c6, doch außerdem sprechen für den Anziehenden die Bauernschwäche a7 und der Besitz der einzigen offenen Linie. Schwarz kann nicht um die offene Linie kämpfen, da er an die beiden Bauernschwächen gebunden ist. Der Vormarsch des schwarzen h-Bauern stellt keine Gefahr dar.
21. Db3-a4        Sg6-e7
22. Tb1-b7!        ...
Damit ist der Besitz der offenen Linie gesichert, mit dem Eindringen auf der 7. Reihe vergrößert sich der weiße Vorteil.
22. ...        a7-a5
23. h2-h3        Te8-b8
24. Tc1-b1        Tb8xb7
25. Tb1xb7        c6-c5
Wir erleben hier eine ständige Transformation der Bauernschwächen, zuerst b7 und d5, dann a7 und c6, jetzt a5 und d5. Die beiden isolierten Bauern werden nun Angriffsobjekte. Ungünstig wäre auch 25. ... Tb8 gewesen. Smyslow gibt hierzu folgende Variante an: 25. ... Tb8 26. Txb8+ Dxb8 27. Dxa5 Db1+ 28. Se1 Sf5 29. Kf1 Sd6 30. Da8+ Kh7 31. Dxc6 Sc4 32. Sf4 Dd1 33. Sfd3, und Weiß hat zwei Mehrbauern, ohne daß Schwarz

152

dafür eine Kompensation besitzt.

26. Tb7-b5! ...

Der Angriff auf a5 und c5 zwingt den Nachziehenden zum Tausch auf d4. Nach 26. ... c4 27. Txa5 Txa5 28. Dxa5 nebst Sc3 ist der schwarze Freibauer sicher blockiert.

26. ... c5xc4
27. Se2xd4 Ta8-c8

Auch nach 27. ... Dc7 28. Sb3 Dc6 29. Sc5 hat Weiß starken Druck auf die Bauernschwächen.

28. Sd4-b3 Lf6-c3
29. Da4xh4 ...

Nach der Eroberung des Bauern h4 bekommt der Nachziehende Probleme beim Schutz seines Königsflügels.

29. ... Tc8-c4
30. g2-g4! ...

Weiß verschafft sich ein weiteres Luftloch auf g2 für seinen König.

30. ... a5-a4
31. Sb3-d4 Lc3xd4
32. Sf3xd4 Dd6-e5

Auf 32. ... Sc6 33. Sxc6 Txc6 34. Ta5 Dd7 35. Dg5 gewinnt Weiß einen weiteren Bauern.

33. Sd4-f3 De5-d6

Nicht 33. ... De4 34. Tb8+ Tc8 (34. ... Sc8 35. Dd8+) 35. Txc8+ Sxc8 36. Dd8+.

34. Tb5-a5 Tc4-c8
35. Ta5xa4 ...

Nach der Eroberung des zweiten Bauern steht Weiß klar auf Gewinn.

35. ... Se7-g6
36. Dh4-h5 Dd6-f6
37. Dh5-f5 Df6-c6
38. Ta4-a7 Tc8-f8
39. Ta7-d7 d5-d4
40. Td7xd4 Tf8-a8
41. a2-a4! ...

Schwarz gab auf.

Auf 41. ... Txa4 folgt 42. Td8+ Sf8 43. Dxf7+ Kxf7 44. Se5+ Ke7 45. Sxc6+.

# Partie Nr. 112

**Waganjan – Westerinen**, Moskau 1982
1. d4 d5 2. c4 e6 3. Sc3 Sf6 4. cd5 ed5 5. Lg5 c6 6. Dc2 Sa6 7. a3 Sc7 8. e3 Se6 9. Lh4 Le7 10. Sf3 g6 11. Ld3 Sg7 12. b4

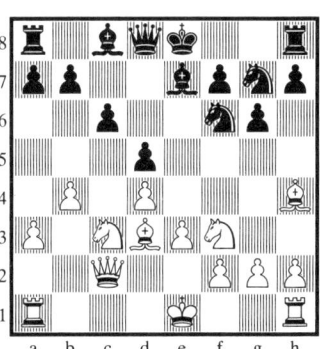

Einschätzung der Stellung:

Weiß hat vor dem Abschluß der eigenen Entwicklung mit dem Minoritätsangriff begonnen. Da Schwarz auch noch nicht vollständig entwickelt ist, müssen beide Seiten nicht nur auf die langfristige Planung der Bauernstruktur achten, sondern ebenso die taktischen Möglichkeiten in Betracht ziehen. Schwarz hat das strategisch wichtige Feld f5 erobert, so daß es zum Tausch der weißfeldrigen Läufer kommt.

Der Anziehende steht etwas besser.

12. ... Lc8-f5?

Schwarz übereilt sich mit dem Läufertausch. Richtig war 12. ... a6 13. 0–0 Lf5, um den Minoritätsangriff zu bremsen.

13. b4-b5! Ta8-c8
14. b5xc6 Dd8-a5?

Schwarz setzt den fehlerhaften Plan fort, besser war 14. ... bc6 15. Lxf6 Lxf6, und Weiß hat positionellen Vorteil.

15. c6xb7!! Tc8-b8

Erst jetzt erkennt Schwarz, daß seine

153

Berechnung ein Loch hat. 15. ... Txc3
16. Da4+! Dxa4 17. b8D+ Tc8 (17. ... Kd7
18. Lb5+ Ke6 19. Sg5 matt) 18. Lb5+ Kf8
19. Dxc8+, und Weiß hat die Qualität und
einen Bauern mehr.

| 16. | 0–0 | Tb8xb7 |
| 17. | Ld3xf5 | Sg7xf5 |
| 18. | Lh4xf6 | Le7xf6 |
| 19. | Sc3-e4! | ... |

Weiß nutzt seinen Entwicklungsvorsprung aus, ohne einmal zu zögern.

| 19. | ... | Tb7-b6 |
| 20. | Se4xf6+ | Tb6xf6 |
| 21. | Sf3-e5 | Tf6-d6 |
| 22. | Dc2-c8+ | Da5-d8 |
| 23. | Dc8xd8+ | Td6xd8 |
| 24. | Tf1-c1 | 0–0 |
| 25. | Tc1-c7 | a7-a6 |

Weiß steht auf Gewinn. Neben dem
Mehrbauern verfügt der Anziehende
noch über folgende Vorteile: aktive Figurenstellung, und die Bauern a7 und d5
sind schwach.
Es folgte noch: 26. Tac1 Td6 27. Ta7 f6
28. Sd3 Tf7 29. Tc8+ Kg7 30. Tcc7 Txc7
31. Txc7+ Kf8 32. Sc5 Kg8 33. Tb7 Tc6
34. a4 Sd6 35. Ta7 Tb6 36. g4 h5
37. Txa6 Txa6 38. Sxa6 hg4 39. Sc7 Sc4
40. Kg2 Kf7 41. Kg3 f5 42. Kf4 Ke7
43. Kg5 Kd6 44. Sb5+ Kc6 45. Kxg6 Sb2
46. Sc3 Sd3 47. Kxf5 Sxf2 48. Kf4
Schwarz gab auf.

## Partie Nr. 113

**Portisch – Larsen**, Rotterdam 1977
1. c4 Sf6 2. Sc3 e6 3. Sf3 d5 4. d4 Sbd7
5. cd5 ed5 6. Lg5 Le7 7. e3 0–0 8. Ld3
Te8 9. Dc2 c6 10. 0–0 Sf8 11. Tae1 Le6
12. Db1 a5 13. a3 S6d7 14. Lxe7 Txe7

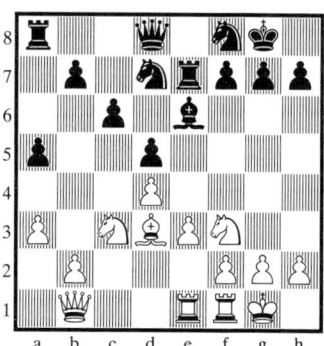

Einschätzung der Stellung:
Mit der Aufstellung seiner Türme deutete
Weiß den Plan f3 nebst e4 an. Doch
12. Db1 ermöglicht das Durchführen des
Minoritätsangriffs. Die Dame soll den
Vorstoß des b-Bauern unterstützen.
Nach dem Tausch der schwarzfeldrigen
Läufer macht sich die Schwäche der
schwarzen Felder beim Nachziehenden
bemerkbar.
Weiß steht etwas besser.

| 15. | b2-b4 | a5xb4 |
| 16. | Db1xb4 | ... |

16. ab4 wäre hier nicht gut wegen
16. ... b5 nebst Sd7-b6-c4. Nun wird der
Bauer b7 das Angriffsobjekt für den
Anziehenden, dabei deckt der Turm e7
diese Schwäche. Schwarz verwendet
nun viel Zeit für den Tausch der Läufer, in
der Zwischenzeit verstärkt der Anziehende den Druck auf die Damenflügelbauern.

| 16. | ... | Sd7-b6 |

Mit der Absicht Sb6-c8-d6 und Lf5.

17. a3-a4    Sb6-c8
18. Te1-a1   Sc8-d6

Schwarz sollte sich besser mit dem Damentausch entlasten: 18. ... Da5 19. Tfb1 Dxb4 20. Txb4 bei geringem Vorteil für Weiß.

19. a4-a5    Le6-f5
20. Ld3xf5   Sd6xf5
21. Tf1-b1   Sf5-d6

Der Springer kommt zurück mit der Absicht Sc4, mit sieben Zügen war er die bisher aktivste Figur. Die Bauernstruktur am Damenflügel ist erstarrt, so können beide Seiten in Ruhe ihre Pläne entwickeln. Bei Gelegenheit taucht die Drohung a5-a6 auf mit der Verlagerung der Bauernschwäche von b7 nach c6.

22. Sf3-d2   Sf8-e6
23. Db4-b6   Dd8-c8?

Damit stellt Schwarz einen Bauern ein, da der Springer d6 nicht gedeckt ist. Richtig war hier 23. ... Sc7, und Schwarz erobert das Feld b5, Weiß hat dann nur geringen Vorteil. Auch nach 23. ... Dxb6 oder 23. ... Dc7 bleibt beim Nachziehenden eine Bauernschwäche zurück, und Weiß hat die Initiative.

24. Sc3xd5   Te7-d7
25. Sd5-c3   Sd6-f5
26. Sd2-f3   ...

Schwarz hat nun ersatzlos einen seiner wichtigsten Bauern eingebüßt. Damit steht Weiß auf Gewinn. Auch die folgenden Verwicklungsversuche des Nachziehenden bleiben ohne Erfolg.

Es folgte noch: 26. ... Ta6 27. Db2 Sd6 28. Sa4 De8 29. Sb6 Td8 30. Dc2 h6 31. Sc4 Sb5 32. Td1 De7 33. h3 Sec7 34. Tab1 Sd5 35. Tb3 De6 36. Sfe5 Taa8 37. Sd3 Dg6 38. Tc1 Dg5 39. Kh2 Te8 40. Sc5 Ta7 41. Td1 h5 42. e4 Sxd4 43. Txd4 Sf4 44. Se3 Sxg2 45. Sxg2 De5+ 46. f4 Dxd4 47. Tg3 Db4 48. e5 Dxa5 49. Sd7 h4 50. Sf6+ Kf8 51. Txg7 Schwarz gab auf.

## 5.4. Die Verteidigung gegen den Minoritätsangriff

Der Kampf gegen die geschwächte Bauernstellung am Damenflügel ist meist ein langwieriges Vorhaben. Die schwarzen Bauernschwächen sind nicht so schwerwiegend, doch von dauernder Natur. Weiß besitzt eine langanhaltende Initiative am Damenflügel, die weit bis ins Endspiel reichen kann.

In dieser Lage hat der Nachziehende drei grundsätzliche Möglichkeiten (neben der rein passiven Abwehr von Drohungen), dem weißen Spiel entgegenzutreten:
– Beginn der Initiative am Damenflügel bei gleichzeitiger ökonomischer Verteidigung der Bauernschwäche;
– Anstreben von b7-b5 nebst Sc4;
– Öffnung des Zentrums bei aktivem Figurenspiel.

### Partie Nr. 114

**Attard – Csom,** Nizza 1974
1. d4 Sf6 2. c4 e6 3. Sf3 d5 4. Sc3 Le7 5. Lg5 0–0 6. e3 Sbd7 7. cd5 ed5 8. Ld3 Te8 9. 0–0 c6 10. Tc1 Sf8 11. Lxf6 Lxf6 12. b4 a6 13. a4 Le7

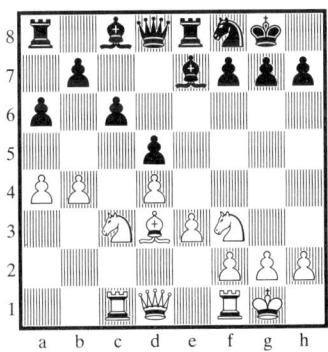

Einschätzung der Stellung:
Weiß steht bereit zum Minoritätsangriff. Nach dem Vorstoß b4-b5 bleibt beim Nachziehenden mindestens eine Bauernschwäche zurück. Gegen diese Schwäche muß sich dann das weiße Spiel richten. Schwarz wird seine Gegenchancen am Königsflügel suchen, bei gleichzeitiger Verteidigung seiner Schwächen.

Die Stellung ist etwa ausgeglichen, da beide Seiten ihre Chancen besitzen.

    14. Dd1-b3    ...

Nach 14. b5 ab5 15. ab5 Ld6 16. bc6 bc6 bleiben die Chancen verteilt. Weiß spielt auf die Bauernschwäche c6, und Schwarz kann bei vorbeugender Verteidigung von c6 mit Te6, Th6 nebst Lg4 seine Figuren in Angriffsstellung bringen.

    14. ...    Le7-d6
    15. e3-e4?    ...

Mit diesem unlogischen Vorstoß schwächt der Anziehende seine Stellung. Besser war hier das natürliche 15. b5 oder auch 15. Se2.

    15. ...    Lc8-g4!

Weiß muß sich auf die folgende Abwicklung einlassen, da nach 16. Sd2 Lf4 der Bauer d4 schwach wird.

    16. e4-e5    Lg4xf3
    17. g2xf3    ...

Auch nach 17. ed6 Dg5 18. g3 Dh6 steht Schwarz klar besser, es droht sowohl 19. ... Dh3 als auch 19. ... Dxd6.

    17. ...    Te8xe5!

Die Bauernfront vor dem weißen König wurde zerstört, so ist bereits das Turmopfer möglich. Nach dessen Annahme kommt Weiß in entscheidenden Materialnachteil, z.B.: 18. de5 Dg5+ 19. Kh1 Dxe5 20. f4 Dxf4 21. Kg2 Dxh2+ 22. Kf3 Se6 23. Se2 Dh3+ 24. Sd4+ mit Damengewinn.

    18. f3-f4    Te5-h5
    19. f2-f3    Dd8-h4
    20. Tc1-c2    Sf8-e6

Weiß gab auf.

## Partie Nr. 115

**Timman – Byrne**, Nizza 1974

1. c4 e6 2. Sc3 d5 3. d4 Sf6 4. Lg5 Le7 5. e3 Sbd7 6. Tc1 0–0 7. cd5 ed5 8. Ld3 Te8 9. Sge2 Sf8 10. 0–0 Sg6 11. b4 a6 12. Db3 c6

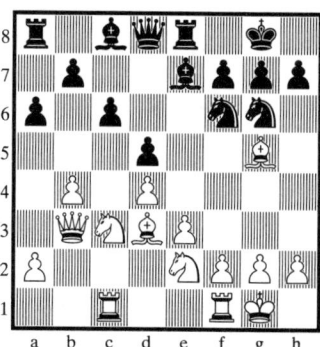

Einschätzung der Stellung:
Weiß hat sich aufgestellt, um den Vorstoß des b-Bauern vorzubereiten. Nach a2-a4 ist er dazu bereit. Der Nachziehende sucht sein Spiel am Königsflügel, seine Figuren sind dafür entsprechend postiert.

Die Stellung ist etwa ausgeglichen.

    13. Lg5xf6    Le7xf6
    14. a2-a4    Lc8-e6

Damit wird auf taktischem Wege b4-b5 verhindert; 15. b5 ab5 16. ab5 c5! 17. dc5? d4. Besser war hier der ruhige Weg mit 15. a5 nebst Sc3-a4-c5 oder 15. Dc2 nebst b4-b5.

    15. Ld3xg6?    ...

Der Tausch des guten Läufers war nicht gerechtfertigt, nun kommt der Nachziehende in den Besitz der Diagonalen b1-h7.

| 15. | ... | h7xg6 |
|---|---|---|
| 16. | Se2-f4 | Le6-f5 |
| 17. | Sc3-e2 | Dd8-d6 |

Obwohl die Stellung noch geschlossen ist, hat Schwarz mit dem Besitz des Läuferpaares leichten Vorteil erhalten.

| 18. | Tc1-c3 | Lf6-e7 |
|---|---|---|
| 19. | b4-b5 | a6xb5 |
| 20. | a4xb5 | g6-g5! |

Der Druck auf den Bauern d5 wird vermindert, Weiß muß den Springer aus seiner günstigen Position nehmen.

| 21. | Se2-g3 | Lf5-h7 |
|---|---|---|
| 22. | Sf4-e2 | Te8-b8 |
| 23. | Tf1-c1 | Ta8-a5! |

Nun ergreift sogar der Nachziehende die Initiative am Damenflügel, es droht Tb5.

| 24. | b5xc6 | b7xc6 |
|---|---|---|
| 25. | Db3-d1 | Ta5-a6 |

Schwarz besitzt zwar die Bauernschwäche c6, doch diese nützt dem Anziehenden nichts angesichts der aktiven schwarzen Figurenstellung.

| 26. | f2-f3 | Dd6-e6 |
|---|---|---|
| 27. | e3-e4 | Le7-b4! |

Nach 27. ... de4 28. fe4 Lxe4 29. Te3 f5 30. Sxe4 fe4 31. Sg3 erhält Weiß gutes Spiel.

| 28. | Tc3-e3 | f7-f5 |

Damit bekommt Schwarz auch die Initiative im Zentrum, der Anziehende ist überspielt. Das Läuferpaar kommt jetzt gut zur Geltung.

| 29. | Te3-b3 | d5xe4 |
|---|---|---|
| 30. | f3xe4 | f5-f4! |
| 31. | Dd1-d3 | f4xg3 |
| 32. | Tb3xb4 | Tb8xb4 |
| 33. | Dd3xa6 | g3xh2+ |
| 34. | Kg1xh2 | Lh7xe4 |

Nach dem Ringen um die Initiative am Damenflügel und im Zentrum ist der Nachziehende als Sieger hervorgegangen. Doch plötzlich geht es nun dem weißen König an den Kragen.

| 35. | Se2-g3 | Le4xg2! |
|---|---|---|
| 36. | Da6-e2 | ... |

Oder 36. Kxg2 Tb2+.

| 36. | ... | De6-h3+ |
|---|---|---|
| 37. | Kh2-g1 | Lg2-d5 |

Damit weicht Schwarz der letzten Falle 37. ... Dxg3? 38. De8+ Kh7 39. Dh5+ aus. Weiß gab auf.

## Partie Nr. 116

**Hort – Byrne**, Moskau 1971
1. d4 Sf6 2. c4 e6 3. Sc3 d5 4. Sf3 Le7 5. Lg5 Sbd7 6. e3 0–0 7. Tc1 a6 8. cd5 ed5 9. Ld3 c6 10. Dc2 Te8 11. 0–0 Sf8 12. Se5 Sg4

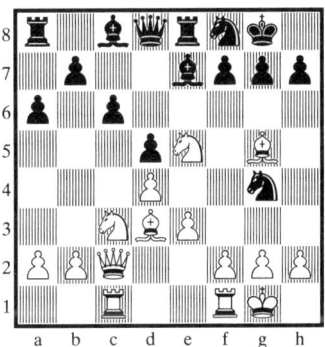

Einschätzung der Stellung:
Weiß befindet sich noch in der Vorbereitung des Minoritätsangriffs. Mit dem ungenauen 12. Zug gibt er dem Nachziehenden die Möglichkeit, sich zu entlasten. Der Tausch der Leichtfiguren erleichtert die Verteidigungsaufgaben von Schwarz.
Durch das Entlastungsmanöver erzielt der Nachziehende Ausgleich.

| 13. | Lg5xe7 | Dd8xe7 |
|---|---|---|
| 14. | Se5-f3 | ... |

Etwas besser ist 14. Sxg4 mit Ausgleich.

| 14. | ... | Sf8-g6 |
|---|---|---|
| 15. | h2-h3 | ... |

Schwarz beginnt mit seinem Gegenspiel am Königsflügel, es sollte mit 15. ... Sh4 weitergehen. Nach dem Textzug erhält Schwarz eine Angriffsmarke für sein Spiel.

| 15. | ... | Sg4-f6 |
| 16. | Sc3-a4 | Sf6-e4 |
| 17. | Sa4-b6 | Ta8-b8 |
| 18. | Ld3xe4 | d5xe4 |
| 19. | Sf3-d2 | Sg6-h4 |

Der schwarze Angriff nimmt bereits konkrete Formen an, es droht bereits Dg5 bzw. Lxh3.

| 20. | Dc2-c5 | De7-f6 |

Natürlich tauscht Schwarz nicht die Damen, das Endspiel wäre etwas günstiger für Weiß.

| 21. | Kg1-h2? | ... |

Weiß mußte den Läufer abtauschen, da dieser eine wichtige Rolle im Angriff spielen wird. Angesichts der Angriffsmarke h3 ist dies bereits zu erkennen.

| 21. | ... | Lc8-f5 |
| 22. | Tc1-e1 | ... |

Der Anziehende sollte sofort die Lage mit 22. f4 klären.

| 22. | ... | Tb8-d8 |
| 23. | f2-f4 | e4xf3 |
| 24. | Sd2xf3 | Lf5-d3 |
| 25. | Tf1-f2 | Ld3-e4 |

Die weiße Bauernstellung wird weiter geschwächt. Schwarz besitzt die Initiative, während vom Minoritätsangriff nichts zu sehen ist.

| 26. | Dc5-b4(?) | ... |

Auch nach anderen Zügen steht Schwarz überlegen, z.B. 26. Dh5 Sxf3+ 27. gf3 Lg6 28. Dg4 Dd6+ 29. f4 f5 nebst 30. ... Db4.

| 26. | ... | Le4xf3! |
| 27. | g2xf3 | Te8xe3 |
| 28. | Te1xe3 | Df6-f4+ |
| 29. | Kh2-g1 | Df4xe3 |

Nach der Eroberung des e-Bauern steht Schwarz auf Gewinn, zumal der weiße König auch keinen Schutz mehr findet.

| 30. | Db4-c3 | De3-f4 |
| 31. | d4-d5 | Df4-g3+ |
| 32. | Kg1-f1 | Dg3xh3+ |
| 33. | Kf1-e2 | c6xd5 |
| 34. | Dc3-c7 | Td8-e8+ |
| 35. | Ke2-d2 | Dh3-e6 |

Weiß gab auf.

### Partie Nr. 117

**Hort – Georgadse**, Porz 1981/82
1. d4 d5 2. c4 e6 3. Sc3 Sf6 4. cd5 ed5
5. Lg5 Le7 6. e3 0–0 7. Ld3 Sbd7 8. Sf3
c6 9. Dc2 Te8 10. h3 Sf8 11. Lf4 Le6
12. Le5 S6d7 13. Lg3 a6 14. Td1 Tc8
15. 0–0 Db6 16. Db1 g6

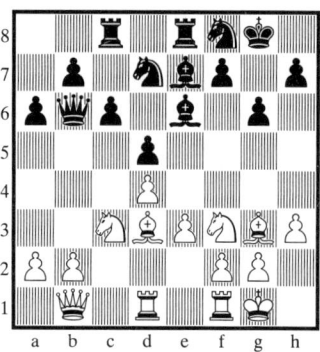

Einschätzung der Stellung:
Die Figuren wurden behutsam umgruppiert, so daß noch keine direkte Absicht zu erkennen ist. Nun beginnt der Anziehende mit dem Minoritätsangriff, doch Schwarz hat sich bereits darauf eingestellt. Er überdeckte seine Bauern a6 und c6. So ist er bereit, auf b2-b4 mit b7-b5 zu antworten und danach mit Sd7-b6-c4 das Feld c4 anzustreben.

| 17. | a2-a3 | Db6-a7! |
| 18. | Lg3-f4 | ... |

Nach 18. b4 b5 kommt Schwarz zu Sb6,

und der Springer erreicht das Feld c4.

18. ...      b7-b5

Schwarz strebt auch jetzt mit dem Springer das Feld c4 an. Dies ist möglich, da der Bauer a3 schwach ist und zum anderen die Sicherung des Feldes c4 durch a6-a5-a4 unterstützt werden kann.

19. Tf1-e1      Sd7-b6
20. Lf4-h6      Sb6-c4

Weiß kann jetzt und künftig nicht auf c4 tauschen, da der Bauer b2 schwach würde.

21. Sc3-e2      Le7-f6
22. Se2-f4      Le6-d7
23. Db1-c1      ...

Damit droht b2-b3.

23. ...      Sc4-d6
24. Te1-e2      ...

Da keiner gewillt ist, im Zentrum die Initiative zu ergreifen, bleibt die Bauernfront bestehen. Beide kämpfen um die Vorherrschaft über die Felder des erweiterten Zentrums. In diesem Sinne wäre es etwas besser gewesen, das Feld c5 für einen Springer anzustreben mit Lc2, Sf4-d3-c5.

24. ...      a6-a5
25. Ld3-c2      a5-a4
26. Sf4-d3      Sd6-f5
27. Lh6xf8      ...

Weiß sollte sich besser mit Lf4 den Läufer erhalten.

27. ...      Te8xf8

Etwas besser war 27. ... Kxf8.

28. Sd3-c5      Sf5-d6
29. Lc2-d3      Tf8-e8
30. Td1-e1      Te8-e7
31. Sf3-d2      ...

Der angestrebte Vorstoß e3-e4 kann nicht verwirklicht werden, z.B. 31. e4 de4 32. Sxe4 (32. Df4 Lxd4 33. Dxd6 Lxc5 oder 32. Lxe4 Lf5 33. Lxf5 Txe2 34. Txe2 Sxf5) 32. ... Sxe4 33. Txe4 Tce8, und Schwarz steht etwas besser. Der Bauer d4 wird schwach.

31. ...      Tc8-e8

32. Sd2-b1      Ld7-c8
33. Sb1-c3      Lf6-g5

Schwarz versteift die Stellung, er verhindert weiterhin e3-e4 und setzt f7-f5 dagegen.

34. Sc3-a2      f7-f5
35. Sa2-b4      Da7-b6
36. Dc1-c2      ...

Die Springer stehen ideal, doch bei der starren Bauernstruktur kann der Anziehende schwer weiterkommen.

36. ...      Kg8-g7??

Das lange Lavieren hat den Nachziehenden unaufmerksam gemacht gegen die taktischen Möglichkeiten.

37. b2-b3?      ...

Aber Weiß geht an seiner Chance vorbei: 37. Sxc6 Dxc6? 38. Se6+ mit Gewinn.

37. ...      a4xb3
38. Dc2xb3      Sd6-b7
39. Db3-c3      Lg5-f6
40. Sc5-b3      Lc8-d7
41. Dc3-c1      Te7-e6
42. g2-g3      Lf6-e7

remis.

Vlastimil Hort

159

## Partie Nr. 118

**Bobozow – Kostro**, Warna 1969
1. d4 d5 2. c4 c6 3. Sf3 Sf6 4. Sc3 e6
5. cd5 ed5 6. Lg5 Le7 7. e3 Lf5 8. Ld3
Lxd3 9. Lxf6 Lxf6 10. Dxd3 a5 11. 0–0
0–0

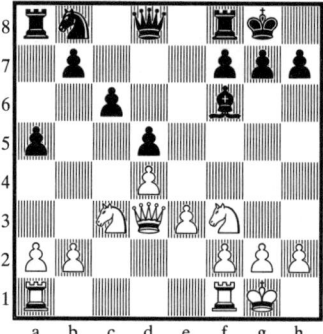

Einschätzung der Stellung:
Mit dem Tausch von vier Leichtfiguren ist die Stellung stark vereinfacht, die Spannungen sind weitestgehend abgebaut. Schwarz hat den Vorstoß b2-b4 erschwert, dennoch sollte Weiß beim geplanten Minoritätsangriff bleiben. Der Nachziehende besitzt das geeignete Figurenmaterial, um dem Minoritätsangriff zu begegnen.
Die Stellung ist etwa ausgeglichen.
  12. Sc3-a4      ...
Auch nach 12. a3 Le7 13. Tab1 Sa6 nebst Ld6 und De7 ist die Stellung im Gleichgewicht.
  12. ...          Sb8-d7
  13. a2-a3        Lf6-e7!
Der Läufer muß sich auf dieser Diagonalen befinden, um b4 und c5 zu kontrollieren.
  14. Tf1-b1       Le7-d6
  15. b2-b4        ...
Sonst folgt 15. ... De7, und der Vorstoß

b2-b4 wird weiter erschwert.
  15. ...          b7-b5!
Dieser Gegenstoß sichert den Ausgleich. Auf 16. Sc3? folgt 16. ... ab4 17. ab4 Txa1 18. Txa1 Lxb4.
  16. Sa4-c5       Ld6xc5
  17. d4xc5        Dd8-f6
Droht 18. ... ab4.
  18. Dd3-d4       a5-a4
Der Minoritätsangriff ist abgewehrt, seinen schwachen Bauern c6 kann Schwarz leicht decken. Der Nachziehende besitzt nun auch gute Felder für seinen Springer auf e4 und c4. Die ausgeglichene Stellung ist weiter verflacht.
  19. Tb1-d1       Tf8-e8
  20. Dd4xf6       Sd7xf6
  21. Sf3-d4       Ta8-c8
  22. Sd4-f5       Tc8-c7
  23. Td1-d4       g7-g6
  24. Sf5-d6       Te8-e6
  25. Ta1-d1       Tc7-e7
  26. Sd6-c8       Te7-e8
  27. Sc8-d6       Te8-e7
remis.

## Partie Nr. 119

**Alburt – Abramović**, Reykjavik 1982
1. c4 e6 2. Sc3 d5 3. d4 Le7 4. Sf3 Sf6
5. Lg5 h6 6. Lh4 0–0 7. e3 b6 8. Le2 Lb7
9. Lxf6 Lxf6 10. cd5 ed5 11. 0–0 c6
12. Te1 Sa6 13. Tc1 Sc7 14. b4 Se6
15. Db3 Tc8

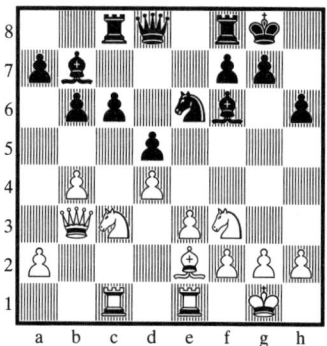

Einschätzung der Stellung:
Weiß hat sich auf den Minoritätsangriff vorbereitet. Doch der Nachziehende stellte seine Figuren aktiv auf, so daß er das Zentrum gut kontrolliert. Ein Vorstoß b4-b5 kann zu einer Öffnung im Zentrum führen, wonach die schwarzen Figuren gut zur Wirkung kommen, z.B. nach 16. b5 c5 17. dc5 bc5. Daher bemüht sich Weiß erst einmal um die bessere Beherrschung der Zentrumsfelder.
Die Stellung ist etwa ausgeglichen.

16. Te1-d1 ...

Mit diesem Zug, wie auch mit dem beabsichtigten Manöver Sf3-e1-d3, wird der skizzierte Plan verwirklicht. Weiß besitzt die Initiative, der Nachziehende muß sich auf die gegnerischen Pläne einstellen.

16. ... Tc8-c7
17. Sf3-e1 Dd8-e7
18. Le2-g4 ...

Nach 18. b5 c5 19. dc5 d4 stünden die schwarzen Figuren ausgezeichnet.

18. ... g7-g6
19. b4-b5 c6-c5

Schwarz opfert einen Bauern. Doch dafür erhält er ausreichende Kompensation im aktiven Figurenspiel. Die Stellung ist im Gleichgewicht.

20. Sc3xd5 Lb7xd5
21. Db3xd5 c5xd4
22. Lg4xe6 Tc7xc1

Nicht 22. ... fe6? 23. Txc7 mit klarem Vorteil für Weiß.

23. Td1xc1 d4xe3!!

Diese kombinatorische Wendung mußte der Nachziehende vorausgesehen haben, denn nach 23. ... Dxe6 24. Dxe6 fe6 25. e4 nebst Sd3 steht Weiß besser.

24. Le6-g4 Tf8-d8

Trotz des reduzierten Materials hat Schwarz starken Angriff erlangt. So besitzt er ausreichende Kompensation für die geopferte Figur.

25. Tc1-c8 ...

Nach 25. Df3 ef2+ 26. Kxf2 Ld4+ 27. Kf1

Td6 28. Dg3 Tf6+ 29. Sf3 De3 hat Schwarz nachhaltigen Königsangriff.

25. ... Td8xc8
26. Lg4xc8 Lf6-c3!

remis.

Ein überraschendes Ende in dieser scharfen Stellung, doch angesichts der Variante 27. Sf3 e2 28. g3 e1D+ 29. Sxe1 wohl gerechtfertigt.

## Partie Nr. 120

**Aljechin – Lasker**, New York 1924
1. d4 d5 2. c4 e6 3. Sf3 Sf6 4. Sc3 Sbd7 5. cd5 ed5 6. Lf4 c6 7. e3 Sh5 8. Ld3 Sxf4 9. ef4 Ld6 10. g3 0–0 11. 0–0 Te8 12. Dc2 Sf8 13. Sd1 f6 14. Se3 Le6 15. Sh4 Lc7 16. b4 Lb6 17. Sf3 Lf7

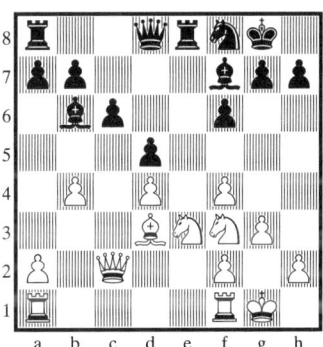

Einschätzung der Stellung:
Nach verunglücktem Eröffnungsaufbau erhielt Weiß einige Schwächen in seiner Stellung. Der isolierte Bauer d4 ist schwach geworden, und der Doppelbauer am Königsflügel ist ungünstig für den Anziehenden. Für Schwarz sprechen die gesunde Bauernstruktur, die offene e-Linie und das Läuferpaar. Schwarz steht besser.

18. b4-b5?    ...

Weiß strebt den in dieser Stellung fehlerhaften Plan des Minoritätsangriffs an. Der Anziehende hätte an geeignete Verteidigungsmaßnahmen denken sollen, wie die Stellung noch zu halten ist. Besser war daher 18. Tfd1, um d4 nochmals zu überdecken.

18. ...    Lf7-h5

Damit wird der Anziehende zu einer weiteren Schwächung des Königsflügels gezwungen.

| 19. | g3-g4 | Lh5-f7 |
| 20. | b5xc6 | Ta8-c8 |
| 21. | Dc2-b2 | b7xc6 |
| 22. | f4-f5 | ... |

Sonst folgt 22. ... Se6 mit Angriff auf d4 und f4.

22. ...    Dd8-d6

Damit droht die Dame, über f4 einzudringen. Mit dem Angriff auf den Bauern d4 und den geschwächten Königsflügel besitzt Schwarz die Initiative.

| 23. | Se3-g2 | Lb6-c7 |
| 24. | Tf1-e1 | h7-h5! |

Schwarz macht h7 frei, damit der Springer nach g5 gelangen kann. So erhält der Angriff am Königsflügel neuen Auftrieb.

| 25. | h2-h3 | Sf8-h7 |
| 26. | Te1xe8+ | Tc8xe8 |
| 27. | Ta1-e1 | Te8-b8 |

Schwarz will einen Turm behalten, sonst verflacht das Spiel zu sehr.

| 28. | Db2-c1 | Sh7-g5 |
| 29. | Sf3-e5 | ... |

Auch nach 29. Sxg5 Dh2+ 30. Kf1 fg5 31. Se3 Dxh3+ 32. Ke2 hg4 steht Schwarz auf Gewinn.

| 29. | ... | f6xe5 |
| 30. | Dc1xg5 | e5-e4 |
| 31. | f5-f6 | g7-g6 |

Auch das einfache 31. ... Dxf6 gewinnt.

| 32. | f2-f4 | h5xg4! |

32. ... ed3 33. gh5 wäre nicht so gut.

| 33. | Ld3-e2 | g4xh3 |
| 34. | Le2-h5 | Tb8-b2 |

| 35. | Sg2-h4 | Dd6xf4 |
| 36. | Dg5xf4 | Lc7xf4 |

Weiß gab auf.

Alexander Aljechin

# 6. Partien mit Punktbewertung

In diesem Kapitel hat der Leser die Möglichkeit, sein neuerworbenes Wissen zu testen. Es folgen Partien, in denen der Leser ab einer bestimmten Stellung mitspielen kann.

Der Leser beginnt jeweils bei dem ersten Diagramm und beantwortet die Fragen zur Stellungseinschätzung und zu den strategischen Plänen. Danach ist die Partie mit den weißen bzw. mit den schwarzen Steinen (entsprechend der Aufforderung) unter partieähnlichen Bedingungen weiterzuführen.

Mit einem **Stern** (★) ist im weiteren Partieverlauf gekennzeichnet, an welchen Stellen der Leser überlegen und den nach seiner Meinung besten Zug bestimmen soll. Der nach dem Stern folgende Text ist mit einem Blatt Papier oder mit einem Lesezeichen abzudecken. Nachdem der Leser sich für einen Zug entschieden hat, kann er die Antwort (den folgenden Zug) aufdecken. Für jede richtige Antwort erhält der Leser einen oder mehrere Punkte.

Am Partieende kann der Leser seine erreichten Punkte addieren und ermitteln, wie gut er die Aufgabenstellung gelöst hat. Bei jeder Partie können maximal 100 Punkte erreicht werden. Zur Orientierung und zur Einordnung der Leistung gibt die Bewertungstabelle Aufschluß.

| Punktzahl | Spielstärke |
|---|---|
| 0 – 20 | Anfänger |
| 21 – 40 | Hausschachspieler |
| 41 – 70 | Clubspieler |
| 71 – 80 | Bundesligaspieler |
| 81 – 90 | Meisterspieler |
| 91 – 100 | Int. Titelträger |

Diese Methode zum Nachspielen von Partien ist nicht neu. Meines Wissens wurde sie von Euwe in die Literatur eingeführt. Die herkömmliche Art der Punktbewertung habe ich erweitert, wie bereits in den Büchern „Offene Linien" und „Bauernschwächen". Die Erweiterung betrifft die folgenden Gesichtspunkte:

- die Erläuterung der gegebenen Stellungsmerkmale;
- die Bewertung der Stellung;
- die Ableitung von Plänen aus den Stellungsmerkmalen heraus;
- die Bewertung weiterer Züge außer dem in der Partie geschehenen Zug.

Beginnen wir mit dem Test!

### Partie Nr. 121

**Fischer – Tal**, Belgrad 1959
1. e4 c5 2. Sf3 d6 3. d4 cd4 4. Sxd4 Sf6
5. Sc3 a6 6. Lc4 e6 7. Lb3 b5 8. f4 b4
9. Sa4 Sxe4 10. 0–0 g6 11. f5 gf5
12. Sxf5 Tg8 13. Ld5 Ta7 14. Lxe4 ef5
15. Lxf5 Te7 16. Lxc8 Dxc8

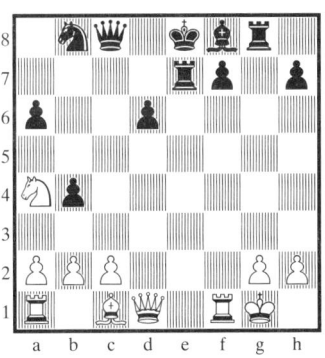

Nach einem bewegenden Eröffnungsverlauf, der an Schärfe schwer zu überbieten war, geht die Partie langsam in das Mittelspiel über. Bobby Fischer spielte im echt Talschen Stil und geizte nicht mit Figurenopfern. Schätzen Sie bitte aus der Sicht des Anziehenden die Position ein! Erläutern Sie die Besonderheiten und bewerten Sie die Stellung!

★

1. Die Stellung ist offen.      5 P
2. Somit werden vorwiegend taktische Gesichtspunkte den weiteren Partieverlauf bestimmen.      4 P
3. Der schwarze König steht noch im Zentrum, für ihn ist kein sicherer Platz zu sehen. Direkte Drohungen sind allerdings noch nicht vorhanden.      4 P
4. Schwarz kann mit taktischen Gegendrohungen arbeiten.      2 P
    Weiß steht besser.      6 P

Auf die übliche Ausarbeitung des Planes wollen wir hier verzichten. Die Stellung ist zu stark von der Taktik geprägt, so daß exakte Variantenberechnungen im Vordergrund stehen.
Beginnen Sie mit Weiß die Partie!

★

    17. Lc1-f4?     ...      2 P

Dieser Zug ist ungenau. Stark ist das einfache 17. c3 (6 Punkte), dann kann 17. ... Dc6 mit 18. Tf2 pariert werden. Schlecht wäre 17. Dxd6? (0 Punkte) 17. ... Txg2+ 18. Kxg2 Te2+ 19. Kf3 Lxd6 20. Kxe2 Dxc2+ mit Gewinn für Schwarz.

    17. ...     Dc8-c6!

★

    18. Dd1-f3     ...      4 P

Was sonst? Andere Züge erhalten null Punkte.

    18. ...     Dc6xa4!

Ein Riesenzug, Bobby glaubte seinen Augen kaum zu trauen. Er hatte nur mit 18. ... Dxf3 19. Txf3 Te2 20. Tf2 Txf2 21. Kxf2 gerechnet, wonach Weiß leich-

ten Vorteil hat.

★

    19. Lf4xd6     ...      4 P
    19. ...     Da4-c6!

★

    20. Ld6xb8     ...      4 P

1 Punkt für 20. Lxe7.

    20. ...     Dc6-b6+

Das war die Pointe der schwarzen Verteidigung. Nach 20. ... Dxf3 21. Txf3 bliebe dem Anziehenden ein Mehrbauer.

    21. Kg1-h1     Db6xb8

★

    22. Df3-c6+     ...      4 P

Ein naheliegender Zug, um den schwarzen König weiter zu belästigen. Doch weit besser war 22. Tae1! (10 Punkte). Damit erhält Weiß nach den Analysen von Fischer den Ausgleich: 22. Tae1! Kd8! (22. ... Tg6? 23. Dxf7+ Kd7 24. Td1+! Td6 25. Txd6+ Kxd6 26. Tf6+ gewinnt) 23. Td1+ Kc7 24. Df4+ Kb7 25. Td6 Dc7 26. Dxb4 Kc8 27. Txa6 Db7 28. Dxb7+ Kxb7 29. Taf6 Tg7. Nach dem Textzug muß Weiß bereits um das Remis kämpfen.

    22. ...     Te7-d7

★

    23. Ta1-e1+     ...      6 P

Auf 23. Txf7 (2 Punkte) 23. ... Dd6 wickelt Schwarz in ein gewonnenes Endspiel ab. Ebenfalls bei 23. Td1 Ld6 24. Txf7 Dc7 (2 Punkte).

    23. ...     Lf8-e7

★

    24. Tf1xf7     ...      5 P

Damit holt sich Weiß den zweiten Bauern für seine Figur, für andere Züge gibt es einen Punkt.

    24. ...     Ke8xf7

★

    25. Dc6-e6+     ...      3 P

Auch für 25. Dxd7 3 Punkte, andere Züge kommen nicht in Frage.

    25. ...     Kf7-f8!

★

26. De6xd7 ... 4 P
Nicht 26.Tf1+ Kg7 27.Tf7+ Kh8 28.Dxd7 Td8 29.Dg4 De4 mit Gewinn für Schwarz.
26. ... Db8-d6
★

27. Dd7-b7 ... 3 P
Die weiße Dame soll g2 überdecken und gleichzeitig die schwarzen Bauern angreifen. Andere Züge wie 27.Df5+, 27.Dc8+ oder 27.Dh3 sind nicht so gut (je 1 Punkt).
27. ... Tg8-g6
★

28. c2-c3! ... 7 P
Jeder Bauerntausch bringt den Weißen seinem Ziel – dem Remis – näher. Für andere Züge, wie 28.Tf1+, 28.De4 oder 28.Df3+, je 3 Punkte.
28. ... a6-a5(?)
Im Gewinnsinne war 28. ... bc3 besser.

★

29. Db7-c8+(?) ... 1 P
Richtig und logisch war 29.cb4 (6 Punkte). Aufgrund mangelnder Bauernmasse kann Schwarz weder nach 29.cb4 Dxb4 30.Df3+ Kg7 31.De2 noch nach 29.cb4 ab4 30.a3! ba3 31.ba3 Dxa3 gewinnen. Auch 29.Da8+ (4 Punkte) war nicht schlecht.
29. ... Kf8-g7
★

30. Dc8-c4 ... 4 P
Oder 30.cb4 (1 Punkt).
30. ... Le7-d8
★

31. c3xb4 ... 6 P
Der logische Zug, um die Bauern zu reduzieren. Möglich ist auch 31.Tf1 (1 Punkt).
31. ... a5xb4
Auch nach 31. ...Dxb4 32.De2 steht Schwarz besser.
★

32. g2-g3? ... 1 P
Weiß verteidigt sich gegen das drohende

Lc7. Dies war auch möglich mit dem besseren 32.De4 (6 Punkte). Danach kommt Schwarz nur schwer weiter, wie die folgende Variante zeigt: 32.De4 Lc7 33.De7+ Kg8 34.De8+ Df8 35.De4. Auch gut sind hier 32.De2 (5 Punkte) oder 32.Tf1 (4 Punkte).
32. ... Dd6-c6+
33. Te1-e4 Dc6xc4
34. Te4xc4 Tg6-b6!
Weiß wollte den schwarzen b-Bauern von hinten angreifen, das wird hiermit verhindert. Nach einem Tausch der a- und b-Bauern gegen den schwarzen b–Bauern wäre die Partie theoretisch remis.
In dieser Stellung nun hat Schwarz ausgezeichnete Gewinnaussichten. Mit sorgfältiger technischer Verwertung dieser Stellung wird auch der ganze Punkt erobert. Hier wollen wir abbrechen und die letzten Züge der Partie folgen lassen:
35.Kg2 Kf6 36.Kf3 Ke5 37.Ke3 Lg5+ 38.Ke2 Kd5 39.Kd3 Lf6 40.Tc2 Le5 41.Te2 Tf6 42.Tc2 Tf3+ 43.Ke2 Tf7 44.Kd3 Ld4 45.a3 b3 46.Tc8 Lxb2 47.Td8+ Kc6 48.Tb8 Tf3+ 49.Kc4 Tc3+ 50.Kb4 La1 51.a4 b2
Weiß gab auf. (52.Kxc3 b1D+)

Michail Tal

165

Lieber Leser, ich muß Sie hier um Verzeihung bitten. Ansonsten sitzen Sie immer auf der „guten" Seite, nie bei den Verlierern. Doch ein Trost ist Ihnen geblieben, Sie haben die Steine geführt wie der nun schon zur Legende gewordene Weltmeister Bobby Fischer.

## Partie Nr. 122

**Rogers – Hjorth**, Sidney 1983
1. Sf3 g6 2. e4 Lg7 3. d4 c6 4. Sc3 d5
5. h3 Sh6 6. Lf4 f6 7. Dd2 Sf7 8. 0–0–0
0–0 9. Kb1 e5 10. Lg3 ed4 11. Sxd4 fe4
12. Sxe4 f5 13. Sc5 Df6 14. c3 Td8
15. Lc4 b6 16. Sd3 La6

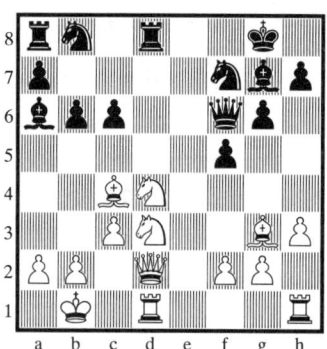

Schätzen Sie bitte aus der Sicht des Anziehenden die Position ein. Erläutern Sie die Besonderheiten und bewerten Sie die Stellung!

★
1. Die Stellung ist offen. 6 P
2. Weiß ist besser entwickelt. 3 P
3. Der schwarze König steht auf der Läuferdiagonalen a2-g8 (Fesselung Sf7) 2 P
4. Auf der d-Linie steht die weiße Dame dem schwarzen Turm

gegenüber. 2 P
5. Der Bauer c3 fängt den Druck auf der Diagonalen a1-h8 ab. 2 P
6. Der Bauer c6 ist schwach. 2 P
Weiß steht besser. 6 P
Bei der weiteren Planfindung sind die genannten Gesichtspunkte zu beachten. Sie tauchen bei den Variantenberechnungen immer wieder auf.
Beginnen Sie als Anziehender die Partie!
★
17. Lc4-b3 ... 3P.
Besser ist 17. Le5! (6 Punkte) De7
18. The1 Lxc4 19. Lxg7 Lxd3+ 20. Dxd3
Dd7 21. Dc2, und Weiß steht besser.
Oder 17. Lxa6 (2 Punkte).
17. ... Sb8-d7
Unterbricht die Wirkung des Turmes auf der d-Linie.
★
18. Sd3-b4 ... 5 P
Auch 18. Se6 (3 Punkte) ist verlockend, aber nicht so gut, nach 18. ... Lxd3+
19. Dxd3 Sc5 20. Dc4 Sxe6 21. Dxe6
Dxe6 22. Lxe6 Kf8 ist der weiße Vorteil nur gering; oder 20. Dxd8+ Sxd8
21. Sxc5+, und Weiß hat Kompensation für das geopferte Material. Nach
18. The1 (2 Punkte) kann sich Schwarz mit 18. ... Lxd3+ 19. Dxd3 Sc5 entlasten.
18. ... La6-b7
★
19. Sd4xc6!! ... 9 P
Nutzt die Fesselungen auf der d-Linie und auf der Diagonalen a2-g8 prächtig aus. Schwächer ist 19. Se6 (3 Punkte)
Sc5! 20. Sxd8 Sxb3 21. ab3 Txd8
22. De2 c5, und Schwarz hat Kompensation für die geopferte Qualität.
19. ... Lb7xc6
20. Sb4xc6 Df6xc6
★
21. Lb3-d5 ... 5 P
Nicht 21. Lh4? Sf6.
21. ... Dc6-b5
Wenn Schwarz den Turm deckt, mit

21. ... Dc8, dann folgt 22. Lxf7+ Kxf7
23. Dd5+ Kf6 24. The1 mit Königsangriff.
★
     22.   c3-c4!     ...     6 P
Dies lenkt die Dame von b5 ab. Nach
dem sofortigen 22. Lxa8 (3 Punkte) Sc5
23. Dxd8+ Sxd8 24. Txd8+ Kf7 erhält
Schwarz Gegenspiel am Damenflügel.
     22.   ...     Db5-c5
★
     23.   Ld5xa8     ...     4 P
Noch stärker ist 23. Ld6! (7 Punkte) Dc8
(23. ... Da5 24. Lb4 Da4 25. Lxf7+ Kxf7
26. Dd5+ Kf6 27. Lc3+) 24. Lxf7+ Kxf7
25. Dd5+ Kf6 26. The1.
     23.   ...     Td8xa8
★
     24.   Dd2xd7     ...     1 P
     24.   ...     Ta8-c8
★
     25.   Dd7-b5     ...     3 P
25. Dd5 (2 Punkte) ist nicht so gut wegen
25. ... Db4 26. Db5 Txc4 27. Dxb4 Txb4
28. b3 f4, und Weiß steht passiver als in
der Partie. Oder 25. The1 (1 Punkt).
     25.   ...     Dc5xc4
★
     26.   Db5xc4     ...     2 P
     26.   ...     Tc8xc4
★
     27.   Td1-c1     ...     4 P
Hiermit wird der schwarze Turm von der
offenen Linie vertrieben. Dies ist stärker
als 27. Td7 f4 (1 Punkt).
     27.   ...     Tc4-b4
★
     28.   Tc1-c8+     ...     3 P
28. b3 oder 28. Tc2 (je 1 Punkt) sind zu
passiv.
     28.   ...     Lg7-f8
★
     29.   f2-f3     ...     4 P
Auch 29. Te1 ist ein guter Zug. (3 Punkte)
     29.   ...     Kg8-g7
★
     30.   Lg3-e1!     ...     3 P

Wer diese Idee schon bei 29. f3 erkannte,
erhält noch 2 Punkte zusätzlich. Möglich
ist auch 30. Td1 oder 30. a3 (2 Punkte).
     30.   ...     Tb4-b5
★
     31.   Le1-c3+     ...     3 P
Damit wird Schwarz wieder in die unan-
genehme Grundreihenfesselung zurück-
getrieben.
     31.   ...     Kg7-g8
★
     32.   Tc8-a8     ...     4 P
Ebenso stark ist 32. Td1 (4 Punkte),
Schwarz kann sich aus der Umklamme-
rung nur unter Materialverlust befreien.
     32.   ...     Sf7-d6
★
     33.   Th1-d1     ...     4 P
Natürlich ist das Aktivieren der Figuren
oberstes Gebot, 33. Txa7 (2 Punkte) ist
nicht so stark, obwohl Weiß auch danach
auf Gewinn steht.
     33.   ...     Kg8-f7
★
     34.   Ta8xf8+     6 P
Schwarz gab auf, er bleibt mit einer Mi-
nusfigur zurück.

### Partie Nr. 123

**Spasski – Fischer**, Reykjavik 1972
1. e4 Sf6 2. e5 Sd5 3. d4 d6 4. Sf3 Lg4
5. Le2 e6 6. 0–0 Le7 7. h3 Lh5 8. c4 Sb6
9. Sc3 0–0 10. Le3 d5 11. c5 Lxf3
12. Lxf3 Sc4 13. b3 Sxe3 14. fe3 b6

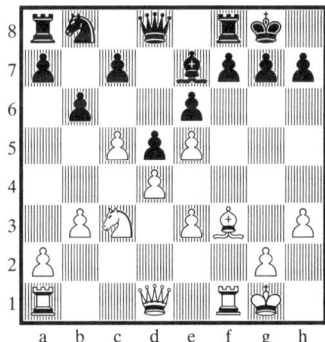

167

Schätzen Sie bitte aus der Sicht des Anziehenden die Position ein. Erläutern Sie die Besonderheiten und bewerten Sie die Stellung!
★
1. Das Zentrum ist geschlossen.  3 P
2. Weiß hat mehr Raum.  3 P
3. Weiß ist besser entwickelt.  3 P
4. Weiß hat eine Bauernmehrheit im Zentrum.  1 P
5. Die Diagonale a8-h1 ist beim Nachziehenden geschwächt.  2 P
6. Der weiße Druck konzentriert sich auf den Punkt d5.  1 P
7. Die schwarze Stellung ist fest.  2 P
8. Schwarz kann mit b6xc5 und f7-f6xe5 die Spitzen der weißen Bauernkette bedrohen.  2 P
Weiß steht besser.  6 P
Leiten Sie aus diesen Stellungsmerkmalen den Plan für Weiß ab!
★
1. Da Weiß besser entwickelt ist, sollte er die Stellung öffnen.  4 P
2. Um die Schwäche der Diagonalen a8-h1 nutzen zu können, sollte er den Druck auf d5 verstärken.  4 P
3. Bei seinen Plänen muß er die schwarzen Hebel b6xc5 und f6xe5 beachten.  2 P
Beginnen Sie mit Weiß die Partie!
★
15. e3-e4!  ...  6 P
Dies ist der beste Zug, der sich logisch aus den obengenannten Punkten ergibt. Weiß darf nicht warten, da sonst der auf a8 stehende Turm an Bewegungsfreiheit gewinnt. Deshalb ist 15. b4 (3 Punkte) nicht so gut. Nach 15. b4 a5 16. a3 (16. Da4 Sd7) 16. ... ab4 17. ab4 Sc6 kommt Weiß nicht zur Öffnung im Zentrum, die Bauernfront ist erstarrt.
15. ...  c7-c6
Schwarz muß die Diagonale a8-h1 geschlossen halten, wie die folgende Variante zeigt: 15. ... bc5 16. ed5 cd4

17. de6 c6 18. ef7+ Txf7 19. Se4.
★
16. b3-b4  ...  5 P
Mit dem letzten Zug hat sich Schwarz das Feld c6 verbaut, so daß die Entwicklung Sb8-c6 nicht mehr möglich ist. Nicht so gut sind 16. cb6 (3 Punkte), da hier ein Stück des Raumvorteils aufgegeben wird oder 16. ed5 (2 Punkte), da Schwarz nach 16. ... cd5 wieder das Springerfeld c6 frei bekommt.
16. ...  b6xc5
Auf 16. ... a5 folgt 17. a3, und Weiß behält seinen Raumvorteil, z.B. 16. ... a5 17. a3 ab4 18. ab4 Txa1 19. Dxa1.
★
17. b4xc5  ...  2 P
Für 17. dc5 gibt es keinen Punkt, da der Bauer e5 zu schwach wird.
17. ...  Dd8-a5
Damit verhindert Schwarz 18. Da4, wonach Weiß ausgezeichnet stünde.
★
18. Sc3xd5  ...  4 P
Ein schönes Figurenopfer, nach dem eine recht komplizierte Stellung entsteht. Weiß besitzt danach zwei bewegliche Zentrumbauern für die geopferte Figur. Stärker war der ruhige Zug 18. De1 (6 Punkte) mit der Drohung 19. Sxd5. Analysen von Olafsson und Timman demonstrieren den weißen Vorteil: 18. De1 Lg5 19. ed5 cd5 20. Sxd5 Dxe1 21. Taxe1 ed5 22. Lxd5 Sa6 23. e6 Tad8 24. Lc4 oder 18. De1 Db4 19. Tad1 a5 (mit diesem nützlichen Zug wird sowohl die Dame gedeckt, als auch Bewegungsfreiheit für den Damenturm geschaffen) 20. ed5 cd5 21. Lxd5 ed5 22. Sxd5 Db7 23. De4 Ta7 24. Tb1.
18. ...  Le7-g5
★
19. Lf3-h5!  ...  8 P
Spasski spielt weiter die schärfste Fortsetzung, die zugleich auch die chancenreichste ist. 19. h4 (7 Punkte) verdrängt

den schwarzen Läufer, nach 19. h4 Lxh4 20. De2 Sa6 21. Se3 haben beide Seiten Chancen in dieser scharfen Stellung. Andere Damenzüge ergeben schwarzen Vorteil, 19. Dd3, 19. De2 oder 19. De1 (jeweils 2 Punkte). Beispielsweise 19. De1 Dd8 oder 19. De2 Sa6 20. Se3 Dc3 21. Sc2 Sb4 oder 19. Dd3 Sa6 20. Se3 Tad8 21. Sc4 Dxc5 22. Sd6 Sb4.

19. ...                c6xd5
★

20. Lh5xf7+          ...          6 P
Ein prächtiger Zug, um den Entwicklungsvorsprung auszunutzen. Doch es war keine Eile geboten, besser war daher das einfache 20. ed5 (8 Punkte). Im Unterschied zur Partiefortsetzung ist danach der Bauer d4 gedeckt. Bei 20. ed5 Sa6 21. Lxf7+ Txf7 22. Txf7 Kxf7 23. Dh5+ Kg8 24. Dxg5 Dc3 25. Td1 ed5 26. e6 Sc7 27. De5 steht Weiß klar besser. Nach 20. ed5 ed5 entstehen partieähnliche Fortsetzungen, die allerdings günstiger für Weiß sind.

20. ...                Tf8xf7
21. Tf1xf7            Da5-d2!

Ein prächtiger Verteidigungszug, der in ein Remis-Endspiel überleitet. Alle anderen Züge verlieren: 21. ... Le3+ (besser als sofort 21. ... Kxf7) 22. Kh1 Kxf7 23. Dh5+ Ke7 24. Tf1 Sd7 25. Df7+ Kd8 26. c6 oder 21. ... Sc6 22. Dg4 Kxf7 23. Tf1+ Kg8 24. Dxe6+ nebst Dxc6 und ed5 oder Dxd5.
★

22. Dd1xd2          ...          3 P
22. Tc7 gibt dem Nachziehenden etwas bessere Chancen, 22. Tc7 Sa6 23. Tc6 Sb4 24. Txe6 de4.

22. ...                Lg5xd2
★

23. Ta1-f1          ...          3 P
23. Tc7 (1 Punkt) Sa6 24. Tc6 Sb4 25. Txe6 de4 mit gutem Spiel für Schwarz. Der Textzug ist logisch, da er die Türme verbindet.

23. ...                Sb8-c6
★

24. e4xd5            ...          5 P
Nach 24. Tc7 (5 Punkte) entsteht ein scharfes Endspiel mit beidseitigen Chancen, z.B. 24. Tc7 Sxd4 25. Tff7 Lh6 26. ed5 ed5 27. Txa7.

24. ...                e6xd5
★

25. Tf7-d7          ...          5 P
Nicht so gut wäre 25. e6 (4 Punkte) Le3+ 26. Kh1 Lxd4 27. Tc7 (27. e7? Lf6) 27. ... Se5 28. e7 Sg6 29. Txa7 Te8 30. Td7 Lf6.

25. ...                Ld2-e3+
★

26. Kg1-h1          ...          2 P
Dies ist besser als 26. Kh2 (1 Punkt) wegen der Möglichkeit eines späteren Schachgebotes.

26. ...                Le3xd4
★

27. e5-e6            ...          4 P
Schwächer ist 27. Txd5 Lxe5 (2 Punkte).

27. ...                Ld4-e5!
Damit werden dem Anziehenden die schwarzen Felder c7 und d6 genommen.
★

28. Td7xd5          ...          4 P
Schwächer ist 28. Td6 (2 Punkte), Schwarz kann zwischen 28. ... Tc8 und 28. ... Lxd6 wählen.

28. ...                Ta8-e8
29. Tf1-e1            Te8xe6
★

30. Td5-d6!          ...          6 P
Dieser Zug klärt die Lage und wickelt zum Remis-Turmendspiel ab. In der Partie folgte noch:
30. ... Kf7 31. Txc6 Txc6 32. Txe5 Kf6 33. Td5 Ke6 34. Th5 h6 35. Kh2 Ta6 36. c6 Txc6 37. Ta5 a6 38. Kg3 Kf6 39. Kf3 Tc3+
remis.
In dieser Partie konnten wir gut die verschiedenen Phasen des Kampfes um

das Zentrum erkennen, den Kampf auf den Flügeln und den Kampf um die Auflösung des Bauernzentrums.

## Partie Nr. 124

**Psachis – Gurgenidse**, UdSSR 1985
1. d4 Sf6 2. c4 e6 3. Sf3 b6 4. a3 Lb7 5. Sc3 Se4 6. Sxe4 Lxe4 7. Sd2 Lg6 8. g3 Sc6 9. e3 e5 10. d5 Sb8 11. h4 h5 12. e4 a5 13. b3 Sa6 14. Lh3 Sc5 15. De2 Le7 16. Lb2 d6

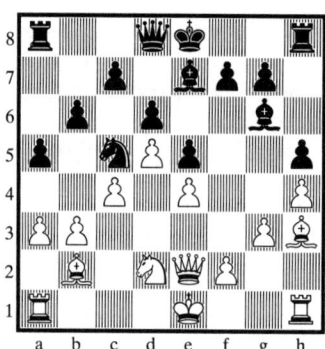

Schätzen Sie bitte aus der Sicht des Anziehenden die Position ein. Erläutern Sie die Besonderheiten und bewerten Sie die Stellung!

★

1. Die Stellung ist geschlossen.  5 P
2. Weiß hat Raumvorteil.  5 P
3. Weiß besitzt die Bauernhebel b3-b4 und f2-f4.  4 P
4. Der Bauer h5 ist schwach.  4 P
5. Aus diesem Grund kann der schwarze König nicht kurz rochieren wegen der Drohung Lh3-g2-f3.  3 P
6. Die weißen Läufer stehen

wirkungsvoller als die schwarzen Läufer.  2 P
Weiß steht besser.  4 P
Leiten Sie aus diesen Stellungsmerkmalen den Plan für Weiß ab!

★

1. Weiß sollte rochieren.  3 P
2. Nach entsprechender Vorbereitung sind die Vorstöße f2-f4 und b3-b4 anzustreben.  3 P
Beginnen Sie mit Weiß die Partie!

★

17. 0-0  ...  3 P
Der natürliche Zug, möglich ist auch 17. Tb1 oder 17. Tc1 (2 Punkte).

17. ...  Le7-f6
Schwarz stellt sich auf die Absicht f2-f4 ein.

★

18. Ta1-b1  ...  3 P
Gut ist auch 18. Tac1 (2 Punkte), schlechter ist das sofortige 18. b4 Sa4! (1 Punkt).

18. ...  Sc5-d7

★

19. b3-b4  ...  3 P
Dieser Vorstoß ist wesentlicher Bestandteil des weißen Planes, für andere Züge, die nichts verderben, gibt es einen Punkt.

19. ...  a5xb4
20. a3xb4  Ke8-f8
Warum rochiert Schwarz nicht kurz?

★

Nach Lg2 nebst Lf3 wird der Bauer h5 zu schwach.  4 P

★

21. Tb1-a1  ...  4 P
Mit diesem logischen Zug nutzt Weiß die fehlende Verbindung der schwarzen Türme aus. Schwächer sind 21. Sb3 oder 21. Tfc1 (jeweils 2 Punkte).

21. ...  Ta8xa1
22. Tf1xa1  Kf8-g8

★

23. Sd2-b3!  ...  4 P

170

Der Vorstoß f2-f4 ist längere Zeit nicht sinnvoll, also wird weiterer Raumgewinn mit c4-c5 angestrebt. Möglich sind hier auch 23. Kh2 oder 23. Dd1 (2 Punkte).

23. ...          Lf6-e7

Auf 23. ... Kh7 könnte 24. Lf5 folgen.

★

24. Sb3-c1          ...          3 P

Das Verstärken der Stellung ist besser als das sofortige Öffnen mit 24. c4-c5 (2 Punkte).

24. ...          Sd7-f6

★

25. f2-f3          ...          3 P

Etwas schwächer ist 25. Lg2 (2 Punkte), zumal der weiße Läufer auf der Diagonalen c8-h3 viele Felder kontrolliert.

25. ...          Kg8-h7

★

26. Sc1-d3          ...          3 P

Dies ist natürlich die weiße Absicht gewesen, der weiße Springer visiert die Felder c5, e5 und f4 an. Andere Züge wie 26. Kh2 oder 26. Lc3 ergeben je 1 Punkt.

26. ...          Th8-e8

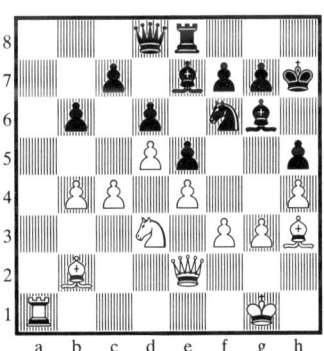

Welchen Plan sollte Weiß nun wählen?

★

1. c4-c5 ist der Standardplan.          3 P

2. Besser ist b4-b5 mit der Drohung Sd3-b4-c6 mit Damengewinn.

Dieser Plan unterstreicht deutlich den schwarzen Raummangel.          7 P

27. b4-b5!          ...

Ein sehr verpflichtender Zug, da der Vorstoß c4-c5 hiermit aufgegeben wird. Schwarz hat nun große Probleme aufgrund seines Raummangels. Er entschließt sich, eine Figur zu opfern, um Gegenspiel zu erlangen.

27. ...          Sf6-g8

★

28. Sd3-b4          ...          4 P

Schwächer ist die Deckung von h4 mit 28. Df2 (2 Punkte). Schwarz hat dann Zeit, 28. ... Tf8 nebst f5 anzustreben.

28. ...          Le7xh4
29. g3xh4          Dd8xh4

★

30. De2-g2          ...          4 P

Nach 30. Lg2 f5 oder 30. Kh2 Df4+ (je 2 Punkte) bekommt Schwarz Gegenchancen.

30. ...          f7-f5

★

31. e4xf5          ...          4 P

31. Lxf5 Lxf5 32. ef5 Se7 ist schwächer (1 Punkt).

31. ...          Lg6-f7

★

32. Kg1-h1          ...          3 P

Weiß hat die Schwäche c4. Stärker wäre hier 32. Tc1 gewesen. (5 Punkte)

32. ...          Sg8-f6

Natürlich nicht 32. ... Dxc4? 33. Tg1!

★

33. Ta1-g1          ...          4 P

Dies war die Absicht von 32. Kh1 gewesen. 33. Tc1 - 2 Punkte.

33. ...          Te8-g8

★

34. Sb4-c6          ...          5 P

Weiß muß aktiv spielen, 34. Tc1 wäre schlecht wegen 34. ... g5! (2 Punkte).

34. ...          g7-g5!

Schwarz nutzt seine Gegenchance.

★

| | | | |
|---|---|---|---|
| 35. | Sc6xe5? | ... | 2 P |

Wesentlich stärker war 35. Se7 Tg7 36. Sg6 (5 Punkte).

| | | |
|---|---|---|
| 35. | ... | d6xe5 |
| 36. | Lb2xe5 | g5-g4? |

In beidseitiger Zeitnot revanchiert sich Schwarz mit einem Fehler. Besser war 36. ... Sxd5 37. cd5 g4 mit Ausgleich.

★

| | | | |
|---|---|---|---|
| 37. | Le5xf6 | ... | 2 P |

Der Tausch ist Pflicht, für andere Züge 0 Punkte.

| | | |
|---|---|---|
| 37. | ... | Dh4xf6 |
| 38. | f3xg4 | h5xg4 |
| 39. | Lh3xg4 | Tg8-g7 |

| | | |
|---|---|---|
| 40. | Dg2-h2+ | Kh7-g8 |
| 41. | Lg4-h3 | Df6-c3 |
| 42. | Tg1xg7+ | Kg8xg7 |

Der Rauch hat sich verzogen. Weiß behielt zwei Mehrbauern, die allerdings schwierig zu verwerten sind. In der Partie folgte noch:

43. Lf1 Dd4 44. Dg3+ Kf6 45. Ld3 Lh5 46. Kg2 Lf7 47. Kh3 Dc3 48. De3 Da1 49. Kg3 Db2 50. Dh6+ Ke7 51. Kf3 Dc3 52. Dh4+ Kd7 53. De4 Lh5+ 54. Kf4 Lf7 55. Le2 Dc1+ 56. De3 Db2 57. De5 Dc1+ 58. Kg4 Dh6 59. Kg3 Kc8 60. Lg4 Dd2 61. f6+ Kb8 62. De7 Dd3+ 63. Kh4

Schwarz gab auf.

Nach 63. ... Dh7+ 64. Kg5 Dg6+ 65. Kf4 Dh6+ 66. Kg3 gehen Schwarz die Schachgebote aus.

.

# SCHACHLITERATUR

## GESAMTVERZEICHNIS

**Joachim Beyer Verlag**
**Thomas Beyer Verlags GmbH**
Langgasse 23 – Postfach 1240
D–8607 Hollfeld/Ofr.
Tel.: 09274/401

Günter Lossa
**So lernt man Schach**
Ein Leitfaden für Anfänger des königlichen Spiels
108 Seiten
124 Diagramme
7 Fotos
Schach gilt als das vollkommenste Brettspiel, das wir kennen. Phantasie, strategisches Geschick und taktisches Einfühlungsvermögen sind erforderlich um eine gute Partie Schach spielen zu können. Diese Eigenschaften werden neben dem gründlichen Erlernen der Spielregeln durch dieses Buch geweckt und geschult. Nicht langatmige theoretische Erläuterungen sondern praktisches Nachspielen ausgesuchter Lehrbeispiele in zusammenhängenden Spielabläufen machen dem Anfänger jeden Alters die tiefgründigen Gedankengänge der Figurenbewegungen auf den 64 Feldern leicht verständlich.

Claude Santoy
Bernd Feustel
**Schule des Schachs**
Vorwort von Großmeister Lothar Schmid
160 Seiten
250 Diagramme
150 Fotos
Die französische Schachmeisterin Claude Santoy und der für die deutsche Überarbeitung des Originals verantwortlich zeichnende FIDE-Meister Bernd Feustel versuchen mit diesem Buch, dem am Schach interessierten Laien das königliche Spiel in seinem ganzen Facettenreichtum nahezubringen. Es wurde dabei eine Synthese angestrebt zwischen Lehr- und Übungsbuch, zwischen informativer und unterhaltsamer Tendenz. Dabei werden dem beginnenden Schachjünger behutsam auch die Begriffe aus Caissas Reich nahe gebracht und erläutert, denen er später auf Schritt und Tritt begegnet.

J. Awerbach
A. Kotow
M. Judowitsch
**Das Schachbuch für Meister von Morgen**
Ein Lehr- und Trainingswerk – nicht nur für den Nachwuchs
228 Seiten
452 Diagramme
48 Fotos
Das vorliegende Werk ist die Übersetzung eines der erfolgreichsten sowjetischen Schachbücher. Es wurde in der UdSSR als Begleitbuch zu einer Schach-Lehrreihe des Fernsehens konzipiert und kann durch seinen guten didaktischen Aufbau gewiß auch hierzulande zur Ausbildung und Schulung empfohlen werden. Alle drei Partiephasen werden in diesem Buch zusammengefaßt dargeboten. Dabei haben die renommiertesten sowjetischen Schachpädagogen ihr jeweiliges Spezialgebiet behandelt. Das Lehrwerk ist zur systematischen Einführung junger Schachenthusiasten geeignet.

G. Treppner /
R. Seppeur
**Schachhandbuch für Fortgeschrittene**
Vorwort von Großmeister Dr. Helmut Pfleger
176 Seiten
286 Diagramme
3 Fotos
Die Autoren – zwei namhafte Bundesligaspieler – behandeln mit großem pädagogischen Geschick sämtliche Partiephasen des Schachspiels (Mittelspiel, Eröffnung und Endspiel) auf der nächsthöheren, an die Lehrbücher des Deutschen Schachbundes anschließenden Stufe. Dabei ist ein Sammel- und Nachschlagewerk über die strategischen, taktischen und theoretischen Grundlagen des modernen Schachs entstanden. Die grundlegenden Erkenntnisse und Aussagen des Buches sind praxisnah durch neue Partiebeispiele illustriert. Als Trainings- und Übungsbuch eignet es sich besonders für starke Amateure.

IM Otto Borik
**Schachtraining 1**
144 Seiten
245 Diagramme
Was ist zu tun, um besser Schach zu spielen? Die einfachste Methode besteht in einem gemeinsamen Training mit einem erfahrenen Schachtrainer. Die wirklich guten Trainer sind aber dünn gesät, und außerdem kann die ganze Angelegenheit recht kostspielig werden. Mit dem Erscheinen dieses Buches sollte das Problem nunmehr gelöst sein. In dieser Publikation sind mehr als 100 Stunden Schachtrainings zusammengefaßt, basierend auf der Serie Schachtraining aus der bekannten Schachzeitschrift »Schach-Magazin 64«. Das Redaktionsteam unter der Leitung des Internationalen Meisters Otto Borik schuf das erste, bisher einzige Schachtrainingsbuch in deutscher Sprache.

IGM Vlastimil Hort
IM Borik
**Die moderne Verteidigung**
2. aktualisierte Auflage
156 Seiten
118 Diagramme
In der jahrhundertealten und daher entsprechend umfangreichen Familie der Schacheröffnungen ist die »moderne Verteidigung« eines der jüngsten Kinder, das bisher – regional unterschiedlich – auf viele Namen hört: Pirc-Verteidigung, Ufimzew-Eröffnung, Robatsch-Verteidigung und Königsfianchetto dürften die bekanntesten hiervon sein. Viele Weltklassespieler haben diese Eröffnung in ihr Repertoire aufgenommen, so auch der tschechische Großmeister Vlastimil Hort, mit dem sich nun ein Praktiker zu Wort meldet, der die Entwicklung dieses Verteidigungssystems seit mehr als 20 Jahren beobachtet und mitgeprägt hat. Sein Werk ist das umfangreichste und wichtigste zu diesem Themenkomplex.

Herausgeber Fernschachweltmeister
Jakow B. Estrin
**Weltmeister lehren Schach**
2. neubearbeitete Auflage
288 Seiten
95 Diagramme
14 Fotos
Sämtliche Schachweltmeister tragen mit ihren Abhandlungen und Analysen zu diesem einzigartigen Lehr- und Lesebuch bei. Dem Leser werden vor allem zwei Dinge verdeutlicht; daß die zu Worte kommenden Weltmeister sämtlich auch hervorragende Schachpädagogen sind bzw. waren, die mit großem Geschick Einblick in ihre Denkweise zu geben verstehen, und daß es vollauf berechtigt ist, von verschiedenen Stilarten der Schachmeister zu sprechen. Beiträge von einem Schachmediziner zur »psychologischen Vorbereitung« und von Jakow B. Estrin zu seiner Domäne, dem Fernschach, vervollständigen das Buch.

FM Bernd Feustel
**Eröffnungen – Abseits aller Theorie**
2. neubearbeitete Auflage
124 Seiten
88 Diagramme
20 Fotos
Im Zeichen einer immer mehr verwissenschaftlichten, perfektionierten Eröffnungstheorie ist eigenschöpferisches, kreatives Schach rar geworden. Viele Partien beginnen erst beim 25. Zuge richtig, nachdem zuvor auswendig gelernte und oft unreflektierte Varianten von den Schachjüngern aus dem Gedächtnis abgespielt wurden. Wer eine Vorliebe für solche ausanalysierten theoretischen Zugwechsel hat, der sei vor der Lektüre dieses Buches gewarnt. Es wendet sich nämlich lediglich an diejenigen Schachfreunde, die gerne eigene Weg aufsuchen und einschlagen. Wer in seiner Spielanlage aber ein eigenes Profil sucht, findet in diesem Buch zahlreiche Anregungen.

FM Bernd Feustel
**Keine Angst vor**
**Großmeistern**
Bemerkenswerte
Außenseitersiege
am Schachbrett
128 Seiten
58 Diagramme
32 Fotos
Durch die immense
Zunahme an Open-
Turnieren bietet sich
heute häufiger als je
zuvor in der Geschichte des Schachsports auch
ehrgeizigen Amateuren die Gelegenheit mit Welt-
klassegroßmeistern in den Wettbewerb zu treten.
Dabei macht sich zwar in den meisten Fällen die
größere Routine der Profis spielentscheidend bemerkbar, doch keineswegs immer. Oft genug sind
es mittlerweile die Außenseiter, die siegreich das
Brett verlassen. Dieses Buch soll anhand aktueller
Partiebeispiele den Beweis dafür erbringen, daß
auch Großmeister schwache Stunden haben, Fehler machen und besiegt werden können.

Horst Wolfram
Geissler
A. Diel
**8 x 8 = 64**
82 Seiten
11 Zeichnungen
Schachliche Entwick-
lungsgeschichte ein-
gebettet in die Kultur-
geschichte der jeweili-
gen Zeit bieten die Au-
toren jedem Schach-
spieler, der auch von
dieser Warte aus einen Bezug zu „seinem Spiel" finden will. Beginnend bei König Artus' Rittern der Tafel-
runde des 6. Jahrhunderts, reiht sich Verblüffendes
an Anekdotenhaftes, Amüsantes; und zwar in einem
sprachlichen Stil, der immer genauso informativ wie
unterhaltend bleibt. Eine Rarität unter den Schach-
büchern – gewiß entspannender und vergnüglicher
zu lesen als die durchschnittlichen Werke der
Schachliteratur – stellt dieser Band gleichsam eine
Brücke dar zwischen Schachbuch und Belletristik.
Ein Buch für alle Schachfreunde, die Schach nicht nur
als Wettkampfsport betreiben möchten.

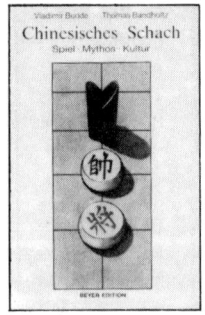

Vladimir Budde / Thomas Bandholtz
**Chinesisches Schach**
**Spiel – Mythos – Kultur**
120 Seiten – Zahlreiche Abbildungen
**Kombination: Buch mit Schachspiel in Kassette**
Der bekannte Schachautor Vladimir Budde und Thomas Bandholtz
(Peter-Joseph-Lennée-Preisträger 1984) legen hiermit zum ersten Mal
eine fundierte Einführung in die Spielweise und den kulturellen Hintergrund des Chinesischen Schachs in deutscher Sprache vor, die dem
abendländischen Schachspieler wie auch dem an chinesischer Kultur
interessierten, mit dem Schach bisher weniger vertrauten Leser eine
leicht verständliche und inhaltlich zuverlässige Anleitung bietet.
Das Spiel stellt zugleich einen Figurensatz vor, der den verschiedenen
Charakteren der chinesischen Spielsteine ebenso gerecht wird, wie den
nüchternen Anforderungen an Funktionalität, die der heutige Schachspieler an seine Figuren zu stellen gewohnt ist.

Aus dem Inhalt:
Das Spiel:              Regeln, Gangart und Wirkungsweise der Figuren
                       Die Wirkungsweise der Kanonen
                       Musterpartie zur Einführung
                       Endspiel und vieles andere mehr.

Der kulturelle Hintergrund:    Chinesische Spieltradition und Schachvorläufer
                       Die Ballance zwischen Yin und Yang als Spielinhalt
                       Orakel, Astrologie und Spiel
                       Das Rätsel um das indische Urschach Chaturanga u. vieles mehr.

**KLEINE SCHACH-ERÖFFNUNGS-ENZYKLOPÄDIE**
Band III
Geschlossene Spiele
Damengambit

**BEYER-VERLAG**

Das Wissen über Schacheröffnungen schreitet mit unwahrscheinlicher Geschwindigkeit fort, sodaß nur die jeweils neuesten und aktuellsten Werke die Gewähr dafür bieten, auf dem Laufenden zu sein. Lange Zeit waren die Publikationen der jugoslawischen Meistergarde, wie »Schach-Informator« und »Enzyklopädie« auf diesem Sektor fast konkurrenzlos und galten sozusagen als Pflichtlektüre aller Schacheleven, die über ein durchschnittliches Leistungsniveau hinauskommen wollten. Mit dem jetzt vorliegenden Werk kann sich der informationsbeflissene Schachfreund nun auf ein Kompendium stützen, das aus der Werkstatt der sowjetischen Schachelite kommt. Daß dies allein schon für allerhöchste Qualität und Sorgfalt garantiert, braucht nicht weiter betont zu werden. In der Sowjetunion, der führenden Schachnation der Welt, wurde dieses Handbuch im Herbst 1985 in einer 1. Auflage von 150.000 Stück auf den Markt gebracht und muß inzwischen schon nachgedruckt werden. Zahlreiche sowjetische Großmeister haben an der Zusammenstellung des Materials für diese Bücher mitgewirkt und bürgen für die Hochwertigkeit dieser Lexikon-Reihe, die nunmehr auch dem hiesigen Leser zu einem günstigen Preis zugänglich gemacht wird. Hier findet jeder Schachfreund 'seine' Eröffnungsspezialitäten mit sämtlichen Neuerungen bis zum Redaktionsschluß im Frühsommer 1985. Eine Fundgrube und gleichzeitig ein Standardwerk, das seinen Wert nicht so schnell verlieren wird. Kein ernsthafter Turnierschachspieler, der auch auf höherer Ebene bestehen möchte, wird auf die Erkenntnisse verzichten wollen, die hier in komprimierter Form dargeboten werden, und die aus kollektiver jahrelanger Arbeit der stärksten sowjetischen Großmeister und Theoretiker resultieren. Sämtliche Analysen, Varianten und Partiebeispiele sind in internationaler Notation aufgezeichnet.
Die ersten beiden Bände behandeln die offenen und halboffenen Spiele. Die Bände III – V sind den geschlossenen Spielen vorbehalten. Mit diesem Werk liegt das aktuelle Eröffnungswissen der Gegenwart – gesammelt und von Meisterhand aufbereitet – vollständig vor.
Das Werk wird auch als einbändige Gesamtausgabe erscheinen!

Hrsg. Jakow B. Estrin
**Kleine Schacheröffnungsenzyklopädie**
**Band I: Offene Spiele**
**Band II: Halboffene Spiele**
**Band III: Geschlossene Spiele – Damengambit**
**Band IV: Geschlossene Spiele – Indische Systeme**
**Band V: Geschlossene Spiele – Englisch, Holländisch, Reti u.ä.**
**Jeder Band ca. 200-340 Seiten / ca. 250-400 Diagramme**
**Gesamtband: Über 1000 Seiten / über 1000 Diagramme!**

van Fondern
Dr. P. Beyersdorf
**Schachwelt-
meisterschaft 1978
Karpow - Kortschnoi**
224 Seiten
44 Diagramme
8 Fotos
Die Autoren, ein Schachexperte und ein Journalist, geben einen umfassenden Überblick über den WM-Zyklus 1976-1978. Von den Interzonenturnieren Manila und Biel wurden die besten Partien ausgewählt; sämtliche Kandidatenkämpfe sind vollständig kommentiert, ebenso wie die Partien des Finalkampfes Karpow - Kortschnoi.

Aufgelockert und bereichert wird der rein schachliche Teil durch die informativen Hintergrundberichte vom Ort des Geschehens, die verdeutlichen, daß Schachweltmeisterschaftskämpfe längst zu einem Politikum geworden und ins Rampenlicht der internationalen Öffentlichkeit getreten sind.

P. Beyersdorf
V. Budde
L. Nikolaiczuk
**Schachwelt-
meisterschaft 1981
Karpow - Kortschnoi**
272 Seiten
96 Diagramme
14 Fotos
Ähnlich wie bei dem Band zur Schach-WM 1978 wird auch hier wieder die Arbeitsteilung zwischen zwei deutschen Meisterspielern und einem Journalisten vollzogen. Auf diese Weise ist dafür gesorgt, daß neben kompetenter Information von Schachexperten auch die Geschehnisse im Hintergrund, die Atmosphäre und die Ereignisse neben dem Schachbrett in unterhaltsamer und lebendiger Form vermittelt werden. Der rein schachliche Teil bringt Eröffnungsbetrachtungen, Analysen und Partiekommentare von großer Ausführlichkeit. Chronologisch werden über 80 Partien des gesamten WM-Zyklus aufgezeichnet und gründlich analysiert. Tabellen, Fotos u. a. runden das gelungene Werk ab.

Vladimir Budde
L. Nikolaiczuk
**Schachwelt-
meisterschaft
1984 / 1985 1. Teil
Karpow - Kasparow**
Interzonenturniere
Kandidatenturniere
Titelkampf
300 Seiten
96 Diagramme
7 Fotos
Wie inzwischen zur Tradition geworden, ist auch dem Weltmeisterschaftszyklus 1982/85 wieder ein Band gewidmet, der die gesamten Geschehnisse am Schachbrett und neben dem Schachbrett in faszinierender Lebendigkeit und Ausführlichkeit schildert und vor den Augen der Leser Revue passieren läßt. (Interzonenturniere, Hübners Pech mit der Roulettekugel, der zweite Frühling von Exweltmeister Smyslow, das obskure Ende des WM-Finalkampfes durch die unglaubliche Abbruch-Entscheidung des umstrittenen FIDE-Präsidenten Campomanes, alles wird beleuchtet und kommentiert.

Vladimir Budde
L. Nikolaiczuk
**Schachwelt-
meisterschaft 1985
Karpow - Kasparow
Der zweite
Titelkampf**
168 Seiten
130 Diagramme
22 Fotos
Der zweite Teil des WM-Buches ist unmittelbar nach dem Ende des 2. Titelkampfes erschienen. Hier wurden die 24 Matchpartien, in denen Kasparow seinen Widersacher Karpow unter größter Anteilnahme der gesamten Weltöffentlichkeit mit 13:11 niedergerungen hat, mit besonderer Ausführlichkeit beschrieben und analysiert. Nicht nur von der Spannung und von der Medienresonanz her war dies wahrlich ein Jahrhundertmatch, auch vom schachlichen und eröffnungstheoretischen Gehalt her, hat dieses Match alle Erwartungen vollauf erfüllt. Die Schachwelt hat – wie dieser Band deutlich darlegt – einen würdigen neuen Weltmeister bekommen.

GM H.-J. Hecht
FM Gerd Treppner
**Schach-WM**
**Revanche-Kampf**
**1986**
**Garri Kasparow–**
**Anatoli Karpow**
152 Seiten
155 Diagramme
40 Fotos
Dieser nach Beendigung des Wettkampfes erschie-
nene Band läßt die Ereignisse von London und
Leningrad vor den Augen der Leser Revue passieren. Die Kommentare von Großmeister Hecht sind
von gewohnter Sachkunde – gründlich und
anschaulich zugleich und somit für alle Schachfreunde lehrreich und verständlich. Ein Blick hinter
die Kulissen des Turniergeschehens ergänzt den
schachlichen Hauptteil.
Obgleich dies schon das dritte Match zwischen den
beiden Schachgiganten innerhalb von nur zwei
Jahren war, hat die Spannung nicht nachgelassen –
ganz im Gegenteil.

Paul Keres
**Ausgewählte Par-**
**tien 1931-1958**
Zugleich ein Lehrbuch des praktischen Schachs
420 Seiten
287 Diagramme
Dieser denkwürdige
Band ist wohl mit
die bedeutendste
und berühmteste
Partiensammlung,
die man in der Schachwelt kennt. Paul Keres hat
hierin seine eigenen Partien mit wissenschaftlicher Genauigkeit und psychologischem Feingefühl kommentiert und analysiert. Keres galt lange
als 'Ungekrönter Weltmeister' und die Schachwelt hätte dem sympathischen Esten sicher den
WM-Titel gegönnt. Aber auch ohne die Weltmeisterwürde zählt man Keres gewiß zu Recht zu den
genialsten Schachmeistern aller Zeiten. Sein Tod
1975 kam für alle unerwartet noch inmitten größter schachlicher Aktivität. In diesem Buch lebt er
als Spielerpersönlichkeit von Weltrang fort.

Helmut Wieteck
**50 mal Matt im**
**20. Zug**
**Ein Schach-**
**lesebuch**
112 Seiten
200 Diagramme
Mit diesem Schachlesebuch wendet
sich der Autor vor
allem an den großen
Kreis derjenigen
Schachfreunde, die
als Amateur- und Hobby-Spieler im Schach eine vergnügliche Freizeitbeschäftigung erblicken. Selbst
dann, wenn man auf Reisen oder im Urlaub einmal
nicht gerade ein Schachbrett in Reichweite hat, kann
man mit Hilfe dieses Buches amüsante und inhaltsreiche Kurzpartien nachvollziehen. Nach je fünf Zügen
unterstützt nämlich ein Stellungsbild das Gedächtnis,
sodaß die jeweilige Position einem immer wieder in
Erinnerung gerufen wird. Kurzweilig plaudert der
Autor, der als langjähriger Schachpublizist sein Metier
bestens beherrscht, über die Schachgiganten aus
Vergangenheit und Gegenwart und über ihre Partien.

Hrsg. Christiaan
M. Bijl
**Die gesammelten**
**Partien**
**von Robert**
**J. Fischer**
801 Partien
520 Seiten –
274 Diagramme
Das »Fischer-
Buch« von Bijl ist in
den vergangenen
Jahren ein Begriff
geworden. Die Presse sprach von 'Einmalig auf der
Welt' oder 'Ein beeindruckenswertes Werk'. Dieses monumentale Werk erscheint nun bereits in
zweiter Auflage. Chr. Bijl hat für die Neuausgabe
noch weitere 50 von Fischer bis 1977 gespielte
Partien aufgefunden. Davon drei Partien, die
Fischer gegen einen Computer 1977 spielte. Die
Partiekommentare stammen u. a. von Timman,
Sosonko und Spassky. Dieses Buch ist das
umfangreichste Werk über den legendären
Schachweltmeister 'Bobby' Robert J. Fischer.
Eine Studie über das Leben eines Schachgenies.

VI. Budde/J. Konikowski/L. Nicolaiczuk
**Das Große Buch der Schachendspiele**
ca. 660 Seiten – 480 Diagramme – Sachbuchformat
Das gesamte Endspielwissen, das unsere Autoren auf ihrem jeweiligen Spezialgebiet zusammengetragen haben, wird dem Schachfreund jetzt im vorliegenden Sammelband angeboten, der auf den Bänden 14, 15, 19, 21 und 22 der "Kleinen Schachbücherei" aufbaut
Für den ambitionierten Schachfreund wird dieses Buch zum unentbehrlichen Kompendium des modernen Endspielwissens

**Inhalt:** 'Keine Angst vor Endspielen' (Lothar Nicolaiczuk)
'Vom Mittelspiel zum Endspiel' (Vladimir Budde)
'Zur Praxis der Turmendspiele' (Vladimir Budde)
'Bauernendspiele' (Lothar Nicolaiczuk)
'Moderne Endspieltechnik' (Vladimir Budde/Jerzy Konikowski)

Dr. Reinhard Munzert
**Schachpsychologie**
ca. 180 Seiten – Graphiken – Diagramme
Das Buch bietet eine praktische Schachpsychologie für Wettkampf und Hobbyspieler. Es verbindet die Erkenntnisse der modernen Psychologie mit den psychologischen Empfehlungen (russischer) Groß– und Weltmeister (insbesondere Garri Kasparow und Anatoli Karpow).
**Aus dem Inhalt:** Die Bedeutung der Psychologie für den Schachspieler – Psychologische Empfehlungen für Training und Wettkampf – Entspannungsverfahren – Erkennen psychologischer Stärken und Schwächen – Veränderungsmöglichkeiten psychologischer Unzulänglichkeiten – Psychologie während der Partie - Psychologische Aspekte nach Sieg und Niederlage.
**Anhang:** Gespräch des Verfassers mit Garri Kasparow und Anatili Karpow über Psychologie im Schach. Psychologisches Portrait über Ex-Weltmeister Bobby Fischer.
**Der Autor:** Diplom-Psychologe Dr. Reinhard Munzert tätig an der Universität Erlangen-Nürnberg. Psychologischer Berater und Betreuer von Schachspielern, zahlreiche Veröffentlichungen zur Psychologie des Schachspiels.

# DIE GROSSE SERIE DER SCHACH-TESTBÜCHER

Der Erfolg in einer Schachpartie hängt in der Regel hauptsächlich davon ab, daß man kritische Stellungen erkennt und in diesen entscheidenden Positionen die richtige Wahl trifft. Anhand dieser Testbücher kann jeder Schachfreund sein taktisches Geschick, sein kombinatorisches Sehvermögen und seine analytischen Fähigkeiten prüfen. Diese Tests sind auch deswegen als Training besonders geeignet, weil sie frei von Wettkampfstreß und Turnierhektik durchgeführt und zur Steigerung der persönlichen Spielstärke genutzt werden können. Wer in Schlüsselstellungen die jeweils beste Fortsetzung zu finden vermag, wird dieses Wissen auch in die Praxis umsetzen und damit zählbare Spielerfolge erringen können.

Bernd Feustel
**Testbuch der Schachtaktik**
112 Seiten – 150 Diagramme

Jerzy Konikowski/Pit Schulenburg
**Testbuch der Endspieltaktik**
120 Seiten – 140 Diagramme

Jerzy Konikowski/Pit Schulenburg
**Testbuch der Endspieltechnik**
120 Seiten – 140 Diagramme

## Demnächst erscheinen:

Jerzy Konikowski/
Pit Schulenburg
**Testbuch des Endspielwissens**
140 Seiten – 140 Diagramme

und

Vladimir Budde
**Testbuch der Mittelspielpraxis**
120 Seiten – 140 Diagramme

Hrsg. IGM György Baksci
**Ungarische Schachpro-blemanthologie**
352 Seiten
760 Diagramme
Dieses umfang-reiche Werk schließt an eine Anthologie an, die bereits 1939 er-schienen ist. Es beinhaltet Pro-blemstellungen, die nach diesem Datum ent-standen sind, bzw. nach diesem Termin veröf-fentlicht wurden. Nach einem geschichtlichen Abriß folgen Turniertabellen, Kurzbiographien der Komponisten und über 500 Problem-aufgaben vom 2-Züger bis zum 27-Züger. Ein Lösungsteil beschließt dieses außergewöhn-liche Werk. Dem Experten, der über die entspre-chenden Vorkenntnisse verfügt, werden in die-sem Buch gewiß viele wichtige und neue Er-kenntnisse auf seinem Fachgebiet vermittelt.

Manfred van Fondern
**II. Internationale Deutsche Schacheinzel-meisterschaft**
Dortmund 1973
Offizielles Tur-nierbuch des Deutschen Schachbundes / Einleitung von Großmeister H.-J. Hecht
168 Seiten – 40 Diagramme – 34 Fotos
Auf 168 Seiten legt der Autor ein äußerst leben-dig gestaltetes Turnierbuch vor, das genau die richtige Mischung von kommentierten Partien, Fotos, Tabellen und eröffnungstheoretischen Betrachtungen bietet, um niemals langweilig zu werden. Für die Qualität der Kommentare bür-gen die teilnehmenden Meister und Großmei-ster selbst, die selbstverständlich am besten über ihre eigenen Partien und Varianten zu ur-teilen und zu berichten vermögen.

Borik/v. Fondern/ Malleé/Nehmert
**Das große Buch der Schacheröffnungen**
Theorie und Praxis für Anfänger und Fortge-schrittene
2. verbesserte Auflage
420 Seiten
180 Diagramme
All das zusammenge-tragene Wissen der Bände 5, 6 und 7 der „Kleinen Schachbücherei" bietet dieser reprä-sentative Glanzleinenband auf einen Blick. Bei dem großen Umfang und der vorbildlichen Aus-stattung ist dieses Werk ein ideales Geschenk für all diejenigen Spieler, deren Interesse am Schachspiel mehr als nur oberflächlichen Cha-rakter besitzt. Das Buch hat sich als ein unver-zichtbares Nachschlagewerk für alle Schach-freunde erwiesen, die sich auf dem großen Feld der Eröffnungstheorie ein über die Grundkennt-nisse deutlich hinausgehendes, fundiertes Wis-sen aneignen möchten.

Karl - Heinz Demuth
Jerzy Konikowski
**Die Tarrasch-Verteidigung im Damengambit**
ca. 200 Seiten – zahlreiche Diagramme
Format: DIN A5
Die Tarrasch-Verteidigung ist momentan eine sehr beliebte Variante bei Schachspielern jeden Spielstärkeniveaus bis hinauf zur Weltmeister-schaftsebene. Der Verlag will mit diesem Buch all denjenigen Spielern einen Leitfaden an die Hand geben, die sich tiefer in die Geheimnisse dieser Eröffnung einarbeiten möchten. Die Au-toren haben das gesamte verfügbare Material mit größter Sorgfalt und Akribie gesichtet, nach objektiven Maßstäben beurteilt und ausge-wählt, was davon wichtig und bedeutsam ist. Durch die in dem Buch verwendete internatio-nale Symbolnotation wird das Werk auch den Schachfreunden außerhalb des deutschen Sprachbereichs zugänglich sein. Dieser Band leitet eine qualitativ besonders hochwertige und anspruchsvolle Eröffnungs-reihe ein, die auch hohen Ansprüchen voll ge-nügen wird.

Kleine Schachbücherei
Band 1
Manfred van Fondern
**Tips für Anfänger**
6. Auflage
112 Seiten
35 Diagramme
Ein sinnvoll gegliederter Aufbaukurs für Anfänger, der dem Lernenden Schritt für Schritt Spielregeln und schachliche Grundprinzipien nahebringt, den Blick für die Besonderheiten einer Stellung schärft und vielfältige Hinweise für die Führung einer Schachpartie bietet.

Kleine Schachbücherei
Band 2
Manfred van Fondern
**Tips für Fortgeschrittene**
4. Auflage
104 Seiten
60 Diagramme
Die konsequente Fortsetzung der »Tips für Anfänger« bietet erste Einblicke in das Schaffen der Schachmeister, sowie in die wesentlichsten Eröffnungssysteme, die anhand von anschaulichen Partiebeispielen beleuchtet und transparent gemacht werden.

Kleine Schachbücherei
Band 4
M. van Fondern/H.-J. Hecht
**Meisterpartien 1960-1975**
3. Auflage
140 Seiten
31 Diagramme
36 exzellente Schachpartien, die wegen ihrer unübertrefflichen Brillanz um die Welt gingen, werden in diesem Bändchen vorgestellt und allgemeinverständlich kommentiert. Jede Partie wird mit Informationen über Wann und Wo des Geschehens eingeleitet und die Akteure werden dem Leser näher vorgestellt.

Kleine Schachbücherei
Band 5
M. van Fondern /
Ralph Malleé
**Eröffnungen - Offene Spiele**
3. Auflage
128 Seiten
48 Diagramme
Im Band „Offene Spiele" befassen sich die Autoren mit allen Eröffnungsvarianten, die nach den einleitenden Zügen 1. e2-e4 e7-e5 denkbar sind. Dabei wird selbstverständlich besonders der Spanischen Partie die ihr gebührende Aufmerksamkeit gewidmet.

Kleine Schachbücherei
Band 6
IM Otto Borik
**Eröffnungen - Halboffene Spiele**
3. Auflage
144 Seiten
26 Diagramme
Der Autor dieses Bandes, Internationaler Meister und mehrmals Mitglied des Nationalteams bei der Schach-Olympiade gilt als exzellenter Eröffnungskenner. Sein Material hat er überaus sachkundig auszuwählen, gut zu präsentieren und anschaulich zu erläutern gewußt.

Kleine Schachbücherei
Band 7
M. van Fondern /
U. Nehmert
**Eröffnungen - Geschlossene Spiele**
3. Auflage
152 Seiten
28 Diagramme
Abgerundet wird die dreibändige Eröffnungsreihe mit dem Band „Geschlossene Spiele". Nebem dem klassischen Damengambit kommen hierbei auch andere Spielanfänge wie z. B. Englisch (1. c4) zu ihrem Recht und werden praxisnah behandelt und ausführlich analysiert.

Kleine Schachbücherei Band 9
IGM Hans – Joachim Hecht
**Schach- und Turniertaktik**
2. Auflage
Großmeister Hecht hat die besondere Begabung selbst die schwierigsten Zusammenhänge anschaulich und verständlich zu erläutern. Daher rührt der immense Erfolg, den er mit diesem Buch hat. Hier kann man dem Großmeister beim praktischen Spiel quasi über die Schulter schauen, viel lernen und für die eigene Spielpraxis profitieren.

Kleine Schachbücherei Band 10
Manfred van Fondern
**Roman Dzindzichashvili: Sein Aufstieg zur Weltspitze**
116 Seiten
47 Diagramme
2 Fotos
Dem deutschen Publikum ist der Globetrotter in Sachen Schach, Großmeister Roman Dzindzichashvili durch ein zeitlich begrenztes, aber furioses Gastspiel in der Bundesrepublik im Jahre 1979 sicherlich noch in Erinnerung. Ausgewählte Partien machen seinen kampfbetonten Stil deutlich.

Kleine Schachbücherei Band 11/12
M. van Fondern/ Peter Kleine
**Dr. Robert Hübner 60 seiner schönsten Partien**
2. verbesserte Auflage
176 Seiten – 27 Diagramme
Dr. Robert Hübner, seit vielen Jahren in der absoluten Weltspitze angesiedelt und die unbestrittene Nummer eins des deutschen Schachs, wird in diesem Band anhand von Partien und Lebensdaten vorgestellt. Der fesselnde Report einer großen Schachkarriere.

Kleine Schachbücherei Band 13
V. Budde/E. Carl/P. Kleine
**Perlen der Schachspielkunst**
108 Seiten – 57 Diagramme
60 der größten Schachmeister aller Zeiten – von Philidor bis Karpow – werden in 60 Partien vorgestellt.
Das schönste Schach, das je gespielt wurde. Ein prächtiges Buch zum Nachspielen gehaltvoller und ideenreicher Partien.

Kleine Schachbücherei Band 14
Lothar Nikolaiczuk
**Keine Angst vor Endspielen**
128 Seiten – 92 Diagramme
Mit großem pädagogischen Einfühlungsvermögen will der Autor dem Schachfreund mit diesem Buch die Endspielangst nehmen, von der viele Lernende heimgesucht sind. Im Vordergrund steht die Verknüpfung des Endspiels mit der Mittelspielphase.

Kleine Schachbücherei Band 15
Vladimir Budde
**Vom Mittel- zum Endspiel**
124 Seiten – 31 Diagramme
Wann ist ein Abtausch von Figuren stellungsgemäß? Diese Frage steht im Zentrum dieser Betrachtung. Wie bereits im Band 14 wird auch hier die Beziehung von Mittelspiel und Endspiel zueinander erörtert und an praktischen Stellungen beispielhaft und für jedermann verständlich dargestellt. Ein Buch mit großem praktischen Nutzen.

Kleine Schachbücherei
Band 16
Bernd Feustel
**Kleines Blitzschachbrevier**
2. verbesserte Auflage 1987
164 Seiten
108 Diagramme
5 Fotos
zahlreiche Tabellen
Das Blitzschach – beliebt bei allen Schachfreunden – wird erstmals in diesem Buch in seiner Eigenständigkeit und Eigengesetzlichkeit behandelt und dargestellt. Dieser Ratgeber behandelt praktische und theoretische Fragen gleichermaßen gründlich und fundiert.

Kleine Schachbücherei
Band 17
Erich Carl
**Paul Keres**
**Ausgewählte Partien**
**1959-1974**
**und Versuch einer Biographie**
170 Seiten
36 Diagramme
Großmeister Paul Keres, einer der erfolgreichsten Schachmeister aller Zeiten, gab selbst seine besten Partien von 1931 bis 1958 heraus. Die vorliegende Sammlung schließt unmittelbar daran an und bringt Partien von 1959 bis zu seinem Tode im Jahre 1975.

Kleine Schachbücherei
Band 18
Günter Lossa
**200 Schachrätsel**
Kapriolen auf dem Schachbrett
152 Seiten
150 Diagramme
3 Fotos
Schachrätsel sind Schachprobleme mit betontem Rätselcharakter, die sich durch Originalität und Humor in der Aufgabe, durch Witz, Pikanterie, überraschende Schlüsselzüge und ausgefallene Mattbilder auszeichnen. Vor allem dem Rätselonkel Giegold wird hier im Buch ein Denkmal gesetzt.

Kleine Schachbücherei
Band 19
Vladimir Budde
**Zur Praxis der Turmendspiele**
120 Seiten
101 Diagramme
Die gesammelten Erfahrungen der Praxis lassen erkennen, daß gerade im Turmendspiel häufig Fehleinschätzungen vorkommen. In diesem Buch werden in zehn Lektionen Bausteine zum besseren Verständnis der Turmendspiele vorgestellt.

Kleine Schachbücherei
Band 20
Vladimir Budde
**Garri Kasparow**
232 Seiten
67 Diagramme
Garri Kasparow zählt bereits in jungen Jahren zu den stärksten Angriffsspielern in der Schachgeschichte (nur vergleichbar mit Bobby Fischer und Tal). 41 kommentierte Partien geben einen repräsentativen Querschnitt über sein schachschöpferisches Werk bis Anfang 1985.

Kleine Schachbücherei
Band 21
**Bauernendspiele**
**Prinzipien und Motive**
152 Seiten
167 Diagramme
Die Prinzipien und Methoden des Bauernendspiels sind für jeden Schachspieler ein unentbehrliches Rüstzeug, denn dieser Endspieltyp kommt in der Praxis häufig vor. Dieser Leitfaden kann dazu verhelfen, Fehler und Fehleinschätzungen im Bauernendspiel zu vermeiden.

Kleine Schachbücherei
Band 22
Vladimir Budde /
Jerzy Konikowski
**Moderne Endspiel-
technik**
158 Seiten
80 Diagramme
Nachdem Vladimir Budde
im Band 15 »Vom Mittel-
spiel ins Endspiel« die Voraussetzungen aufgezeigt hat, wann und wie man ins Endspiel
abwickeln soll, vermittelt er hier zusammen mit
seinem Co-Autor Jerzy Konikowski Endspieler-
fahrungen aus der aktuellen Großmeisterpraxis.

Kleine Schachbücherei
Band 23
Tim Hagemann
**Frank James Marshall**
ca. 100 Seiten
36 Diagramme und
Tabellen
Frank James Marshall
(1877–1944), amerikani-
scher Großmeister, zählte
zu den ersten 5 Großmeistern der Schachgeschichte, war mehr als vier Jahrzehnte einer der
größten. Sein Ruhm ist in seinem **Spielstil** begrün-
det. An Eleganz, Listigkeit und Findigkeit waren
seine Partien nicht zu überbieten. Seine größten
Erfolge feierte er zwischen 1904 und 1913.

FIDE- Meister Vladimir Budde
**Schachweltmeister Garri Kasparow**
**Eine Biographie mit den wichtigsten Partien**
196 Seiten – 43 Fotos
104 Diagramme – 9 Tabellen
**Beilage:** Die kommentierten Partien des Schach-WM
Revanchekampfs London–Leningrad 1986
Dieses Buch ist Garri Kasparow gewidmet, dem
jüngsten Weltmeister der Schachgeschichte. Mit
nur 22 Jahren hat er den Schachthron erklommen und ist damit als 13.
Schachweltmeister in die Annalen der Geschichte eingegangen.
Unmittelbar nach Beendigung des WM-Wettkampfes im November
1985 hat Vladimir Budde, der den Werdegang Kasparows von frühester
Jugend an verfolgt hat, dieses Buch vollendet. Kasparows Lebensbio-
graphie geht einher mit der Darstellung seines schachlichen Heranrei-
fens. Wichtige Stationen, wie etwa der Gewinn der Juniorenwelt-
meisterschaft in Dortmund oder die ersten Erfolge bei den Landesmei-
sterschaften der UdSSR werden aufgezeigt, ebenso wie das Kräfte-
messen mit den Großmeistern der Weltelite.
Kasparow hat durch seine Ausstrahlung, seine sportlich-kämpferische
Spielweise und mit seinem souverän-freundlichen Auftreten dazu bei-
getragen, daß der Schachsport wieder in aller Welt einen enormen
Zuwachs an Popularität aufweisen kann und in den Medien größte
Resonanz findet.
Kasparow ist ein Idol, wie es die Schachfreunde zuvor allenfalls in
Bobby Fischer erblickten.

Hecht, Samarian
Klundt, Metzing
**Schacholympiade**
**Dubai 1986**
ca. 160 Seiten
ca. 140 Diagramme
ca. 20 Fotos
Im Abstand von 2 Jahren treffen sich die Schachmeister aus verschiedenen Ländern irgendwo auf der Welt um Ihre Kräfte zu messen. Erstmalig wurde 1986 dieses größte Ereignis der Schachwelt in einem arabischen Land ausgetragen.

108 Herren- und 49 Damenmannschaften kämpften an den Schachbrettern um Plätze in der oberen Region zu erhalten. Die UDSSR setzte sich erwartungsgemäß an die Spitze. Ebenso bei den erstmals ermittelten besten Einzelspielern wurden bei den Damen und Herren die Plätze 1 und 2 von der Sowjetunion belegt.

W. Lauterbach
**Alles über das**
**Schachturnier**
ca. 160 Seiten
DIN A 5, kart.
Ein Leitfaden für Turnierspieler und Turnierleiter mit den aktuellen einschlägigen Bestimmungen
Die Vielzahl der in aller Welt ausgetragenen Schachturniere bringen zahllose Probleme in der Struktur, der Organisation und den Spielbedingungen. Daß ein Schachturnier heute also dementsprechend seine eigenen sportlichen Streitfälle aufwirft, ist selbstverständlich. Auch die Organisationen bis hinauf zum Weltschachverband müssen regulierend geordnet sein.

Der Verlag bringt mit diesem Buch Orientierungshilfen für alle Turnierleiter und -spieler.

Aaron Nimzowitsch
**Die Blockade**
Neue Gesichtspunkte
52 Seiten
32 Diagramme
Kart., DIN A 5
Reprint einer Ausgabe von 1925
Vorliegendes Bändchen ist das Erstlingswerk eines der größten Schachmeister der Vergangenheit. Aaron Nimzowitsch (1886–1935) erläutert an Hand von Partiematerial aus seiner eigenen Praxis eines der wichtigsten Prinzipien der modernen Schachstrategie, die Blockade.

Gerhard Schmidt
**Zentrumsformen**
Strategie für die Schachpraxis
ca. 180 Seiten
180 Diagramme
Der frühere Nationaltrainer der DDR-Schachmannschaft legt hier nach 'Offenen Linien' und 'Bauernschwächen' sein drittes schachpraktisches Werk vor.
**Aus dem Inhalt:**
Kontrolle des Zentrums
Bauernketten im Zentrum
Bewegliche Zentrumsbauern
Offenes Zentrum
Minoritätsangriff
Partien mit Punktbewertung
**Interessenten:**
Turnier- und Hobbyspieler jeder Spielstärke

Dr. Paul Tröger
**Aus meinen Tagebüchern**
120 Seiten
Zeichnungen
Diagramme

Dr. Paul Tröger, ein bekannter und allseits geschätzter Autor und Schachjournalist hat in seinen Aufzeichnungen geblättert und ist dabei auf Heiteres, Ergötzliches, Kurioses und Wissenswertes gestoßen, das er hier den Lesern in gefälliger und anregender Form vermitteln möchte. Es handelt sich dabei um Begebenheiten, die es unbedingt wert sind, veröffentlicht zu werden, um nicht in Vergessenheit zu geraten.
Dr. Tröger breitet hier sein reiches Schachleben, das voller Erfahrungen und Erinnerungen ist, vor den Augen der Leser aus, und er läßt eine Schachära Revue passieren, die den nachwachsenden heutigen Schachjüngern oft gar nicht mehr vertraut ist. Partien kommen in diesem Werk des Deutschen Meisters Dr. Tröger natürlich auch nicht zu kurz.
Jedem Schachfreund, dem neben dem zählbaren Erfolg auch die Kenntnis des früheren Schachgeschehens mit allen seinen liebenswerten Facetten am Herzen liegt, sollte dieses Buch anempfohlen werden.

Werner Heinrich
**Freude am Fernschach**
ca. 112 Seiten
Fernschach ist auf der gesamten Welt verbreitet. Es verbindet Schachfreunde aller fünf Kontinente miteinander. Die Beliebtheit des Fernschachs ist stetig im Steigen begriffen. Immer mehr Fernschachanhänger lernen die Vorteile dieser Spielart kennen und schätzen. Ein langjähriger Fernschach-Fan hat sich in diesem Brevier bemüht, allen Freunden dieses Sports Hilfestellung zu geben. Allen Neulingen im Fernschach wird hier eine sachkundige und kompetente Anleitung an die Hand gegeben. Es wäre gewiß vielen Schachfreunden, die sich von der Turnierhektik und dem Wettkampfstreß regulärer Schachveranstaltungen abschrecken lassen, anzuraten, auf dem Wege des Fernschachs und vielleicht gerade mittels dieses Buches eine neue und reizvolle Dimension des Schachsports kennenzulernen, wobei sich nebenbei noch automatisch Brücken über Länder- und Sprachgrenzen hinweg schlagen lassen.
Ein außergewöhnliches Buch, das einem außergewöhnlichen Thema gewidmet ist.

---

Die moderne und aktuelle Schachzeitung

# DEUTSCHE SCHACHBLÄTTER
# SCHACH-REPORT

Erscheint monatlich mit

.... Ausführlichen Ergebnis- und Partienteil von der deutschen Bundesliga und den Landesverbänden

.... aktuellen und interessanten Berichten von deutschen und ausländischen Turnieren

.... den bedeutendsten internationalen Ereignissen, Nachrichten und Meldungen aus aller Welt

.... mehreren Serien zur Information und zur Vervollkommnung Ihres Schachspiels

Fordern Sie ein Probeheft der Schachzeitung an!
**Verlag Deutsche Schachblätter/Schach-Report GmbH**
**Postfach 12 68 · 8607 Hollfeld · Tel. 09274/401**